01
HISTORY
历史看得见

710年 迁都奈良 · 794年 · 866年 应天门之变 · 1192年 · 1274年 文永之役 · 1333年 · 1438年 · 1573年 室町幕府覆灭

图说日本史

任德山/编著

武汉出版社
WUHAN PUBLISHING HOUSE

東田大塚古墳

日本行政区域地图

日本国土地理院通报的数字显示，其国土面积为三十七点七八万平方公里。行政区域分为都（东京都）、道（北海道）、府（京都府、大阪府）、县，共四十七个管辖区。

北海道地方

1.北海道

东北地方

2.青森县
3.岩手县
4.宫城县
5.秋田县
6.山形县
7.福岛县

关东地方

8.茨城县
9.栃木县
10.群马县
11.琦玉县
12.千叶县
13.东京都
14.神奈川县

中部地方

15.新泻县
16.富山县
17.石川县
18.福井县
19.山梨县
20.长野县
21.岐阜县
22.静冈县
23.爱知县

近畿地方

24.三重县
25.滋贺县
26.京都府
27.大阪府
28.兵库县
29.奈良县
30.和歌山县

中国地方

31.鸟取县
32.岛根县
33.冈山县
34.广岛县
35.山口县

四国地方

36.德岛县
37.香川县
38.爱媛县
39.高知县

九州及冲绳地方

40.福冈县
41.佐贺县
42.长崎县
43.熊本县
44.大分县
45.宫崎县
46.鹿儿岛县
47.冲绳县

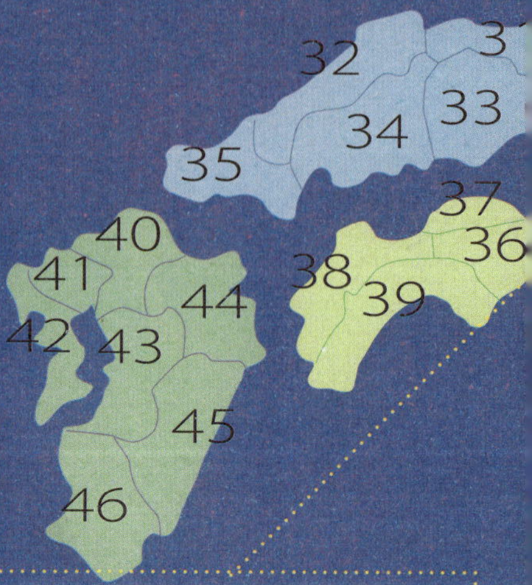

大阪旧称浪速、难波、大坂，公元313—412年和645—683年曾有几任天皇立此为都，自古以来大阪因为地势重要而为兵家必争之地，1870年改名为大阪。

京都旧称平安京，794年，桓武天皇迁都于此，直至1192年，源赖朝建立镰仓幕府，中间这一时期被称为平安时代。1336年，室町幕府建于此，这里又成政治中心直到江户幕府建立。1889年，明治政府设立京都府。

北海道旧称虾夷地，曾居住着古老的阿伊努族人。16世纪末之后，归入幕府统治，1869年，明治政府将虾夷地改称北海道。

东京都现为日本首都，旧称江户，1457年初建，1603年德川家康将幕府建于此，江户遂成日本国内政治、经济中心。1868年，明治政府将江户更名为东京，设立东京府，1943年，日本政府颁布法令，将东京市改为东京都。

镰仓市现在属于神奈川县，它在1192年至1333年间是镰仓时代幕府所在地，1939年设市。

奈良旧称平城京，710年，元明女帝迁都于平城京，直到794年再次迁都，这一段时段被称为奈良时代，日本许多古迹都在此，1887年设立奈良县。

冲绳现在所在的地理位置原来是琉球王国，1609年日本萨摩藩军队占领琉球，1872年设琉球藩，1879年日本将琉球并入版图，设冲绳县。1945年，美军在这里登陆并且设立基地，直到1972年美军才将冲绳管理权移交日本。

法隆寺建筑群一览

中门为重檐歇山顶门。与一般日本寺院门正面的柱间多为奇数不同，此门正面柱间为四间。门内左右安置塑造金刚力士立像，这是日本最早的仁王像，建于八世纪初。

法隆寺相传最早建于六零七年，是推古天皇和圣德太子为实现用明天皇的遗愿而建立的，是飞鸟时代文化精华的浓缩。一九九三年，法隆寺被列入世界文化遗产。

回廊和金堂一样，在六七零年曾经遭遇大火，之后又重建的。法隆寺整个建筑群分为两部分，一部分是僧侣生活的地方，另外一部分就是供奉的地方，这两部分的分界线就是回廊，回廊以内包括五重塔和金堂是内院，以外的部分是外院。

金堂是重檐歇山顶佛堂。这虽是双层建筑但是只有下面一层设有房间，金堂房间内有不少精美的壁画，其中不少出于大师手笔。

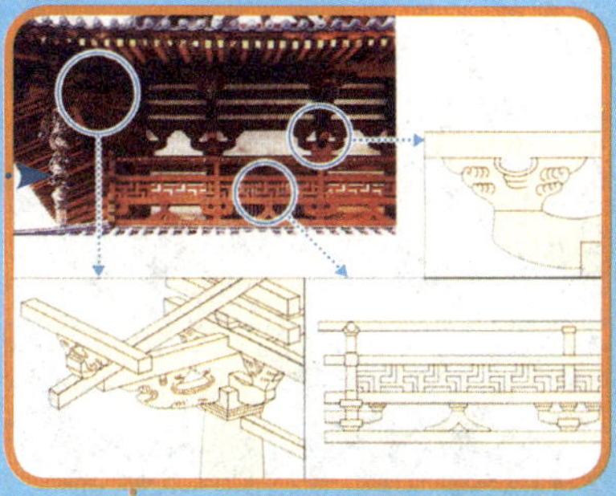

二层支撑柱是镰仓时代所加，上面雕刻有龙。

金堂的斗拱称为云斗、云肘木，是多用曲线的独特款式。二层的 字形高栏（扶手）、将其支撑起来的“人”字形割束也很独特，这是日本七世纪建筑的特色，很明显是受了中国南北朝建筑构造的影响。

五重塔和楼阁式塔最大的区别是塔内没有楼板，平面呈方形，塔高三十一点五米，塔刹约占三分之一高，上有九个相轮。塔内的壁画主要是讲述佛教典籍中的故事，塔内还有雕塑。五重塔整个建筑风格是典型的中国南北朝建筑风格，它是日本现存最古老的塔。

夜袭三条殿

夜袭三条殿是《平治物语绘卷》中的一幕，《平治物语绘卷》是十三世纪的作品，采用了日本传统绘画技巧——大和绘，现存于美国波士顿艺术博物馆。

之后，平氏一族和天皇的亲信藤原通宪关系密切，渐成一股政治力量。源义朝则和天皇的另一近臣藤原信赖结成一党。一一五九年十二月九日深夜，源义朝和藤原信赖发动政变，决定铲除藤原通宪一派，他们袭击了院御所·三条殿。图片描绘的就是他们在三条殿放火，还向四处逃散的人群射箭的一幕。藤原通宪被杀之后，平清盛带兵讨伐信赖和源义朝，后者失败被杀。二十余年后，平家被源义朝之子源义经和源赖朝所灭，后者还开创了日本的第一个武家政权——室町幕府。

这幅画讲述的是在平治之乱中藤原信赖和源义朝的军队夜袭三条殿的一幕。在院政时代，武家的实力更加强大，源氏和平氏便是其中最强大的两支力量。一一五五年，近卫天皇去世，鸟羽法皇和崇德上皇在新天皇的人选上出现分歧，最后，鸟羽法皇雅仁亲王即位为天皇就是后白河天皇，改号保元，次年七月，崇德上皇召集武士起事，这就是保元之乱，保元之乱被平清盛和原义朝为首的后白河天皇拥护者所平。

本能寺之变

这幅绢绘《本能寺之变》是明治时期浮世绘画家杨斋延一的作品，现存于名古屋市美术馆，杨斋延一擅长绘制战争场面，本图是他绘制的诸多战国战役图中的一幅。

本能寺之变是改变日本历史的事件。一四六七年的应仁之乱后，日本进入新兴的战国大名互相混战的战国时代。百多年后，织田信长通过征战成为了最有权势的大名，控制了将近半个日本的区域，此时的全日本统一在望。一五八二年六月二十日晚，织田信长带妻子浓姬和少数亲信侍卫宿于本能寺，他的下属明智光秀叛变，带领万余人层层包围本能寺，织田一行人几乎全数死于本能寺。本能寺之变后，日本再次陷入乱局直至德川幕府建立。

① 森兰丸

森兰丸是织田信长极为信任的近侍，他有数理方面的天分、善于人际交往并且有政治眼光，同时在传说中他还是倾城倾国的美男子。自十二三岁起到信长身边担任侍童，十四岁兰丸就开始处理政事，十六岁出任“诸事奉行”、“奏事”，总揽信长身边大小政务，举凡各地使者接见、公文往来乃至于信长私人的生活起居，都由森兰丸一人负责。他死于本能寺之变时年仅十八岁。

❷ 安田作兵卫

安田作兵卫是明智光秀的部将，根据《翁草》的记载：“信长公身穿白色单衣，先用弓箭迎敌，因弓弦崩断，便寻枪来战。一个二十七八岁的着红衣的女中取来去鞘的十文字枪，信长公持枪跃下广庭，与三人厮杀。三人一直把信长公逼到房间内，房间内的蜡烛还没有熄灭，信长公的身影映在障子上。安田作兵卫用长刃的枪照此影穿透障子刺去，刺伤了信长公的右腹。信长公遂入寝殿自尽。”图上绘制的就是信长正被逼入房间的一幕。

❸ 织田信长

织田信长是尾张守护代旗下三奉行之一的织田信秀的嫡长子，六岁就成为古野城的城主。父亲死后，继任为家主的信长先是掌控了尾张国，后与德川家结盟。三十三岁时，信长击败斋藤龙兴，将他的美浓国纳入自己势力范围。此后，信长逐渐成为战国中后期实力最为强大的大名，在即将统一日本前夕死于本能寺之变，尸骨无存。织田信长性格乖张、冷酷无情，下属对他敬畏多于爱戴，这是他悲剧人生的根源。

涩谷地铁站街景

东京涩谷区是战后新兴的商业区，和旧商业区不同，这里坐落的大多是新兴产业的总部，例如卡西欧计算机、日本微软总部、日本放送协会（NHK）等。

这家大厦的电子显示屏是日本本土的一个品牌，从上世纪60年代后期开始，日本的家电、办公用品生产技术水平就位于世界前列，我们现在常用的许多产品都是日本首创的，比如液晶显示屏、半导体收音机等。

东京的交通拥堵曾经是世界闻名的，20世纪80年代，在市区的车辆时速在10公里以内是常见的事。后来，日本采取了加强公共交通的建设、停车费高涨和加强违章停车处罚力度等手段，东京交通拥堵的状况得以缓解。

这就是涩谷109大厦，面前卖的全是便宜而时髦的衣服，很多潮流就是从这里兴起的，“从企业和服饰学校毕业的人不能模仿”是这里的座右铭，现在很多顶级市场品牌在设计新款前都会来这里做市场调研。

这是一家药业的广告，这家企业是1962年初建的，这正是战后日本经济起飞期，现在日本有很多大型企业都是在战后建立的，它们是日本战后商业、经济发展的受益者，也是日本战后历史的见证者。

这是东京涩谷区一角，二十世纪七十年代，涩谷作为目标为年轻人的商业中心而发展起来。如今的涩谷已经成为年轻、时尚、流行的代表词。地标性建筑八公铜像就处理在涩谷站前，八公本是东京一大学教授饲养的秋田犬，每天在涩谷站接送主人，后来主人因病猝死在学校，八公仍每天在车站前出现等待主人，直到十年后因病死亡。象征着忠义的八公在车站前和代表着时髦的商业街两两相对，似乎就是日本的现状：东方文化传统和西方价值观念并存、对撞。

1 小节标题

本节论述的中心，本节所有的文字、图表等都围绕标题展开，节标题后附关键词，有助于读者理解内容。

2 小标字母

此字母和小节表格内的字母相对应，表示本内容是对节表格相应部分的详细解说。

26 图说日本史　　第一章 落后的

01 自然地理与原住民族

关键词:自然/民族

大陆之东，大洋以西。众海围绕，环流合抱。诸岛汇聚，月弧一弯。板块相邻，国窄山多。纵横经纬，气候不一。多台风、梅雨、地震、火山，少矿藏而多温泉，少耕地却多森林。概念上的单一民族国家，实际上的多族群地带。起源不明确的主体民族和族与原住于国土北方的阿伊努族在此世代生息。近代以来，琉球人、朝鲜人也相继加入，共同生活——这里，就是日本。

日本地理	
区域位置	亚欧大陆东部、太平洋西北部海域 A
国土面积以及构成	共337.835平方公里，由北海道、本州、四国、九州以及数千小岛屿组成，呈弧形排列 B
显著气候	北部主要为温带季风性气候，南部多为亚热带季风和季风性湿润气候 C D
地形地貌	位于板块交界地带，多山地、少平原，国土狭长 E F
民族	和族、阿伊努族、琉球人 G H I J

A 东亚区域图

日本，全称日本国，在世界区域划分中属于东亚地区。如图所示，日本为岛国，四面环海。东临太平洋，西濒日本海，北接鄂霍次克海；与中国、朝鲜、韩国、俄罗斯、菲律宾等国隔海相望。有研究认为，日本列岛在最后一个冰川期与亚洲大陆依然有陆桥相连，使人类进入日本列岛。

B 日本结构图

日本领土自北向南分为四大岛屿——北海道、本州、四国和九州，另有包括琉球群岛在内的众多小岛。北海道与本州为津轻海峡所隔，本州、四国和九州围出濑户内海。如图所示，根据地理、经济、历史沿革等因素，日本可划分为8个地区。日本的一级行政区划为都、道、府、县。

C 日本气候分区

气候类型	分布区域	特征
北海道型	北海道	夏季短暂凉爽，冬季漫长寒冷
日本海侧型	本州西海岸	夏季干燥高温，冬季湿润多雪
中央高地型	内陆	夏凉冬寒，昼夜温差较大
太平洋海侧型	本州东海岸、南四国、九州大部地区	受东南季风影响，夏季多梅雨，多台风，冬季降水较少
濑户内海型	北四国、近畿、九州局部地区	多晴天，降水少，常有旱灾
南西诸岛型	琉球群岛	夏季炎热，冬季温暖，降水量大

F 日本的自然地理与民族性格

日本民族气质与其所处环境有微妙联系。日本与亚洲
进文化的同时保留本民族特性；湿润温和的气候让日本免
卫生标准；狭窄的国土使他们推崇“小而精”的境界，日
学习、工作态度；大海、岛国、火山、地震这几个要素让
的凋谢，并演化为对壮烈死亡的认可。他们赞美“小”的
富士山正是日本人的最佳写照：表面美丽平静，内心激烈

4 节表格

节表格由标题、内容分类、概述和字母四部分组成，概述后面的字母在节内可找到相应的详细解说。

5 深度解读

对小标题内容进行文字式的详细解说，其中，深度解读部分多用于对专有名词的解释。

本书采用文字加图片的形式，更加生动、形象地将史实呈现在读者面前。同时在编著时更注意各内容之间的协调，能够让读者对日本各阶段社会的整体风貌有一个完整而清晰的认识。

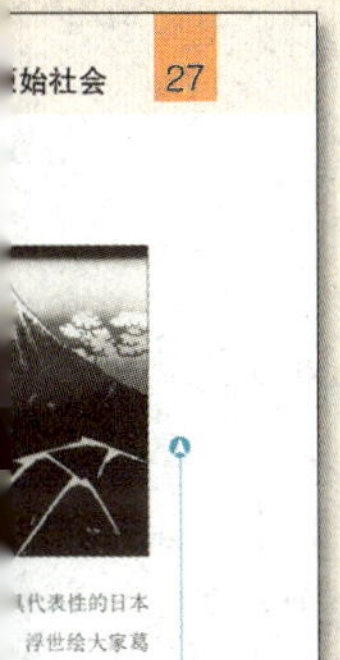

3 曲线图

用数字组成曲线图，更加直观地将某一趋势展现出来，便于读者了解。

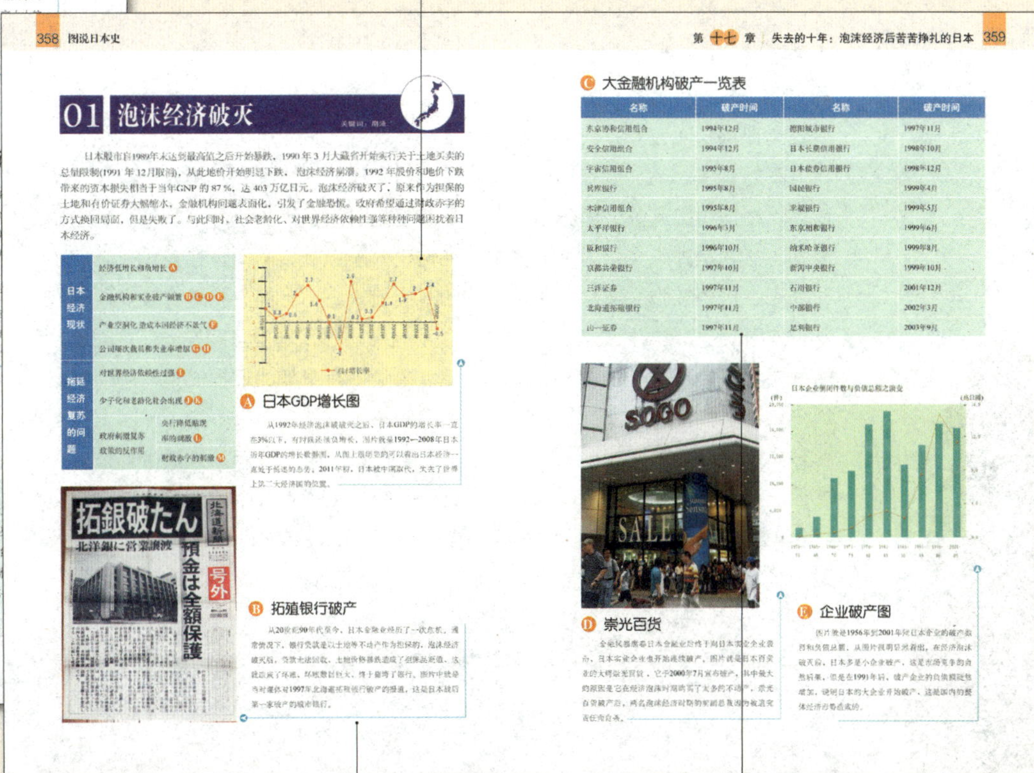

6 图说文字

图说文字是对标题和图片进行详细解说的内容。涉及的图片可能是地图、人物画像、事件绘图等，形式多样。

7 节内表格

节内表格多用于对某一具体事件、国际条约的详细解说，可以按照事件的发生时间、经过和结果排序，也可以按照条约的具体内容排序。

序言

如今的日本四面环海，由一连串岛屿组成，处于四大板块交界处，经常发生地震，有2/3的地方被山地覆盖，主要国土在北纬45度和北纬24度之间，面积约14.6万平方公里。这里有着著名的活火山富士山，有美丽的樱花，也有身着和服的艺妓，还有穿着短裙吃章鱼烧谈笑着的高中生，也有去应酬时喝醉了骂街的中年男人，还有长脸、小眼、卷发，做着帝国美梦的政客。日本到底是怎样一个国家呢？它独特的文化、思想和价值观又是如何形成的？本书将翻开历史的画卷，一一为您揭晓答案。

和很多地区的传说一样，日本相传也是一对兄妹创造的。日本关于旧石器时代的遗迹相对较少，新石器时代的绳纹和弥生时代则有大量的出土文物，原始人开始种植水稻、圈养动物、炼制青铜器和铁器。弥生文化相对于绳纹文化而言，在使用工具等方面先进很多，且前者是忽然出现的，所以有不少学者认为弥生文化是外来文化。至于日本是如何进入阶级社会的，现在还没有确切的时间表。因为在弥生文化之后相当长的时间段内，出土的文物遗迹较少，唯有从日本8世纪编撰的两部作品《古事记》和《日本书纪》中可窥知一二，但是由于两书记录的多数是神话传说，所记载之事也没有确切的证据支持，所以这段历史是相当模糊的。反而是我国的史书《汉书》、《后汉书》和《三国志》中对日本的零星记载比较可信。《后汉书》中记载，公元57年，光武帝刘秀向日本的一个小部落国家赐予印绶，此时日本已经产生了百余个类似的小国。公元100年之后，这些小国陷入混乱的战争。根据《三国志》的记载，此时日本经过扩张、吞并剩余了21个国家，此后，日本继续在统一的路上越走越远，大约在4世纪中叶完成了统一。

随着日本社会的发展和派往中国的学者归来，日本政权内部孕育的风暴在公元645年成型，这一年，孝德天皇继位，大化改新开始，日本进入了封建社会。在此后的500年中，天皇逐渐失去了实际统治权，1192年，幕府时代开始，征夷大将军成为了国家的实际统治者，幕府经历了三个阶段——镰仓、室町和德川。1853年，美国黑船来航叩开了日本的大门，一场新的变革即将开始。1868年，夺回政权的明治天皇开始了明治维新，日本进入了近代史阶段。此后日本西化、扩张，军人逐渐控制了政权并且发动了一场给许多国家和地区带来灾难的战争。1945年，穷途末路的天皇宣布投降，战争结束，占领军美军再次在日本开始了新的变革，之后的日本走向了发展经济的道路。

日本是我们一衣带水的邻邦，从我国《汉书》中第一次日本的记载到现在已经有两千多年。在这漫长的时间段里，两国交往频繁，中国的文化、政治对日本产生了深刻的影响。日本的文字是在汉字的基础之上创立的，日本的浮世绘也是建立在中国绘画的基础上的。日本派往中国的大量遣隋使和遣唐使带回去了经典著作和先进的思想，在留学者们支持下进行的大化改新是日本第一次变革。进入近代之后，魏源编撰的《海国图志》传入日本，购买者全是日本的权贵和学者，《海国图志》让日本人对世界有了更深刻的认识，这才有了之后的明治维新。

历史的轨迹走到这里开始发生改变，明治维新之后开始强大的日本走上了扩张的老路，这一次，他们把目标对准了一直以来为他们提供养分的国家——中国。1886和1891年，中国北洋舰队两次访日，带着友好态度而去的水师们只看到了日本人表面的隆重迎接，没看到暗地里贪婪和觊觎的眼光。眼红于中国海军强大装备的日本人迅速强化自己的海军建设，同时，他们观察到了中国军人的无序和散漫。1894年号称“亚洲第一舰队”的北洋水师在与日本联合舰队的正面较量中首败于丰岛海战，再败于黄海海战，三败于威海卫而全军覆没。1895年4月11日，年迈的李鸿章含辱在《马关条约》上签字，拉开了近代史上日本侵略中国的帷幕。侵占领土、抢夺资源、屠杀人民、人体试验……近现代日本人对中国做出的恶行罄竹难书。二战结束后，中日两国曾经有温和的相处，但是更多的是摩擦和冷外交，因为我们面对的是一个不肯正视历史的民族。日本是一个对过往没有担当的民族，对历史的避让态度和对我国领土的觊觎是双方关系一再冷却的关键所在。

本书是记述从旧石器时代开始到民主党执政的通史，是以政治、外交、经济等为中心进行叙述的一部历史概论书。以往的其他日本史书籍注重的仅仅是政治大事件的描述，而本书则采用文字加图片的形式更加生动、形象的将史实呈现在读者面前，同时在编著时更注意各内容之间的协调，能够让读者对各阶段社会的整体风貌有一个完整而清晰的认识。

以史为鉴可以知兴替，以史为鉴可以知兴衰，如今的日本是经济强国并且逐渐走向政治大国、军事大国，日本的一举一动对亚太地区的和平和繁荣有重要影响，了解日本、了解日本史，对我们来说有重要的现实意义。

Contents 目录

第一篇 形成与奠基：原始社会与贵族统治的古代

第二篇 下克上：武士掌权时期

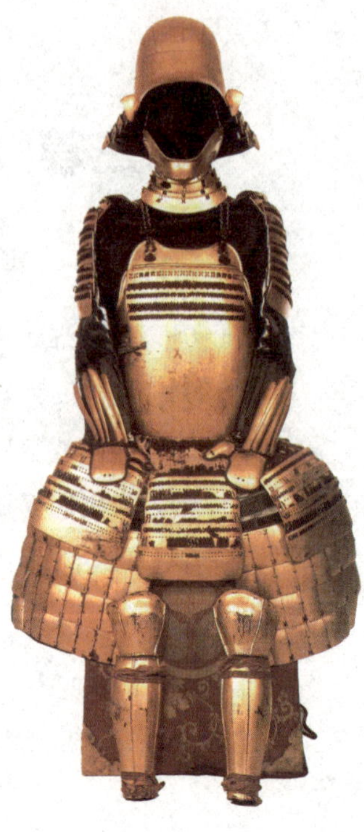

第四篇 经济的季节：官僚管理的现代

第一篇 形成与奠基：原始社会与贵族统治的古代

（24000年前—1192年）

据日本神话说，日本列岛是神明造出来的，后代的军国主义思想据此认为日本是神国，天皇是天照大神的化身，国民都是神的子民。而现代科学告诉我们，日本列岛是亚欧板块与太平洋板块经过长期运动，隆起而形成，日本的天皇是人，日本人和任何一个民族的人类一样，都历经了从猿人到现代人类的变迁。不过尽管有种种先进的现代科学手段，但时间的长河悄无声息地洗去了古代人类太多的足迹，今天的我们依然无法清晰地描绘出不同国家、不同民族社会形态的最初轮廓。日本，更是如此。

一个孤悬海外的岛国，比起陆地国家，它的文明开端更加令人难以捉摸。本土起源和“渡来人”赐予文明的争论持续到今日也没有最终结果。现在人们可以寻到的只是日本旧石器时代中后期的遗迹，前期乃至再往前的历史则是白茫茫一片无所知。而从旧石器时代中后期开始的日本历史也并非清晰完整，破落的遗址难以恢复原貌，文物在腐蚀下丢失了大量真实信息，在那些没有成熟文字的年代，只靠口耳相传的信息难免丢失、走形，已是“空口无凭”。之后的绳纹时代、弥生时代的成就到底有多少是日本本土人类的创造？又有多少是大陆人带来的礼物？当它的邻国中国已经进入到拥有大量文字史料的汉魏年间时，日本的邪马台国、女王卑弥呼、畿内大和政权也只是几个冰冷、干枯的历史名词。尽管接受了汉朝皇帝的金印，尽管在中国的史书中留下了“倭”的称呼，尽管在大和政权的带领下，日本逐渐统一，甚至野心外露，踏上了朝鲜半岛南端的土地，但它真正出现在东亚历史舞台上，还是从圣德太子改革的那一刻起。

此时经过百年建设，日本人逐渐成熟的意识催促着他们主动向先进国家学习，而国内的矛盾以及在朝鲜半岛逐渐的失势，更是推动日本对外求知的巨大动力。大和政权已演变为天皇政权，推古女天皇与圣德太子统治下的日本，最希冀的是直接向中国学习，而不再是像以往那样通过朝鲜半岛间接输入大陆文明。于是，大量的日本使者、留学生和学问僧涌入中国，他们带回了中国成熟的制度与理念、丰富的文化与物质，最重要的，是培养了改革的人才。火种已经燃起，势不可挡，推古朝保守的改革犹如隔靴搔痒，对未来的向往促使着日本迈开了“大化改新”的历史性步伐。

旧的制度倒下，新的社会建立，获得成功而有了进步的日本得意忘形，再一次露出野心。可惜这次，他们在朝鲜半岛的白江口遭到中国唐朝军队的迎头重击，一溃千里，狼狈回岛。痛定思痛下，日本人再度坚定了“求学才能求进步”的信念，规模更加宏大的遣唐运动轰轰烈烈地展开，日本如饥似渴地搬走了中国的文化，他们执著的崇拜、模仿，就在这个仿唐的架子上构建了平城京的奈良时代。

当中国的贵族政治在唐代彻底没落时，奈良时期的日本却迎来了藤原贵族们对国家大权的掌控，日本与中国制度脱离的种子就这样耐人寻味地播撒在好似中国的日本奈良时代，而茁壮成长在“国风”文化徐徐刮起的日本平安时代。

平安京的平安时代，优雅安逸，日本民族自我的文化因子也活跃起来；闭门度日，与大陆保持距离的外交政策更是让此刻的日本颇有世外桃源的味道。但是平安时代的骨子里却并不平安。藤原贵族们用摄关政治独掌了大权，天皇们也不甘失败地以院政制度招架，在政坛刀光剑影背后，生产力的进步使国库积攒了更多的财富，同时也瓦解了建筑在旧有经济基础上的律令制度。

于是，竞起的大庄园加剧了地方离心力，天皇和贵族们的政权愈发虚弱，中央政府的没落让社会开始不安，动荡波折下，生命与财产成为大庄园主们的首要保护目标，而在那个盗匪横行的时代，只有武力才能保护自己。

就这样，伴随着武士与武士团的出现，律令制崩溃，平安时代脱下了貌似“平安”的皇帝新衣，在武士刀离鞘的声音中，日本历史迎来了新的转折期。

第一章 落后的蛮荒：日本自然概貌与原始社会

2400年前 ➤ 2世纪

很多民族都代代相传着关于"起源"的神话，中国有盘古开天地、女娲造人，韩国有檀君建国，基督教民族吟诵着上帝创世纪的辉煌，日本也不例外。据日本民间传说所述，神明伊奘诺尊和他的妹妹伊奘冉尊在天之浮桥上用天之琼矛探入下界，激荡水花，水珠凝聚矛尖，滴落为日本列岛。图中是卑弥呼的宫殿复原图，从图中我们可以得知日本早期阶级社会已产生。

01 自然地理与原住民族

关键词:自然/民族

大陆之东，大洋以西。众海围绕，环流合抱。诸岛汇聚，月弧一弯。板块相邻，国窄山多。纵横经纬，气候不一。多台风、梅雨、地震、火山，少矿藏而多温泉，少耕地却多森林。概念上的单一民族国家，实际上的多族群地带。起源不明确的主体民族和族与原住于国土北方的阿伊努族在此世代生息。近代以来，琉球人、朝鲜人也相继加入，共同生活——这里，就是日本。

日本地理	
区域位置	亚欧大陆东部、太平洋西北部海域 A
国土面积以及构成	共337.835平方公里，由北海道、本州、四国、九州以及数千小岛屿组成，呈弧形排列 B
显著气候	北部主要为温带季风性气候，南部多为亚热带季风和季风性湿润气候 C D
地形地貌	位于板块交界地带，多山地，少平原，国土狭长 E F
民族	和族、阿伊努族、琉球人 G H I J

A 东亚区域图

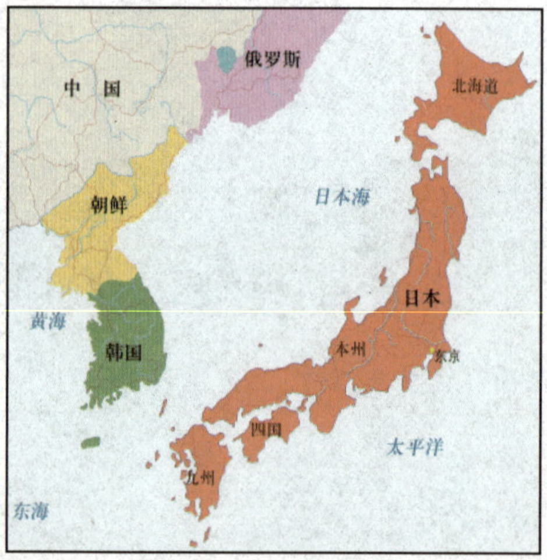

日本，全称日本国，在世界区域划分中属于东亚地区。如图所示，日本为岛国，四面环海。东临太平洋，西濒日本海，北接鄂霍次克海；与中国、朝鲜、韩国、俄罗斯、菲律宾等国隔海相望。有研究认为，日本列岛在最后一个冰川期与亚洲大陆依然有陆桥相连，使人类进入日本列岛。

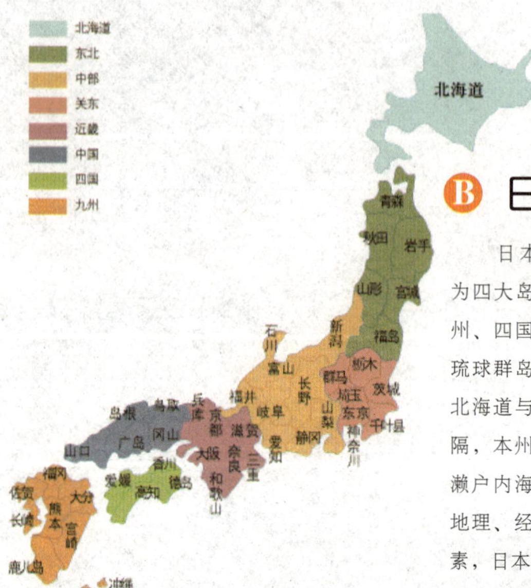

B 日本结构图

日本领土自北向南分为四大岛屿——北海道、本州、四国和九州，另有包括琉球群岛在内的众多小岛。北海道与本州为津轻海峡所隔，本州、四国和九州围出濑户内海。如图所示，根据地理、经济、历史沿革等因素，日本可划分为8个地区。日本的一级行政区划为都、道、府、县。

C 日本气候分区

气候类型	分布区域	特征
北海道型	北海道	夏季短暂凉爽，冬季漫长寒冷
日本海侧型	本州西海岸	夏季干燥高温，冬季湿润多雪
中央高地型	内陆	夏凉冬寒，昼夜温差较大
太平洋海侧型	本州东海岸、南四国、九州大部地区	受东南季风影响，夏季多梅雨，多台风，冬季降水较少
濑户内海型	北四国、近畿、九州局部地区	多晴天，降水少，常有旱灾
南西诸岛型	琉球群岛	夏季炎热，冬季温暖，降水量大

E 山下白雨

日本位于环太平洋火山带，最具代表性的日本第一高峰富士山就是一座休眠火山。浮世绘大家葛饰北斋用一幅《山下白雨》精准地描绘出富士山的本质：山顶白雪皑皑，幽冷清净；山内活跃着炽热岩浆，等待喷涌而出。这种内外反差也是日本民族性格的写照。

D 纯美的樱花

整体上，日本属于海洋性温带季风气候，温暖湿润的环境成就了它“樱花之国”的美名。樱花是日本国花，娇小妩媚，盛开时连绵一片。如图所示，蓝天下的樱花衬托着质朴的古代建筑，洁净庄重。樱花的花期较短，凋谢时的凄美常常引人伤感，一定程度上影响了日本民族的性格。

F 日本的自然地理与民族性格

日本民族气质与其所处环境有微妙联系。日本与亚洲大陆相隔距离的适中可以使它在接受大陆先进文化的同时保留本民族特性；湿润温和的气候让日本免于沙尘肆虐，培育出日本人“一尘不染”的卫生标准；狭窄的国土使他们推崇“小而精”的境界，日本艺术品往往精巧，日本人也养成了细致的学习、工作态度；大海、岛国、火山、地震这几个要素让日本人内心充满不安，所以他们会感慨樱花的凋谢，并演化为对壮烈死亡的认可。他们赞美“小”的艺术，却憧憬“大”的境界。日本第一高峰富士山正是日本人的最佳写照：表面美丽平静，内心激烈复杂。

G 阿伊努老人

图中这位面带沧桑的老人是阿伊努族人。阿伊努族是日本原住民族，祖居范围大致在日本北部，和族称其为“虾夷”。在和族不断地扩张下，阿伊努族的生活范围日益缩小，大部分族人在战争中被消灭，余者逐渐被和族同化。今天这个民族在日本所剩人口不足2万人。

H 仿效汉服的琉球人服饰

琉球人生活在琉球群岛，15—19世纪建立统一王国，先后向中国明、清两朝纳贡。琉球文化带有明显的汉文化痕迹，图中琉球人的服饰基本仿效汉服。1879年，琉球被日本正式吞并，大部分国土改为冲绳县，北方部分领土被归入鹿儿岛县。

I 鸟居清长的《柳下美人图》

和族是日本最大的民族，其文化深受汉族影响，图中所示美人的丰腴脸颊可能是唐风遗存，她们身着的和服的许多特点都是在仿效汉服。但和族也在汲取中发展自身特色，形成独具一格的民族服饰文化。譬如女式和服的宽腰带、花结与直筒剪裁就是和族创新的成果。

J 日本各民族简介

日本存在阿伊努、琉球、朝鲜等族裔。阿伊努人在和族兴起后，日渐式微而被后者同化。如今日本虽有近2万阿伊努人，但多数不愿露出民族身份，文化濒临失传；琉球国在明清时是中国藩属国。1879年被日本吞并，改为冲绳县。琉球人本有自己的语言，由于日本推行同化政策，现在许多琉球人已不会讲琉球语。在日本朝鲜人是一个特殊族群。日本侵吞朝韩半岛后，大量朝鲜人因种种原因前往日本，一部分人就此定居。所以，日本只是数据上的单一民族国家。

24000年前　　12000年前

02 亦真亦幻的旧石器时代

关键词:起源/石器

学界普遍认为日本先民通过“陆桥”迁入日本，带来旧石器时代晚期文化，日本旧石器时代前、中期文化一直模糊不清。换言之，日本最初的文化是外来而非土生。日本人十分希望找出本土起源的证据。上世纪中后期，藤村新一的重大考古发现不仅验证“本土起源论”，而且将日本旧石器时代向前大幅推进，但这些发现最终被证实是捏造，使日本考古学界遭受巨大冲击。截止目前，有关日本旧石器时代前、中期的探索尚在继续。

距今期限	日本列岛	主要遗址		人类生活
200万年至1万年	旧石器时代	岩宿遗迹 A	荒屋遗迹 B	群居，以石器为工具捕猎大型野生动物作为食物
1万年至公元前1世纪	新石器时代	三内丸山古		

A 岩宿遗迹

岩宿遗迹位于日本群马县笠悬町。1946年，这里发掘出距今2.5万年的石器，使日本长期以来备受争议的“旧石器时代”变得清晰可辨，其存在得到一定的证明。此后日本考古界开始把日本旧石器时代分为前期、中期和后期。由于缺少实际证据，日本旧石器时代是否存在前期，至今都是未解之谜。图示为岩宿遗迹遗址。

B 荒屋遗迹

图示为荒屋遗迹中发掘出的石器。荒屋遗迹位于日本新泻县长岡市，1957年—1958年被星野芳郎、井口通泰等人发掘，确认其为细石器文化的一种。荒屋遗迹中还出土一些种子，经测定距今有1万7千多年之久。

12000年前 公元前3世纪

03 原汁原味的绳纹文化

关键词:新石器/绳纹

绳纹时代属于新石器时期，时间长达一万年之久，这一时期的典型代表是一种带有绳纹装饰的陶器，称为“绳纹陶”，绳纹时代也因此得名。这一阶段的日本先民已开始使用石制工具从事渔猎、挖掘、砍伐，有了原始信仰，学会建筑房屋，出现大规模集落，生存能力有了极大的提高。绳纹时代也是严格意义上的日本历史中最早、最长的时代。

组织形式	集体群居 A
食物来源	狩猎、捕鱼、采集 B
房屋构造	竖穴住居 C
精神信仰	土偶、土面、土地崇拜
墓葬	屈膝下葬
人种	身材矮小，带有蒙古人种和赤道人种的双重特征
文化遗产	绳纹遗迹 D E
	绳纹陶器 F G

B 绳纹人的武器

绳纹时代的日本先民通过狩猎、捕鱼和采集来获取维持生命的食物。狩猎的基本工具为弓箭，箭头为石制，质地不一，形态各异。图中所示为绳纹时代的弓箭，箭矢的尖端结实，与旧石器时代相比，工艺上要进步许多。除弓箭外，这一时期的武器还有石枪。

A 集落中的绳纹人

集体聚居是远古人类最普遍的生活组织形式。绳纹时期的日本先民基本都居住在如图所示的集落中。集落通常坐落在平坦的高地上，一经固定，轻易不再变动。绳纹早期的集落规模不大，中期后逐步扩大。后期至晚期，人们常需捕鱼，集落开始迁往湖泊、河流以及海岸边。

C 绳纹人的栖身之所

图示为绳纹时代的竖穴住居。这是一种半地下结构建筑，搭建时在地面挖出坑穴，四周竖起木桩，顶端架构为斜木，屋顶铺茅草遮蔽，有时茅草可以把整个房屋都包裹起来，有较好的防寒性。竖穴造型对日本建筑影响深远。

绳纹时代的遗迹 D

名称	时期	价值
夏岛贝	早期	出土夏岛式土器
上野原遗迹	早期	日本最古老、最大规模集落
中里贝	中期	日本最大级别的贝
三内丸山遗迹	中期	出土六根柱建筑物
大森贝	后期-晚期	最先被发现的贝

E 令人震撼的贝冢

贝冢是石器时代被人类捕食后丢弃的贝类以及其余一些残渣经过堆积后形成的遗迹。贝冢的出现意味着附近可能存在远古人类的遗迹。同时，由于贝冢厚厚的贝层保存了部分石器、骨器和动物遗体，这对于了解历史变迁有很大帮助。图片所示是一处典型的贝冢。

F 精美的绳纹陶器

绳纹时代的陶器大都会在胚胎潮湿的时候，用绳拍印，留下纹饰，因此这种陶器被命名为“绳纹陶”，它是这一时代的代表。绳纹时代被划分为草创、早、前、中、后、晚六个时期，不同时期的陶器各有特点。图示为绳纹陶器。

G 绳纹各期陶器特点

草创期的陶器未出现明显绳纹；早期陶器以捻线纹、贝壳纹为主；前期陶器由尖底变为平底；中期陶器坚固厚实、造型多变、纹样精美，有的还带有立体装饰；后期和晚期陶器变得纤细，出现带注口的异形陶器，并且有装饰陶器和粗制陶器的区分，说明日本先民已经有了审美观念。通过考察的陶器演变，人们可以把握日本文化发展的脉络。

公元前3世纪 公元2世纪

04 突然发轫的弥生时代

关键词:融合/转折

公元前3世纪左右，东渡的大陆居民为日本列岛带来先进的技术与生活方式，原本缓慢发展的日本文明突然出现了巨大飞跃。这一时期的典型陶器最早在东京本乡区向冈弥生町发现，因此这个时代被命名为“弥生时代”。这是日本史上的大转折阶段，人们开始大量制造青铜器、铁器和木器，栽培水稻等农作物，生产力提高，人口增长，私产意识增强。一般认为，在弥生时代后期，阶级社会萌芽已经出现。

陶器	呈红褐或黄褐色，器形多为壶形、瓮形或钵形 A
铜器	容易分辨舶来品与本国品、实用品和非实用品，铜剑、铜矛、铜戈、铜铎较著名 B
铁器	使用较普遍，种类多样，有铁斧、铁刀、铁戈等 C
木器	大量使用
服饰	已有织物御寒 D
农耕	出现水稻栽培
墓葬	确立遗骸装入棺材的习惯，墓制多样 E
遗迹	菜畑遗迹、荒神谷遗迹、加茂岩仓遗迹、吉野里遗迹、板付遗迹 F G

A 弥生式陶器

图示为弥生陶器。与绳纹陶器相比，弥生陶器的制作显然更为精湛：器身薄而坚固，纹饰简单，陶器形式多样，注重实用。从图中可以看出，弥生陶器造型质朴，线条流畅，简单大方。这体现出弥生时代陶器制作工艺的进步，也反映了当时社会的发展。

B 本土铜铎

青铜器的铸造是弥生时代的一大进步。青铜器器具种类繁多，既有武器，也有实用品和礼乐器。弥生时代的青铜器分为舶来品和本土品，礼乐器中的铜铎几乎都是日本本土产。如图所示，铜铎类似中国乐器编钟，内部带有垂舌，一般根据铜铎的大小，可判断它们是作用于礼乐还是祭祀。

C 带来变革的铁器

图示为弥生时代铁器。这一时期，铁的运用已十分普遍，工具有铁刀、铁斧；农具有铁镰、铁锄；武器有铁戈、铁剑等。铁器这种锋利、坚固且比铜器轻便的器具可以推动生产力的发展，促进生产关系变革并使旧有社会制度出现变动。

D 御寒布料

图中所示为弥生时代的骨针和织物。这一时代，日本的纺织技术有了很大发展。日本先民们掌握了养蚕缫丝技术，出现了纺锤和织机，布的原料主要为植物纤维，布料结构为平织。纺织技术的进步使人们可以剪裁出更为保暖的衣物。

弥生人的墓葬制式 E

墓制	特点
土圹墓	由地面垂直向下开掘，长方形，遗体多呈仰身直肢式
木棺墓	遗体放置在木制棺材中下葬
箱式石棺墓	用石板围成，形似箱子，遗体葬其中
瓮棺墓	用大瓮做瓮身，小瓮做盖子，遗体放在里面
支石墓	小型石柱支撑石板，下方埋放安置遗体的棺木
方形周沟墓	墓穴周围环绕呈方形壕沟
坟丘墓	分为楯筑与四隅突出两种类型，前者顶端突出，后者四隅突出

F 大名鼎鼎的吉野里遗迹

弥生人的聚居地大都建筑在靠近河流的空旷平地上，环绕壕沟，房屋为竖穴式。图示为吉野里遗迹的全景复原图，它是弥生时代日本先民居住地的代表，处于广阔丘陵地带，四面环绕壕沟，遗迹中发掘出数千瓮棺墓、大型坟丘墓、高台仓库和竖穴建筑。

G 弥生时代下的日本

日本在弥生时代突然出现的进步与大陆人息息相关。由中国、朝鲜半岛等地迁来的居民将先进生产技术与生活方式带入日本，推动日本社会发生质的变化。大陆移民与日本本土人融合，成为现代日本人的祖先。值得注意的是，弥生时代日本文化与大陆的种种细微差别说明日本文化并非纯粹的复制品，它有自己的特点和规律。

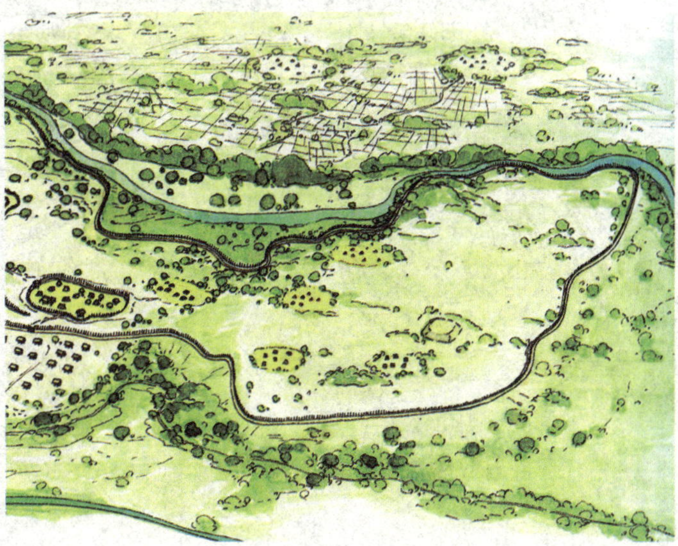

第二章 邪马台国与大和政权：日本列岛文明初现

公元3世纪 ▶ 公元645年

随着生产力的提高，大片荒地被辟为良田，粮食产量逐步提高，手工业技术也有了极大进步，物产开始出现剩余。物资匮乏年代下的平均分配观念逐渐被抛弃，人们的私有意识日益增强，推动了社会竞争的激烈，一些政治色彩日趋浓厚的小“王国”纷纷出现，相互讨伐、吞并。从弥生时代末期到古坟时代，日本列岛上出现了邪马台国与大和政权，前者直接或间接的统治许多小“王国”，类似部落联盟首长，后者则更具统一政权的性质。

由于史料缺乏，这两个政权的具体情况尚不清楚，譬如图中所示的日本奈良县缠向遗迹，有学者认为是邪马台国遗址，有的认为是初期大和政权的都城。但可以确定的是，这一时期的日本已步入阶级社会，开始了新的历史进程。

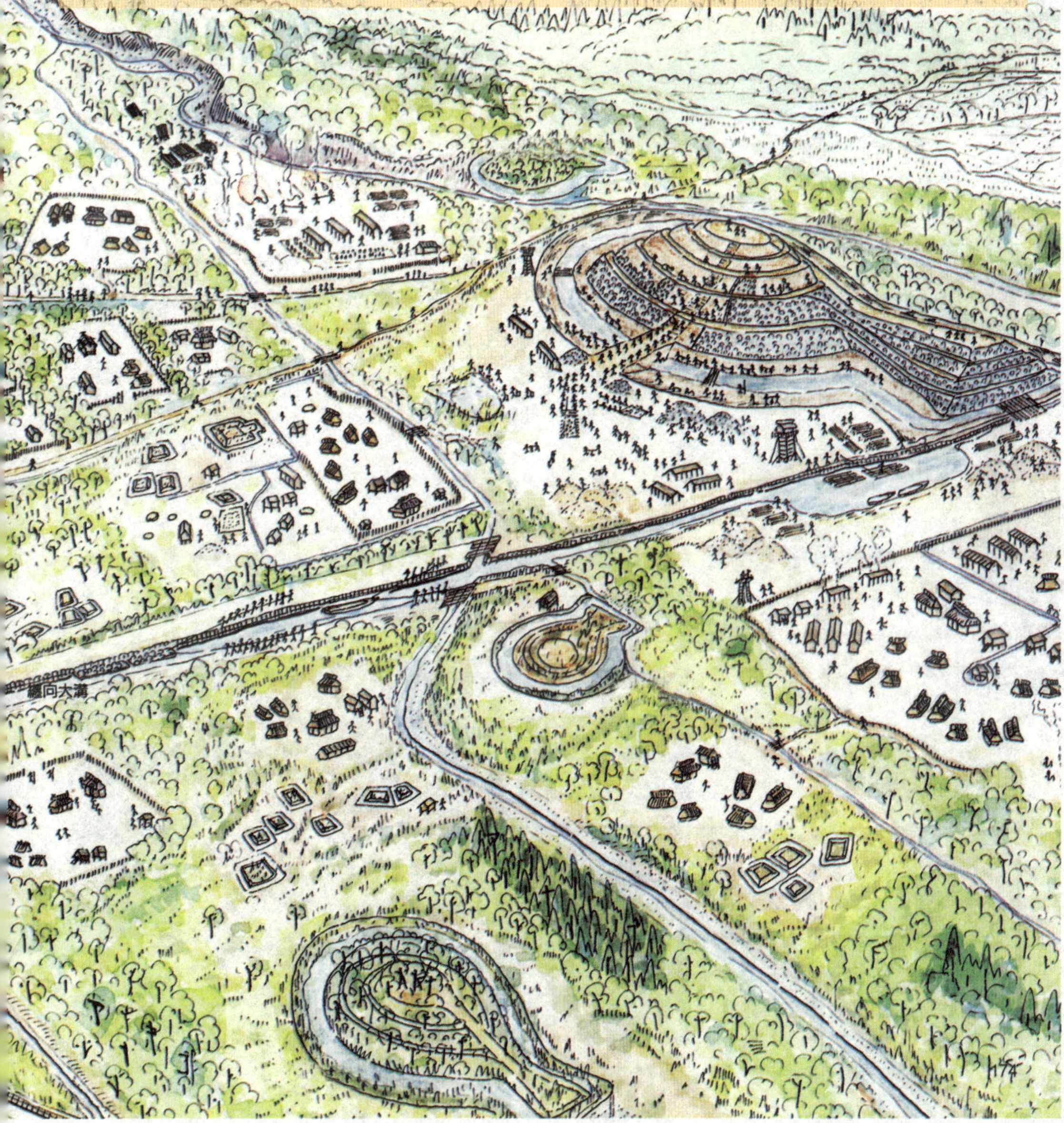

公元3世纪前期

01 史书中最早的邪马台国

关键词:阶级/国家/萌芽

弥生时代末期，日本列岛出现众多小王国，彼此混战不休，持续交战的状态迫使他们展开大规模的对外交流，以获取各种原材料和更加先进的生产技术，这就进一步推动日本社会的发展，形成良性循环。循环下的第一个高峰出现在女王卑弥呼统治下的邪马台国。虽因年代久远，史料残缺，这个“国家”的许多情况尚未明确，但基本可以确认，这是日本出现的第一个有文字记载、带有阶级性质和局部统一色彩的政权。

等级制度	存在等级划分，由上至下为：大人-下户-奴隶
服饰	男子身披横幅之布，女子着贯头衣，皆赤足，有文身 A
食物	冬夏皆食生菜，食器多用竹制的笾或木制的豆，用手取食
居所	已有屋室 B
丧俗	停灵十余天，家属哭泣，其余人歌舞作乐
税制	已有租赋
法律	轻者没其妻子，重则灭其门户
商业	已开展互通有无的商业往来
外交	主要朝觐中原政权，曹魏时卑弥呼被封亲魏倭王

A 邪马台国衣着风俗

倭人传中记载邪马台国“男子不论大小，皆黥面纹身”，“不戴冠帽，用楮木纤维布裹头”，赤足；而女人“被发屈紒，作衣如单被，穿其中央，贯头衣之”。同时国中有巫师，邪马台国经常派遣使者至中国，使节团中有“持衰”（穿着丧服的巫师）同行。这巫师必须严守禁忌，“不吃肉，不近妇人，不梳头，不换洗衣服，不抓蝨子”。渡海的平安与否完全是这巫师的责任，如果平安归来，则送他财物看牲口；如果旅途中遇到暴风雨或有人生病，则要将他杀死。这种习俗一直到七世纪时仍然存在。《日本书纪》中记载，七世纪的推古朝派遣二万五千的军队到新罗去时，也有“神部”同行。

B 庶民的房屋

由于史料记载模糊，故而邪马台时代的房屋并无详尽介绍。只知那个时候已经“有屋室，父母兄弟卧息异处”，即一家人并不同居。图中展示的仅仅是专家根据上古文字资料和遗址发掘所制作的庶民的房屋模型图。房屋低矮，上铺茅草，简陋寒酸。可是女王卑弥呼的宫殿却是气势恢宏，雄伟壮观，这充分证明了日本已经进入等级社会，财富差距拉大。

公元3世纪后期　　公元7世纪前期

02 大和政权与“古坟时代”

关键词:统一

公元266年是中国史书中所记载的邪马台国最后一次遣使来华的时间，之后，日本列岛与外界就断了音信。直到公元413年，日本才再次出现于中国史籍里。个中缘故，学界尚在研究。其中主流观点认为，公元3世纪末至5世纪初，中日两国断绝往来通信的主要原因是日本国内正在开展以畿内大和的部族集团为中心的、大规模的国家统一运动。就在这个基础上，邪马台国和“女王”政权逐渐消亡，日本列岛进入以大和政权为中心的古坟时代。

<table>
<tr><td>政治</td><td colspan="2">大和政权，进入天皇时代</td></tr>
<tr><td>经济</td><td colspan="2">生产力进一步发展</td></tr>
<tr><td rowspan="6">社会文化</td><td>陶器</td><td>分为土师器和须惠器两种 A</td></tr>
<tr><td>玉器</td><td>精美绝伦，广泛应用 B</td></tr>
<tr><td>服饰</td><td>男子：上衣下袴
女子：上衣下裳 C</td></tr>
<tr><td>饮食</td><td>食物和餐具日趋丰富 D</td></tr>
<tr><td>建筑</td><td>豪族与庶民的住宅出现巨大的分化 E F</td></tr>
<tr><td>墓葬</td><td>典型代表为巨大的古坟和祭祀用品“埴轮” G H I J K</td></tr>
<tr><td>对外交流</td><td colspan="2">1 向中国学习先进文化与技术
2 出兵朝鲜半岛</td></tr>
</table>

A 朴素的土师器

图示为日本宫崎县古坟群内出土的一件房屋造型的土师器。古坟时代的陶器分为土师器与须惠器。土师器由日本土著民制作，与弥生陶器相似，是对弥生文化的直接继承，造型简朴、大方。须惠器由来自朝鲜半岛的工人制作。

B 精美的玉器

这一时期的日本人已经能打磨出非常美丽的玉类制品。这些玉器除了用于装饰以外，通常还会被作为随葬品与死者一起入土。如图所示，奈良县遗迹出土的玉器，种类丰富，形制各异，色泽美丽，制作工艺精良，充分体现出日本手工业的进步。

C 古坟时代的男、女装

古坟时代人物俑为学者研究这一时期的服饰文化提供了巨大帮助。根据陶俑装扮，可大致推断古坟男子的装束如下:美豆良式发型，上衣下袴，腰绑布带，膝绑绳子，穿皮制鞋，佩戴刀剑。这一时期女子装扮为上衣下裳，腰间系带，颈部佩戴颈珠。士兵穿铠甲，巫女身披系带，脸涂红土。绳纹时代简陋的横幅衣和贯头衣从此淡出历史舞台。

D 古坟人的食物与器皿

随着大陆东渡人的不断涌入以及日本自身对外交流的扩大，古坟时期，日本人的饮食文化更加丰富。农业与捕捞水平的提高增加了食物的种类，手工业的发展使盛放食物的器皿在制作上愈发精致。图片是古坟时代一部分食物和食具的展示。

E 豪族的住宅

图为三寺遗迹复原图。三寺遗迹为5世纪后半期日本豪族住居。整体呈方形，有专门的导水设施，院外铺设葺石阻水，内有望楼、高床仓库、水井、立柱以及竖穴式主殿和住居。规模宏大，设施齐全。既体现日本建筑技术的进步，也反映出阶级分化的加剧。

F 庶民的聚居地

图示为古坟时代庶民们的聚居地。没有豪族邸宅讲究的葺石、饮水装置、望楼、仓库和高大殿屋，庶民们只用栅栏圈起平地式或竖穴式建筑，设施简陋，院落里还要种植一些作物。房屋周围就是他们赖以为生的草场及水田。这种居住环境与豪族住居之间有着天壤之别。

G 时代象征：古坟

古坟名称	所处时期	坟墓全长（m）
箸墓古坟	古坟前期	276
作山古坟	古坟中期	286
造山古坟	古坟中期	350
大仙陵古坟	古坟中期	486
见濑丸山古坟	古坟后期	318

J 明器“埴轮”

图示是一组埴轮，日本古坟时代特殊丧葬用品，使用时排列在坟丘四周。埴轮主要由日本本土工匠组成的土师部制作，分外圆筒埴轮和形象埴轮：前者一般呈圆筒状或牵牛花状；后者种类丰富，包括仿佛、器具、人物、动物等。

H 将军冢

所谓“古坟”，即人们在地上隆起极高的土堆作为坟丘，外置埴轮和石人石马，最外围挖有若干重壕沟，内置葬有遗体的棺椁。图示为古坟式样的森将军墓冢。这是一座位于长野县、长达100米的前方后圆式古坟，可以清晰地看到周围的埴轮与古坟的巨大。

I 古坟内的神秘装饰

图示为熊本县一座古坟内壁装饰。古坟时代为权贵们修建的巨大的古坟内部的墓室与横洞的墙壁上，都会装饰大量彩色壁画。带有这种装饰的古坟被称为“装饰古坟”。壁画一般由日本古钱币纹饰、三角纹饰和蕨手纹装扮，极其精美，是珍贵的文化艺术遗产。

K 古坟时代的古坟

3世纪中晚期至7世纪前期，高冢古坟在日本畿内突然出现并向四周扩散，遍布各地，这种墓式成为这一时期典型文化代表，这个时代也被称为“古坟时代”。古坟形制多样，有前方后圆、前方后方、双方中圆等八种式样。古坟时代前期，古坟选址常位于山地丘陵，借地势修建，后转移到平原，人力堆坟。这一变化反映出日本生产力的发展。

03 大和政权的独特制度

关键词:统一

大约自公元4世纪左右，大和政权崛起，日本列岛的一部分国家被其以武力征服。大和的天皇虽然获得更广泛的权力，但国家的大部分领土依然由旧有部落王国的首领们统治。这个政权拥有了天皇、贵族和朝廷，却缺乏实际有效的各项制度保证。日本在大和政权的领导下，进入一个粗糙的统一时代。

<table>
<tr><td rowspan="6">政治制度</td><td colspan="4">大王（天皇）A B</td></tr>
<tr><td colspan="2">中央：大臣</td><td colspan="2">地方：大连</td></tr>
<tr><td>伴造</td><td colspan="2">国造</td><td>县主</td></tr>
<tr><td>伴</td><td colspan="2">伴造</td><td></td></tr>
<tr><td>品部</td><td>田部（耕作）</td><td>部曲（耕作）</td><td>部曲（耕作）</td></tr>
<tr><td></td><td>屯仓（大和政权直辖地）</td><td>田庄（豪族的私有地）</td><td>田庄</td></tr>
<tr><td rowspan="3">社会组织形式</td><td>氏</td><td colspan="3"></td></tr>
<tr><td>姓</td><td colspan="3"></td></tr>
<tr><td>部</td><td colspan="3"></td></tr>
</table>

A 建造古坟

即便是粗糙的统一依然使大和政权的天皇们获得更大权力，他们的统治范围扩展，可以调动的人力、物力都有了显著增加。如图所示，劳动人民们正在辛勤劳作，修造一座准备埋葬天皇的巨大古坟。他们分工细致，人数较多，这种规模的民力征调体现出天皇膨胀的权力。

B 大和政权的崛起

大和政权兴起后逐渐统一日本各地，其对外交往也更加频繁。常常不远千里到中国求知。日本大和政权与中国的曹魏、吴国、东晋乃至南朝都有往来。如图中所示铜镜，在日本奈良出土，带有明显的魏晋铜镜特色。

04 对中国的臣服与对朝鲜的扩张

关键词:学习/野心

毋庸置疑，日本自石器时代起就凭借着学习大陆的尤其是中国的文化才得以快速发展。在结束了百年的统一战争后，大和政权下的日本国力大为增强，重回东亚政治舞台。他们一边继续师从中国，大量引入中国文化，一边释放野心，攻入朝鲜半岛局部地区，确立了在那里的优势统治地位，而这种优势无疑使它更加方便地输入中国文明，推动自身的进步。

<table>
<tr><td rowspan="5">日本的外交政策</td><td rowspan="3">对中国</td><td rowspan="3">朝觐与学习</td><td>文化输入</td><td>汉字、汉籍、儒家思想及佛教 A B</td></tr>
<tr><td>派遣使者</td><td>派遣使者请求赐予封号 C</td></tr>
<tr><td>技术输入</td><td>水利灌溉、养蚕、建筑冶金等</td></tr>
<tr><td rowspan="2">对朝鲜半岛</td><td>交流</td><td colspan="2">物质与文化财富经由朝鲜半岛传入；来自朝鲜的移民也带入各种技术 D</td></tr>
<tr><td>侵略</td><td colspan="2">征讨新罗，使百济成隶属日本的朝贡国 E F</td></tr>
</table>

A 刻印汉字的铁剑

中古前的日本并无民族文字，因为交流对象主要是中国，故日本使用汉字作为沟通和传播文化的媒介。汉字在日本的使用有按汉音直接诵读的“音读”和取汉字意而读日语音的“训读”两种形式。图示为古坟出土的铁剑，上面刻满汉字铭文。

B 传入日本的经典

图示为中国儒家经典《论语》。与汉字一样，中国经典的书籍、以儒家为代表的各种思想也是日本人竞相膜拜、学习的对象。随着中日交流的深入，大批承载了深刻思想的汉文书籍经由朝鲜半岛传入日本，为日本带来文化上的大启蒙。

C 日本外交的名堂

五世纪时日本主要外交活动		
	对象	中国南朝宋、齐、梁等国
	背景	在朝鲜半岛南部的统治愈发困难，急需支持
	内容	请求中国王朝赐予封号
	目的	通过接受中国的册封，可以对外证明中国承认其在朝鲜半岛上的特殊地位，借中国权威继续维持在半岛上的统治

D 移民的杰作

图示为一组精美的须惠器。继承日本弥生文化的陶器是日本本土工匠们制作的土师器，而须惠器属于朝鲜半岛系统，它的制造技术最早可上溯至中国商代的灰陶制作法。这种陶器经由朝鲜移民进入日本，迅速传播开来。须惠器的到来推动了日本自身陶瓷制造业技术的革新。

F 日本的野心

狭窄的国土和不稳定的环境使日本人内心深处一直潜藏着对大陆土地的野心，而距离最近的朝鲜半岛往往成为日本向大陆发展的第一块踏板。近代，日本吞并了朝鲜；中国明朝时，丰臣秀吉大规模入侵李氏朝鲜；唐朝时，日本与百济勾结侵入朝鲜半岛。这些都是人们熟知的。但其实早在公元4世纪中期，刚刚进入统一时代、国力稍有发展的日本就将手伸入朝鲜半岛南部，利用百济与新罗的矛盾，征讨新罗，平洛东江沿岸7国，入济州，占领任那，最终迫使百济臣服。直到公元6世纪，新罗灭亡了已经成为日本天皇直属地的任那政权，才宣告了日本在南朝鲜霸权的结束。

E 神功皇后征韩记

相传，神功皇后是日本第14代仲哀天皇的妻子，在仲哀天皇去世后长期摄政，曾女扮男装，三度带兵出征朝鲜，后人将其视作日本海外拓土的第一人。虽然神功皇后的征韩说并没有足够的史料支撑，但在公元4世纪中期，日本势力确实已伸入到南朝鲜地区。

05 “渡来人”与外来文化

关键词:输入

岛国日本凭借自身发展难以在如此短的时间内完成历史蜕变，大量吸收外来文化是其进步之所需。中古之前的日本在汲取外来文明上主要是依靠移民，也就是“渡来人”。广义上的“渡来人”可以指代一切渡海来到日本的人，但狭义上“渡来人”仅指东亚移民。他们通常因躲避战乱或政治上的罪责而举族迁移，同时也将大陆上先进的文化思想、生产技术以及生活方式一同带入日本，促进了日本的进步。

“渡来人”的贡献 A		对日本的影响
物质基础	1 农垦技术	维系族群生存，促进人口增长并推动社会变革
	2 养马技术	加快运输速度
	3 冶炼与制陶技术	生产力迅速发展 B
	4 纺织技术	提高生活水平
	5 建筑技术	
文化礼乐	1 汉字	极大提高日本民族的文明程度
	2 汉籍	
	3 历法	
	4 礼仪	
	5 医药	
社会意识	1 朝廷	集体意识、国家意识逐步形成
	2 贡赋	
	3 部门	
	4 记录	为后人探索历史保留资料

A 源源不断的“渡来人”

严格意义上的渡来人时间跨度极大。基本上，只要是在上古时期，从外面迁到日本的移民都可以被称作“渡来人”。渡来人为日本源源不断地带来大陆先进国家不同时期的不同文化和物质发展。日本虽然孤悬海外，但却依然能与时代最先进的生产技术和文明进行交流，渡来人功不可没。日本许多贵族都是渡来人出身。保守估计，今日有1/3的日本人祖先都属于渡来人。

B 铁器的恩惠

图示是铁块被冶炼后所锻制的一件日常器具。坚固而锋利的金属制品是人类改善生存环境最重要的伙伴。先进的大陆冶炼技术是日本人梦寐以求的，由于“渡来人”或者是朝鲜移民，或者是经由朝鲜半岛而来，故而日本将传入的冶炼技术称为“韩锻冶”。实际上这是中国早就有了的技术。

06 苏我氏崛起与佛教的传播

关键词:阶级/贵族/宗教

公元6世纪前后，佛教逐渐东传，而此刻日本国内的大臣、大连和伴造对私有地与私民的夺取正愈演愈烈，臣服于大和天皇的各地国造们纷纷叛离，天皇威严减弱，国家统一局面出现裂缝，贵族们争斗激烈，上层社会相互攻讦，在这场“混战”中最终取得胜利的是以苏我马子为核心的苏我氏家族，这个家族同时也是日本崇佛派的代表。他们使用婚姻等手段掌握了皇位继承决定权，日本进入苏我家族专政的阶段，并告别古坟时代，进入飞鸟时期。

苏我马子的生平事迹

时期	事迹
敏达天皇	1 被任命为大臣
	2 皈依佛教
	3 从百济引入佛文化，与排斥佛教派斗争
用明天皇	1 与排斥佛教派代表物部氏斗争激烈
	2 天皇去世后，征讨物部氏，取得胜利
崇峻天皇	政权在握，引发天皇不满，最后弑杀天皇
推古天皇（女）	1 鼓励佛教发展
	2 推动改革
	3 修建飞鸟寺 A
	4 626年去世 B

A 飞鸟寺

图示为飞鸟寺。位于奈良县高市郡明日香村飞鸟，是日本最古老的寺庙之一。于公元596年由权臣苏我马子主持建造，寺庙内塑有飞鸟大佛。公元6世纪前后，佛教经朝鲜进入日本，苏我马子属于崇尚佛教派，压倒排斥佛教派后修建此寺庙。它的建造象征了佛教在日本开始正式传播。

B 苏我马子的归宿地

图示为石舞台古坟，飞鸟时代代表性建筑物之一，建于公元7世纪。据传这就是苏我马子（约551—626）的坟墓，和飞鸟寺坐落在同样的地区。这座古坟为上圆下方式，由数10块花岗石组成，最上的盖顶石约有77吨重。

公元3世纪后期　　公元7世纪前期

07 圣德太子与推古改革

关键词:效仿/调整

公元7世纪时，东亚政治形势发生变化：隋唐时期的中国重新统一，建立了法制完备、文化繁荣的强大中央集权制国家；朝鲜半岛上高丽、百济和新罗三国都进行了改革，尤其是新罗，不仅驱逐了日本在半岛上的势力，而且时刻威胁着日本的盟友百济。地域政治环境的恶化降低了日本大和政权的威信力，统治阶级的争权斗争与下层民众的反抗日趋激烈，严峻的国内外形势被摆在了苏我家族所扶持的推古朝面前，迫使摄政的圣德太子下了改革的决心。

圣德太子的改革内容与作用 A		措施	内容	作用
	对外	1 派遣使者	607年派小野妹子为遣隋使	谋求建立与中国对等的外交关系 B
	对外	2 派遣留学生	著名者有高向玄理、南渊请安、僧旻	直接从中国汲取所需物质及文化 C
	对内	1 冠位十二阶	模仿中国官制，晋升以才能为根本	遏制世袭贵族专权 D
	对内	2 宪法十七条	杂糅儒、佛、法三家思想，强调君权至上	提高皇权 E
	对内	3 扶持佛教发展	提倡“笃敬三宝”，修建寺庙	佛教兴盛，繁荣古代文化 F

A 圣德太子像

图示为圣德太子（524—621）的画像。圣德太子是用明天皇之子，苏我马子的甥孙，推古女皇的侄子，担任推古朝的摄政。其执政期间大力推行改革，对内巩固天皇权威，对外谋求与中国的对等地位，直接从中国引入文明并传播佛教。他的改革仅是一次局部调整，但依然有着重要地位。

B 隋炀帝像

图示为隋炀帝画像。公元607年，日本推古朝摄政圣德太子派遣小野妹子出使中国，这时中国正值隋炀帝当政。小野妹子向炀帝呈递日本君主书信，开头曰“日出处天子致书日没处天子无恙”，这种用词反映出日本正在试图摆脱朝贡秩序而谋求与中国对等的外交地位。

C 学习方式的改变

由于地理位置与交通因素的影响，中国文化总是先传入朝鲜半岛，再传入日本。这一过程不仅繁琐，传习内容也往往失真。至圣德太子时，日本改变学习方式。他们派遣大批使节、留学生和学问僧来到中国，直接汲取他们所需要的学问、制度、技术等，有力推动日本文化发展。而这些被派往中国的人员，很多都成为日后大化改新的中坚分子。

冠位十二阶 D

名称	冠帽颜色
1 大德	紫色
2 小德	
3 大仁	青色
4 小仁	
5 大礼	赤色
6 小礼	
7 大信	黄色
8 小信	
9 大义	白色
10 小义	
11 大智	黑色
12 小智	

E 宪法十七条

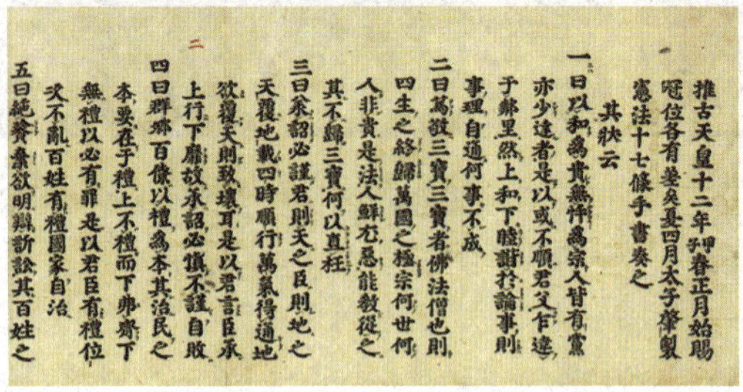
推古天皇十二年甲子春正月始賜
冠位各有差夏四月太子肇製
憲法十七條手書奏之
其狀云
一曰以和爲貴無忤爲宗人皆有黨
亦少達者是以或不順君父乍違
于鄰里然上和下睦諧於論事則
事理自通何事不成
二曰篤敬三寶三寶者佛法僧也則
四生之終歸萬國之極宗何世何
人非貴是法人鮮尤惡能教從之
其不歸三寶何以直枉
三曰承詔必謹君則天之臣則地之
天覆地載四時順行萬氣得通地
欲覆天則致壞耳是以君言臣承
上行下靡故承詔必慎不謹自敗
四曰群卿百僚以禮爲本其治民之
本要在于禮上不禮而下非齊下
無禮以必有罪是以君臣有禮位
次不亂百姓有禮國家自治
五曰絶餮棄欲明辨訴訟其百姓之

图示为圣德太子制定的宪法十七条。全篇以汉文写成，是日本贵族和官员必须遵守的规范。其内容融合儒、佛、法家等思想，强调君权至上，要求臣民忠于君主。这套“宪法”反映了日本向中国学习的事实，同时也体现出日本正在建设天皇至上的中央集权制度的历史进程。

F 金铜释迦三尊像

圣德太子崇信佛教，在宪法十七条中就提到过“笃敬三宝”。他兴建许多寺庙，如四天王寺、法隆寺等。佛教在日本蓬勃发展，全国寺院数十，僧尼多达数千。佛教的兴盛繁荣了日本古代文化。图示为法隆寺内的金铜释迦三尊像。

592年 645年

08 以佛教为中心的飞鸟文化

关键词:佛教/繁荣

公元6世纪左右，日本进入推古朝时期。这一时代的鲜明特征是佛教的兴盛。佛教是圣德太子改革中的一大重点，是其文化立国、开化万民的基础。圣德太子与其背后的苏我家族都是崇尚佛教派骨干，在他们的支持下，佛教迅速传播，并与日本原有文化因素融合，汇成一全新的文化，即“飞鸟文化”。此时的日本文明，已摆脱了弥生文化的原始和古坟文化的幼稚，变得更为成熟而充满自信。

A 鸟瞰飞鸟

飞鸟文化		
	时期	6世纪末至7世纪中期
	中心地	奈良县飞鸟地方 A
	倡导者	王族：圣德太子
		贵族：苏我家族
		渡来人
	典型代表	飞鸟寺
	特点	四天王寺 B C
		法隆寺 D E F
		中宫寺 G H
		法起寺 I
		以佛教文化为中心 J

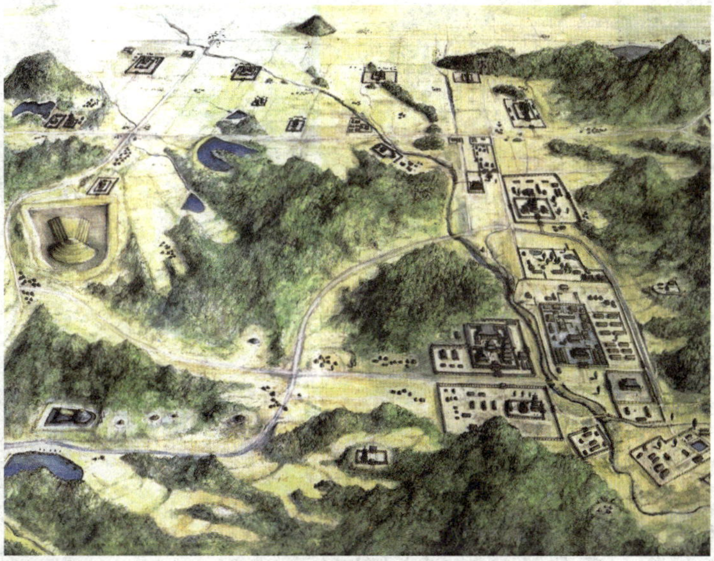

权臣苏我马子笃信佛教，公元6世纪末期，他在奈良县的飞鸟地区修建了飞鸟寺。这座寺庙不仅是日本第一座正式的佛教寺庙，同时也象征了一个全新文化阶段的开始，即以佛教文明为中心的飞鸟时代。图画为鸟瞰飞鸟地方的想象图。

B 古朴的四天王寺

图示为四天王寺。这是日本最早受政府管辖的寺庙，其建造者是圣德太子。相传圣德太子为了打赢和消灭排斥教佛派势力的战争，向四大天王祈祷，最终获得胜利，故而修建此寺庙。该寺位于大阪，建筑风格承袭自中国。虽历经风雨，但其布局并没有太多变化。

C 四天王寺俯瞰

四天王寺相传始建于593年，它和法隆寺一起被被列为飞鸟时代寺院建筑的代表。它的中门、塔、金堂、讲堂呈南北向直线排列，这种伽蓝布局是模仿了当时的中国建筑风格。四大王寺几经重建，但基本保持原貌，目前所见的四天王寺是1963年重建的。

D 法隆寺内菩萨像

法隆寺，又称斑鸠寺，位于奈良县，由圣德太子所立。法隆寺的建筑风格与四天王寺一致，均为仿效中国伽蓝的木结构寺庙。法隆寺内保存了大量日本国宝级文物。图示为法隆寺内的一尊观音菩萨像。

E 法隆寺金堂

法隆寺相传初建于607年，被列入世界文化遗产。金堂内有不少雕塑和精美壁画，但是壁画受损严重，金堂的栏杆、屋檐等建筑是典型的飞鸟式样，多用云斗，人字形束。

F 殿内佛尊

图示为法隆寺金堂内的国宝级文物金堂释迦三尊像，是飞鸟时代保存最完好的雕刻作品。佛像仿照中国北魏雕塑的式样，金铜塑身，背有铭文，佛尊面部表情安详，宝相端庄。墙壁上还装饰有精美的壁画。

G 中宫寺菩萨像

中宫寺也称斑鸠尼寺，自7世纪初创建以来就是尼姑庵。图片上的弥勒菩萨像号称是世界三大微笑之一，这是佛教艺术品中很有亲和力的作品，菩萨手指轻拂脸颊，面露既稚嫩又成熟的微笑，让人流连忘返。

I 法起寺三重塔

法起寺相传始建于638年，已列入世界文化遗产名录，据说是山背大兄王将圣德太子创建的冈本宫改建成了寺院。目前全寺建筑仅剩706年完工的三重塔，其高度为23.9米，为日本现存的最古老和最高的三重塔。

H 天寿国绣帐

图示为存放在中宫寺内的天寿国绣帐。日本国宝级文物，又称天寿国曼荼罗。圣德太子薨后，其妃奏请天皇，绣成绣帐二幅，描绘圣德太子往生后在天寿国的情形。绣帐上绣铭文四百字，分绣于100片龟甲。现存断片6个，色彩鲜明，刺绣精巧。

J 佛光普照东瀛

无论是出于个人信仰、对中华文明的追求之心，还是出于国内统治的需求，日本选择佛教是一个历史的必然。圣德太子和推古女皇出自推崇佛教派的中流砥柱苏我家族，三方合力使佛光普照日本列岛。佛教对日本的贡献不仅仅在于维护统治和统一，更多的着力点在文化上，正是佛教以其独有的姿态，开启了日本中古文化的新篇章。

第二章 保守与革新的较量：中央集权制的最终完成

公元645年 > 公元710年

日本第二位女天皇原称宝皇女，登基为皇极天皇。其在位期间，专横跋扈的苏我家族被中大兄皇子联合朝中显贵铲除。这场宫廷政变后，皇极天皇退位，其弟登基为孝德天皇，开始了著名的大化改新，日本逐渐成为中央集权的律令制国家，从而走上繁荣之路。

孝德天皇去世后，皇极天皇再度登位，号为齐明，晚年欲亲征朝鲜，却死于途中，她的继任者派往朝鲜半岛的军队在白村江被唐朝与新罗联军击溃，这不仅打碎了日本扩张的野心，而且中古东亚的政治秩序也因此被确定下来。图示即为这位女天皇的皇陵，全称皇极·齐明天皇御陵，她先后拥有的两个身份——“皇极天皇”与“齐明天皇”实实在在地诉说出中古时期日本国内最为跌宕起伏的变革史。

645年 654年

01 大化改新

关键词:变革/发展

苏我马子去世后，苏我虾夷、苏我入鹿等苏我族人继续把持朝政，气焰嚣张，不仅令皇室、其他贵族和百官深感不安，同时也成为日本建设中央集权式律令制国家的最大阻碍。公元645年，中大兄皇子在贵族中臣镰足与遣隋留学生们的帮助下杀苏我入鹿，推翻苏我家族的统治，推孝德天皇登基，改年号为“大化”，之后所展开的一系列“以唐为师”、调整日本原有制度的改革，即历史上著名的大化改新。

天皇	年份（公元）	主要内容
皇极	642	皇极天皇即位
	643	苏我入鹿攻杀山背大兄王 A
	645	乙巳之变，苏我氏被诛 B
孝德	645	孝德天皇即位，改年号大化，推行改革 C D E F

A 法隆寺的“结局”

山背大兄王是圣德太子之子，享有天皇继承权。但是在推古女天皇去世后，苏我氏的苏我虾夷另立田村皇子为君，苏我虾夷的儿子苏我入鹿为斩草除根，攻杀山背大兄王，迫使其与全族人在法隆寺自尽，圣德太子一脉由此灭绝。图示为圣德太子创建、其后裔自尽于此的法隆寺。

B 诛杀苏我入鹿

山背大兄王的下场令皇室自危，苏我家族威胁着皇室、贵族和百官们的生命及前途，更阻碍日本的发展。公元645年，中大兄皇子在中臣镰足和遣隋归国留学生的帮助下，斩杀苏我入鹿，剿灭苏我家族。苏我氏专权局面崩塌，孝德天皇即位，改元“大化”，拉开改革的序幕。

C 大化改新

大化改新主要内容及影响		
	公地公民制	废除私有土地和部曲制度，土地收归国家
	改革统治机构	调整行政区域，划分京师、国、郡、里
		地方官员由中央任命
		设置关塞与戍边军
		设立驿站
	班田收授法	造户籍、计账，分公田于公民
	租庸调	缴纳地租
		力役及纳资代役
		征收地方特产

D 大化改新的发源地

谈山神社位于日本奈良县樱井市多武峰。中大兄皇子与中臣镰足曾在此畅谈“大化改新”的构想，因此这里被视作“大化改新”的发源地。中臣镰足（后因赐姓而改为藤原镰足）死后被安葬于此。图示为谈山神社的十三重塔，中臣镰足之子修建。

F 深析大化改新

“大化改新”的本质是效仿中国唐朝完备的礼乐法制、改造日本现有政治与社会，以达到天皇至上、国家一统的目的。其所包含的几个改革内容无一不贯彻中央集权、君主专制的思想。改革前，日本大贵族兼并私地，掌握部曲，足以和皇室对抗；改革后，土地收归国有，人民成为自由民，并由以天皇为核心的朝廷分配土地，获得独立生存的资料，确保了这些可以征为兵员、劳力，同时向国家上缴赋税的自由民只为天皇朝廷控制，而非私人掌控。这样就消灭了贵族分权的物质力量，权力收归中央的天皇。而在中古时期，人类社会总体生产力低下，分裂是一种退步，而中央集权大一统才是进步的状态。

E 中大兄皇子

图示为日本第38代天皇天智，即中大兄皇子（626—671），皇极天皇之子。曾就学于遣隋使门下，公元645年发动宫廷政变，剿灭苏我氏，扶立孝德、齐明（皇极）两任天皇，推行大化改新，征讨虾夷、朝鲜。即位后颁布《近江令》。他为日本在中古时期的发展做出了巨大贡献。

663年

02 白村江海战

关键词:野心/战火/惨败

大化改新后，日本的面貌焕然一新，天皇大权在握，踌躇满志，统治阶级的野心迅速膨胀。他们把目光投向朝鲜半岛，那里正处在高句丽、百济、新罗三政权的分立中。半岛局势的复杂化给了日本插手的机会。齐明天皇亲征，病逝途中。两年后，天智天皇再度派兵攻击新罗，却在半岛西南部白村江海域上遭遇唐朝与新罗的联合反击，全军覆没，败退回国。

背景	公元7世纪，高句丽与百济进攻新罗，唐朝救援，大破百济。百济求助日本 A B	
原因	转移国内旧贵族势力对改革之不满情绪，天皇大权在握，野心膨胀，意图恢复昔日在半岛上的辉煌	
时期 C D	第一阶段	公元661年，齐明天皇亲征，病死途中 E
	第二阶段	1 公元661-663年，日本支援百济，唐朝与新罗调军备战 F
		2 公元663年，白村江战役打响，日军惨败
战后	百济复国无望，日本收敛野心，高句丽被中国唐朝所灭，新罗统一半岛	
影响	奠定以中国为中心的中古东亚政治格局 G H I	

A 苏定方塔

公元7世纪，百济屡攻新罗，新罗向唐朝求救。660年，唐高宗派苏定方领兵远征百济。同年7月，唐朝与新罗联军围攻百济王都泗沘城，其国王请降，百济亡国。图中所示的五层石塔又称苏定方塔，塔下刻有《大唐平百济国》碑铭，乃苏定方的记功碑。

B 落花岩上千花落

图中所示之地为落花岩，位于韩国忠清南道，是扶苏山的主峰，地势险峻。这里曾是百济王都泗沘城所在之处。传说公元660年，百济亡国后，3000宫女逃亡至此，再无退路，为保贞节，遂自落花岩处飞坠而下，投入滚滚江水之中。但是，半岛的战事并未结束。

C 半岛局势图

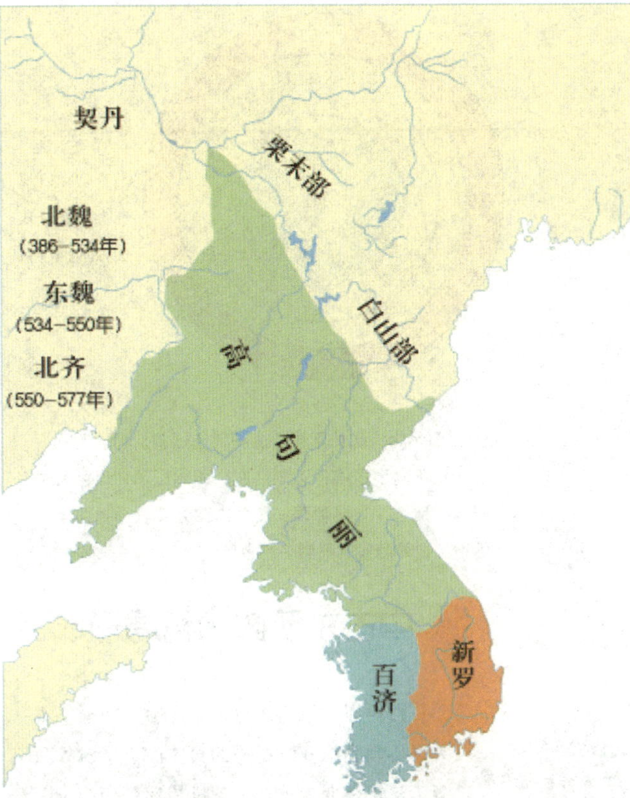

如图，朝鲜半岛长期处于高句丽、百济和新罗的分割中。高句丽是唐朝希冀征服之地，新罗与唐朝素来友好，百济则联合高句丽并依靠日本。公元660年，唐新联军灭亡百济后，百济王子求救于日本。此时日本改革完毕，野心膨胀，百济的乞求成为它重回半岛的最佳机会。

E 大战白村江口

公元663年，唐朝与新罗联军围攻百济周留城，白村江作为入海处支流，成为确保百济获得日本支援的最后要道。唐与日本对此地都志在必得。8月，两军在此交战，日本虽占据数量优势，唐朝的装备更加精良，日本不敌唐朝军队，一溃千里。图示为今日的白村江。

第一次中日海战 D

时期	年份公元	日本与百济	唐朝与新罗
第一阶段	660年	百济亡国，遗臣求助日本	攻克百济，处理善后
	661年	齐明天皇亲征新罗，病逝中途	唐军进攻高句丽
		天智天皇派兵送百济王子归国即位	
第二阶段	662年	日本向百济运送大批物资	唐军分为两部，一部在高句丽作战；另一部在南方与新罗共同作战
		高句丽请求日本出兵	
		日本进攻新罗	
	663年	日本增兵	唐朝增兵
		百济内讧，人心不齐，实力大减	唐新联军包围百济新都周留城
		日本援军抵达白村江口，百济新王迎接日军	唐朝大将刘仁轨率唐新联军抵达白村江口
		中日海军不期而遇	
		日军轻敌，冲入布阵齐整的唐军阵营，唐将刘仁轨指挥得力，大破日军，四战四捷；日军惨败，退回国内；百济新王逃亡高句丽，周留城守将投降唐新联军	
尾声	667年	唐新联军攻破高句丽王城平壤，高句丽灭亡	

F 统一新罗

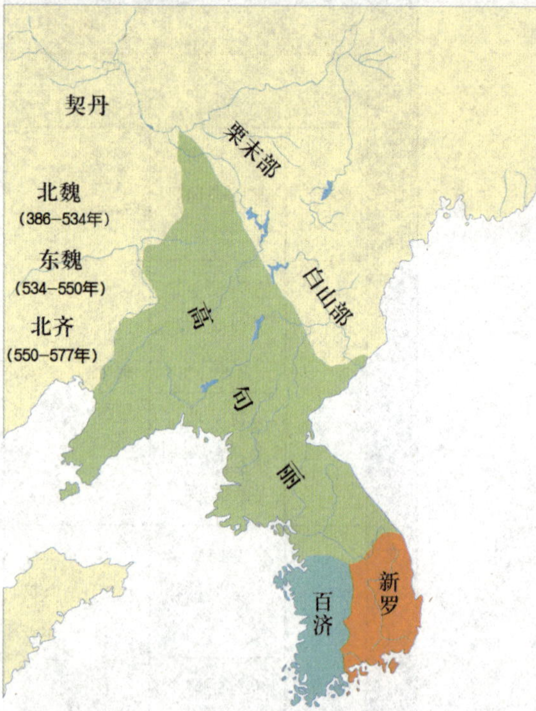

白村江战役后，日军溃败，失去最后靠山的百济迅速沦亡，唐朝也趁机灭亡了高句丽。曾经在半岛地区最为弱小的新罗借助唐朝的力量变得强大，7世纪中后期，新罗统一了朝鲜半岛大同江以南区域，定都庆州，仿照唐朝制度，开始建设并统治国家。图示为统一时期的新罗地图。

G 大唐体系图

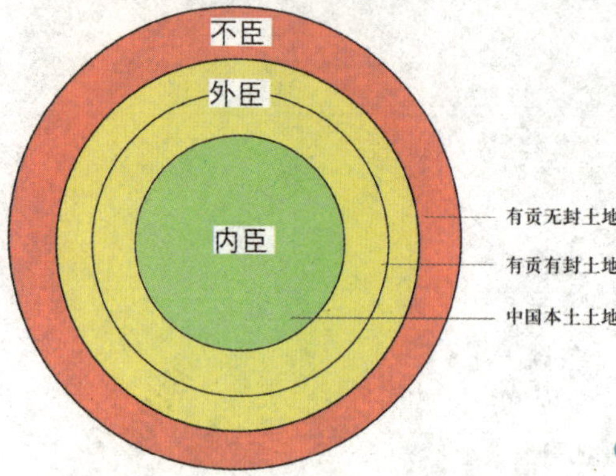

图示为大唐体系图。唐朝幅员辽阔，为了便于管理，在不同地区推行不同制度。如图所示，绿色为中国本土地区，直接管理；黄色内圈为接收册封并上贡的地区，外圈没有册封；粉色则为外国。

I 中古东亚政治格局形成

白村江之战后，日本军队败退回国，本来野心勃勃想开疆扩土的日本改变了对外政策，从扩张变为求知，从挑战唐朝变为全面向唐朝学习；一直处于分裂之中的朝鲜半岛则由后起之秀新罗统一，百济与高句丽先后灭亡，其故地被唐朝和新罗占据；唐朝通过白村江战役帮助新罗击退日本，之后又灭亡了高句丽，成为东亚地区独一无二的强国。

H 日本山城防护图

白村江战败后，日本举国震惊，又传言唐朝为了报复，将进一步进攻日本。日本统治者惶恐不安，于是大量仿造朝鲜半岛式样的山城进行防御。其中著名的有大野山城、基肄城等，这些山城是为了保护日本、抵御可能入侵的唐朝，大多由百济遗民设计建造。图示为基肄城。

671年

03 壬申之乱

关键词:内战/二次改革

大化改新后，日本的失势旧贵族形成反改革势力。而改新的中流砥柱中大兄皇子，即天智天皇，晚年丧志，使改新成果日渐沦丧。其弟大海人皇子因对此表达不满而被取消继承资格。天智天皇去世后，大海人皇子出家吉野，大友皇子继承皇位，准备除掉大海人皇子。后者遂先发制人，于公元672年举兵，内战爆发，史称“壬申之乱”。这场战争以大海人获胜并即位为天武天皇告终，日本的改新事业也得以继续下去。

背景	1 日本国内形成抵制改革的旧贵族势力	
	2 天智天皇沉溺于享乐之中，不思进取	
	3 天皇之弟大海人皇子对天皇丧志行径表示不满，获罪被贬，出家吉野 A	
	4 天智天皇立其子大友皇子为继承人	
过程	公元671年	大友皇子继位，准备铲除大海人皇子 B
	公元672年	1 大海人皇子先发制人，于东国起兵。日本内战爆发 C
		2 大海人皇子取得胜利，大友皇子被迫自尽
	公元673年	大海人皇子于飞鸟净御原宫继位为天武天皇，继续推进改革 D E F

A 大海人皇子被迫出家

白村江战役后，日本国内矛盾激化。天智天皇对旧贵族妥协，甚至恢复一些贵族的土地和部民，引起其弟大海人皇子的不满，天智天皇猜忌大海人皇子并另立大友皇子为继承人。公元671年，天智天皇去世，大海人皇子出家吉野，力求韬光养晦。图示是其落发出家之地。

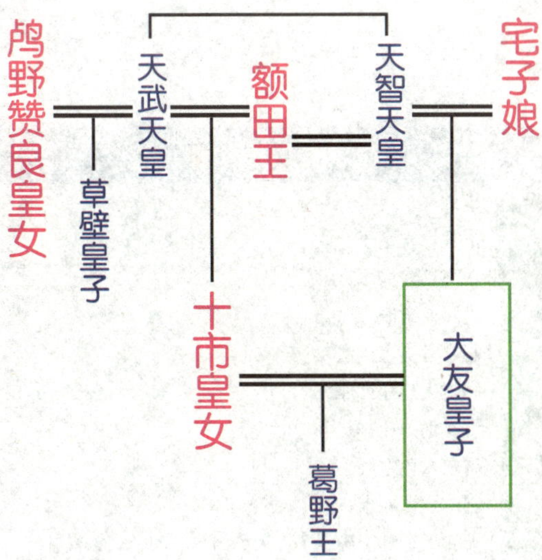

B 敌对双方的关系

由于近亲结婚，日本天皇家族的亲缘关系相当复杂。每一次皇室内讧的双方都有剪不断理还乱的渊源。公元671年势同水火的双方也不例外。如图，双线为婚姻关系，单线为手足或生身关系，此外，鸬野赞良皇女是天智天皇的女儿，大友皇子就是弘文天皇。日本在皇位继承上宽松规定也是引起内乱的原因。

C 壬申之乱形势图

公元671年，继位的大友皇子忌惮大海人皇子，阴谋铲除。大海人皇子得到消息后先发制人，于翌年在东国起兵，两个月内便攻破大友朝廷，大友皇子自尽。壬申之乱持续时间短，图片为壬申之乱形势图。

D 迁回飞鸟地区

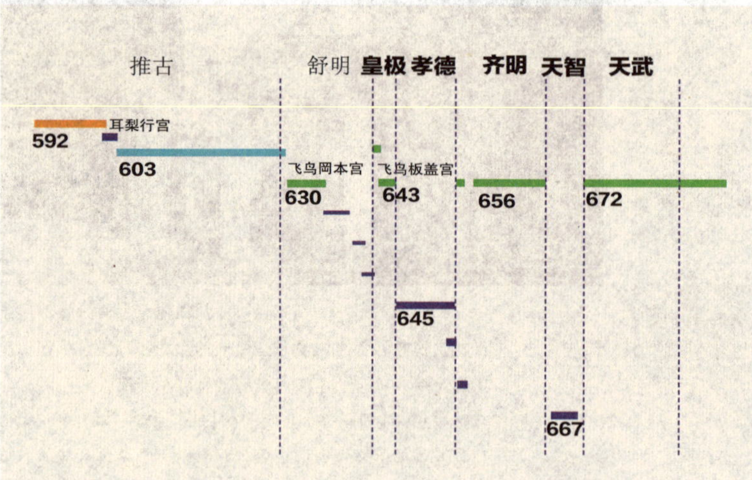

公元6世纪末以来的飞鸟地区长期是日本政治中心，更是飞鸟时代的核心区域。孝德天皇时曾迁至难波，后又迁回，白村江战役后又迁都至近江。壬申之乱平息后，获得胜利的大海人皇子在飞鸟净御原宫登基为天武天皇并将都城再度迁回飞鸟。图示为飞鸟各宫殿的变革。

E 壬申之乱的是是非非

战乱的硝烟虽已散尽，史书上却留下一个个谜团。天智天皇是否曾立大海人皇子为继承人？他去世后，大友皇子是否已经即位为天皇？以上问题被学界长期争论。如果大友皇子已被天皇立为继承人并即位，那么大海人皇子无疑是在篡位。不过自古成王败寇，即便这桩公案水落石出，也抹不掉青史上的刻印。

天武天皇的作为 F

公元纪年	事件
672年	击败大友皇子
673年	在飞鸟净御原宫即位
675年	废除奴隶制
678年	制定官吏考核法
681年	制定飞鸟净御原令
682年	废除匍匐礼
684年	制定八色之姓
685年	制定冠位四十八阶
总结	天武天皇真正确定了以天皇为中心的中央集权制

645年 718年

04 律令体制的建立

关键词:改革成果

从公元645年孝德天皇即位直到718年养老天皇在位，这半个多世纪以来的日本都处在不断的变革之中。这场变革始于圣德太子改革，高潮为大化改新，而后又被历任天皇推行下去。其实质就是仿照法制完备而国富民强的唐朝的体制，建立一个秩序井然的律令制国家。所谓律令制国家，即制定律令，以其为国家基本大法。律令规定了国家各方面的制度以及臣民义务等，使上下尊卑有序、社会正常运行、平稳发展。

	名称	制定年份·天皇	施行年份·天皇	编者	意义
律令制国家的形成过程 A B C	近江令	668年·天智天皇	671年·天智天皇	中臣镰足（藤原镰足）	1 仿照唐代《贞观令》 2 日本最早的成文法典
	飞鸟净御原令	681年·天武天皇	689年·持统女天皇	草壁皇子	1 参照唐代《永徽令》 2 在《近江令》基础上继续总结大化改新以来的法律成果
	大宝律令 D E F G	700年·文武天皇	701年·文武天皇	刑部亲王、藤原不比等	1 在《飞鸟净御原令》基础上修撰 2 大化改新完毕 3 确立日本律令制国家法的基础 H
	养老律令	718年·元正天皇	757年·孝谦天皇	藤原不比等	1 修补《大宝律令》而成 2 留传至今
总结	贵族	纳入官僚体系，为天皇效劳，予以特权优待 I J K			
	平民	纳入国家户籍，承担义务 L M			
核心	以律令为一切制度与措施之准则及实施的保证 N				

A 解析律令制

律令制属于中国封建法律体系，隋朝编撰《开元律》，唐有《武德律》、《贞观律》、《永徽律》等。中国律令制分为律、令、格、式四种。日本致力建设一个和隋唐一样的律令制国家。通过《近江令》、《养老律令》等一系列立法保障，终于建立以天皇为中心的中央集权专制体系及相应的官僚制度，旧有的贵族部民体制就此退出历史舞台。

B 舍人亲王

舍人亲王（676—735），也称舍人皇子，是天武天皇之子，《日本书纪》的统筹者，曾任太政官，为日本律令制社会的建立和巩固做出了重大贡献。

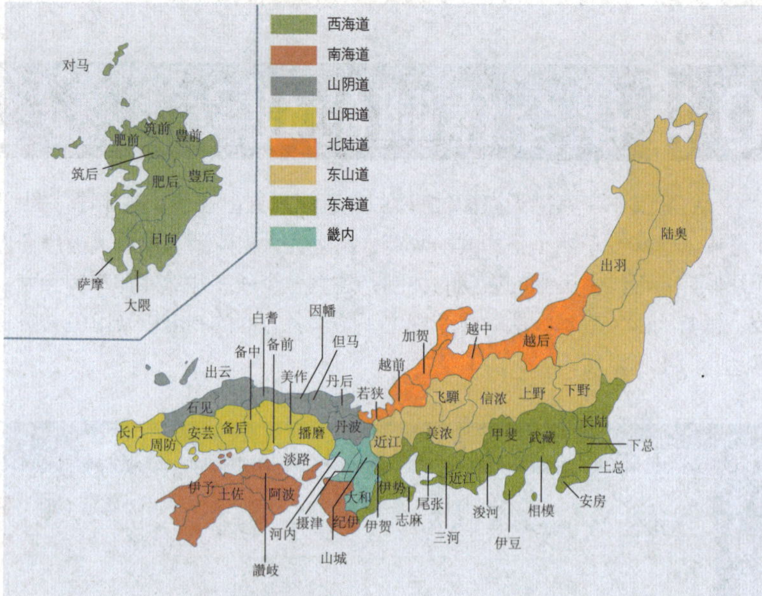

C 律令下的行政区划

如图所示为中古日本的行政区划结构图。共分为7道与一个畿内行政区。律令制度下，行政区域的统治大权掌握在中央朝廷手中，削平了原有地方贵族的势力，消除分裂割据隐患，有效地使日本成为一个统一国家。

D 律令下的官员

<table>
<tr><th colspan="14">中央官制</th></tr>
<tr><td rowspan="6">神官</td><td colspan="9">太政官（掌管政务）</td><td rowspan="6">弹正台（监察机构）</td><td>五卫府</td><td>左/右马寮</td><td>左/右兵库</td></tr>
<tr><td colspan="3">左大臣</td><td colspan="3">太政大臣</td><td colspan="3">右大臣</td><td rowspan="5">守卫宫城、巡逻京城</td><td rowspan="5">饲养马匹</td><td rowspan="5">保管武器</td></tr>
<tr><td colspan="9">大纳言</td></tr>
<tr><td colspan="4">左弁官</td><td rowspan="2">少纳言（书记局）</td><td colspan="4">右弁官</td></tr>
<tr><td>中务省</td><td>式部省</td><td>治部省</td><td>民部省</td><td>兵部省</td><td>刑部省</td><td>大藏省</td><td>宫内省</td></tr>
</table>

<table>
<tr><th colspan="7">地方官制</th></tr>
<tr><td colspan="4">要地</td><td colspan="2">诸国</td></tr>
<tr><td colspan="2">左/右京职（京城）</td><td rowspan="2">摄津职（难波）</td><td>大宰府（筑前）</td><td>郡司</td><td rowspan="2">军团</td></tr>
<tr><td>坊令</td><td>东/西市司</td><td>防人司</td><td>里长</td></tr>
</table>

E 部分官位一览

				神官	太政官	中务省	其余7省	衛府	大宰府与弹正台	国司	勋位
贵族（殿上人）	公卿	正一位			太政大臣						
		从一位									
		正二位			左右大臣						
		从二位									
		正三位			大纳言						一等
		从三位			中纳言			大将	帅		二等
	通贵	正四位	上			卿					三等
			下		参议		卿				
		从四位	上		大弁				伊		四等
			下	伯				中将			
		正五位	上		中弁	大辅		衛门督	大弐		五等
			下		少弁		大辅	少将	弼		
		从五位	上			少辅		兵衛督		大国守	六等
			下	大副	少纳言	侍从	少辅	衛门佐	少弐	上国守	

F 粟田真人

粟田真人（？—719），日本派往中国的第八任遣唐使。日本的《续日本纪》和中国《旧唐书》中均有他的相关记载，他颇得武则天的喜爱。在他的争取下，中国将对日本的称呼由倭国改为日本国。以他为代表的遣唐留学生在日本发展中功不可没。

G 藤原不比等

藤原不比等（659—720），据某些传奇故事的说法，他是天智天皇的私生子。他历经两朝而宠幸不衰，历任大纳言、右大臣，700年，他参与编撰《大宝律令》。他是文武天皇夫人藤原宫子和天武天皇皇后光明子的父亲，也是日本历史上第一位为臣子的皇后生父。

H 中古日本官僚体系

日本模仿唐朝，官制中不仅分出品级——即位阶，且从四位开始便有上、下之分。除高级官吏外，还有被总称为“官人”的低级官吏，他们的位阶自正、从六位开始，经正、从七位，正、从八位至大初位、少初位，每一位阶内亦有上、下之分。不同等级的官位在俸禄、授田上有不同待遇。日本还搬来唐朝的四等官制，每个办事机构都分出长官、次官、判官和主典。譬如神官中的“伯”就是长官，而大、少副属于次官，另有从六位的大和为判官，正八位的大史和从八位的少史为主典。一般而言，由长官总揽大局，次官辅佐长官，判官主持具体事务，主典辅佐判官。

I 身份等级制

<table>
<tr><th colspan="4">皇族</th></tr>
<tr><td rowspan="4">良民</td><td rowspan="2">官人</td><td>上级</td><td>官职在五位以上（贵族）</td></tr>
<tr><td>下级</td><td>官职在六位以下</td></tr>
<tr><td colspan="2">公民</td><td>一般农民</td></tr>
<tr><td colspan="2">杂色人</td><td>手工业者等</td></tr>
<tr><td rowspan="4">贱民</td><td colspan="2">官有</td><td>私有</td></tr>
<tr><td colspan="2">陵户</td><td rowspan="2">家人</td></tr>
<tr><td colspan="2">官户</td></tr>
<tr><td colspan="2">公奴婢</td><td>私奴婢</td></tr>
</table>

J 贵族们的服饰

图示为圣德太子和他的侍从。这一时期日本的服饰有了更为严格的等级规定。根据等级和场合不同，服饰也有所区分。对于日本贵族而言，他们的服饰大体上有冠、礼服、裤子、朝服、制服等。

K 贵族特权

贵族在待遇和法律上享有特权。正一位的官员，可以享受80町位阶授田，而从五位只有8町，再往下的官阶就不再享有位阶授田。同样，正一位到从三位的官员都拥有300至100的封户，可以享受这些封户所缴纳的租、调、庸中的一部分。官员俸禄以施、绵和布为主，位阶越高，俸禄越多。另外，贵族犯罪还可以赎铜减罪。

简单的土地制度 L

口分田	男性良民：田2段
	女性良民：田1段120步
位田	五位以上官员：8—80町
赐田	天皇特别赐予的土地
功田	大功田：永世拥有
	上功田：可传曾孙
	中功田：可传孙子
	小功田：可传儿子
职田	根据职位所赐予的土地
寺田与神社田	寺院与神社所有，可永世拥有
乘田	口分田授予后的剩余地，多用来租赁

N 完备的律令制国家

律令制下的国家通过班田制向良民授以土地，良民向政府缴纳租、庸、调，服兵役和杂徭。对于贵族官僚阶级则按官职、位阶、功勋等赐予土地。律令制国家将原由贵族私人占有的土地和人民收归国有，削弱地方割据力量，增加朝廷财政收入。同时将贵族纳入封建官僚体制之中，使其为天皇效劳，提高朝廷威权。而对农民授田的做法也使农民与土地结合，保持社会和经济稳定。中古日本逐渐走向繁荣。

M 义仓

普通劳动人民的劳役负担是沉重的，要负担租、课役、兵役、出举还有义仓。租是指田地的租税；课役分调、庸、调副物、杂徭；兵役为护卫、巡逻、戍守；出举则指的是官方性质的借贷。图片中的义仓是在地方设立的公共储粮仓库，粮食由人民按照规定缴纳。

05 遣隋使和遣唐使

关键词:学习/效仿

向大陆学习，尤其是向中国学习，是日本古代史的一大特点。从弥生至古坟时代，日本在渡来人的帮助下发展迅速。飞鸟时代，圣德太子以隋为师，派遣隋使到中国学习治国韬略、礼乐制度及文化思想等，大化改新时的诸多功臣里就有大量归国留学生以及留学生们的弟子。白村江战役后，心服口服的日本开始向唐朝大规模派遣使者、留学生及学问僧，全面执行以唐为师的政策，使得日本政治、文化、思想等领域有了飞速进步，并为日后充满唐风的奈良时代的到来奠定了基础。

身份	批次（公元纪年）	代表人物	学习内容
遣隋使	600	小野妹子、高向玄理、南渊请安、僧旻	初步学习隋朝各方面制度以及中国文化
	607		
	608		
	610		
	614		
遣唐使 A B	630	山上忆良、玄昉、阿贝仲麻吕、吉备真备、空海、最澄、元仁、菅原道真 C D E	大规模、深入学习唐朝的政治制度、思想文化等，其中包括律令制下的各种规章、礼、乐、服饰、建筑风格、汉音、汉字、汉诗以及儒家思想等 F
	653、654		
	659		
	665、667		
	669		
	702		
	717		
	733		
	746		
	752、759		
	761、762		
	777、779		
	804		
	838		
	894		

A 武则天

白村江战役后，东亚形成以唐朝为中心的政治格局。唐朝处于核心，渤海、新罗已臣服于唐。日本孤悬海外，虽惨败于唐，但也未遭侵略。此后，日本收起野心，积极对外学习。除派遣大批遣唐使入中国外，日本与渤海、新罗等国也有使节来往。图示为武则天。

B 遣使路线图

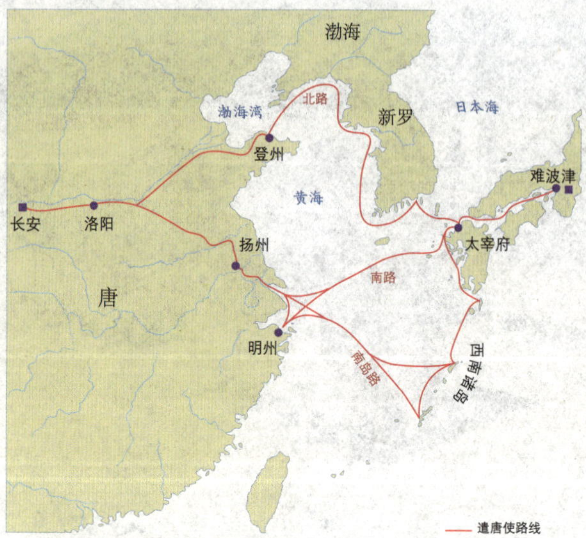

图示为日本与大陆的交通路线图。这一时期，造船与航海技术有了显著发展，东亚地区的海上交通愈发便利。这极大地促进了各国之间的相互学习与贸易交流，并带动了东亚地区整体的发展。

C 遣唐使船

图示为日本遣唐使所乘船只。全长25米，全木质结构，杨帆鼓风前行，两侧则辅助以船桨发力。日本的遣唐使船队一般由三艘海船组成，每船数百人，包括使者、学者、僧人、画家、翻译、医生、神官以及大量水手。

D 阿倍仲麻吕纪念碑

阿倍仲麻吕，中文名晁衡，日本出色的遣唐留学生，李白等著名中国文人的挚友，曾担任唐朝官员，为中日文化交流及友好往来做出杰出贡献。图示是遣唐使阿倍仲麻吕的纪念碑。这尊纪念碑上刻有李白的《哭晁衡诗》以及阿倍仲麻吕本人的汉诗。

E “真名”与“假名”

清音表										
平假名						片假名				
あ	い	う	え	お		ア	イ	ウ	エ	オ
a	i	u	e	o						
か	き	く	け	こ		カ	キ	ク	ケ	コ
ka	ki	ku	ke	ko						
さ	し	す	せ	そ		サ	シ	ス	セ	ソ
sa	ʃi	su	se	so						
た	ち	つ	て	と		タ	チ	ツ	テ	ト
ta	tʃi	tsu	te	to						
な	に	ぬ	ね	の		ナ	ニ	ヌ	ネ	ノ
na	ni	nu	ne	no						
は	ひ	ふ	へ	ほ		ハ	ヒ	フ	ヘ	ホ
ha	hi	fu	he	ho						
ま	み	む	め	も		マ	ミ	ム	メ	モ
ma	mo	mu	me	mo						
や	(い)	ゆ	(え)	よ		ヤ	(イ)	ユ	(エ)	ヨ
ja	i	ju	e	jo						
ら	り	る	れ	ろ		ラ	リ	ル	レ	ロ
ra	ri	ru	re	ro						
わ	(い)	(う)	(え)	(を)		ワ	(イ)	(ウ)	(エ)	ヲ
wa	i	u	e	o						
浊音表										
平假名						片假名				
が	ぎ	ぐ	げ	ご		ガ	ギ	グ	ゲ	ゴ
ga	gi	gu	ge	go						
ざ	じ	ず	ぜ	ぞ		ザ	ジ	ズ	ゼ	ゾ
za	d_3i	dzu	ze	zo						
だ	ぢ	づ	で	ど		ダ	ヂ	ヅ	デ	ド
da	d_3i	dzu	de	do						
ば	び	ぶ	べ	ぼ		バ	ビ	ブ	ベ	ボ
ba	bi	bu	be	bo						
半浊音表										
平假名						片假名				
ぱ	ぴ	ぷ	ぺ	ぽ		パ	ピ	プ	ペ	ポ
pa	pi	pu	pe	po						
拨音										
平假名						片假名				
ん						ン				
n										

F 日本的文化吸收

使者们将隋唐时的中国文化带回日本：完备的律令体制，国家授田、公民交纳赋税的经济手段，先秦诸子百家、汉魏儒者、南北文人们的智慧学说，用来交流的汉音汉字与汉诗、服饰与礼乐，建筑、医药、先进的生产技术。就在这个基础上，日本的文化进入全新阶段。

图示为日语字母。日本一直使用汉字，直到著名遣唐使空海根据汉字草书发明平假名，另一位遣唐使吉备真备根据汉字偏旁发明片假名后，日本才有了属于自己民族的文字。此后，汉字被称为“真名”，在日本依然有着崇高地位。日本人用平假名拼写日语字词，用片假名拼读外来语词汇。

645年 710年

06 白凤文化

关键词:佛教/兴盛

从公元645年大化改新到公元710年迁都奈良，这一时期的日本处于向唐学习的阶段，因而在飞鸟文化中融入更多唐文化因素，逐渐形成一种新型文化，即白凤文化。这时的文化受唐文化影响，但仍以佛教为中心，天皇朝廷大力保护佛教，建造寺庙。文学上，还出现汉诗、长短歌、和歌等。白凤文化上承飞鸟，下接奈良，具有承上启下的意义。

种类	代表
建筑	药师寺 A
	山田寺
雕刻	金堂药师三尊像
绘画	高松冢古坟壁画 B
文学 C	汉诗 D
	和歌 E
精神	伊势神宫 F
特点	佛教与大陆文化初步结合 G

A 药师寺

图示为药师寺，白凤文化时期建筑的典型代表，历经天武、文武、持统三代天皇建造而成，原址在藤原京，后因迁都平城京，该寺庙也随之迁移。药师寺吸收了唐式伽蓝风格，色泽朴素，式样大方。其大多数建筑已于炮火中被摧毁，至今保留下来的建筑寥寥无几。

B 高松冢古坟壁画

图示为高松冢古坟中的壁画。它是白凤时期绘画的杰出代表。壁画绘制有女子群像图。如图所示，这些日本白凤时代的女子的装扮带有明显的唐代风格。并且这幅壁画的绘画手法、线条、用色、布局等也深受唐代墓葬壁画的影响。

日本诗人 C

类型	特点	作者	作品
汉诗	模仿唐诗，以汉文创作	大友皇子	《五言侍宴》
		大津皇子	《五言临终》
		文武天皇	《咏月》
		阿倍仲麻吕	《望月望乡》
和歌		额田王	
		柿本人麿	

D 阿倍仲麻吕的汉诗

图示为阿倍仲麻吕纪念碑上的刻字，所刻内容为其所作汉诗：翘首望长天，神驰奈良边。三笠山顶上，想又皎月圆。体现了诗人的思乡之情。阿倍仲麻吕是遣唐留学生，汉文化造诣高深，唐代著名诗人李白、王维都是其好友。

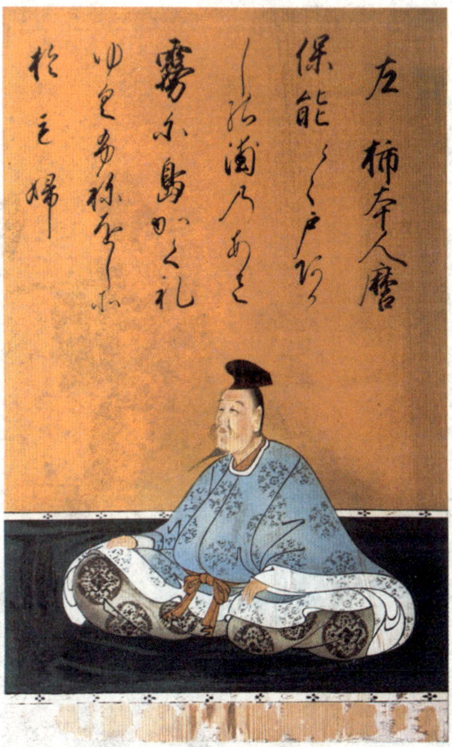

F 伊势神宫的御守盐

御守盐是一种奇特的辟邪物品。相传公元1世纪，一名叫旗木佐佐鹿明的航运工因为使用了盐中味道苦涩的结晶而避免鬼压身现象，这种结晶盐便被通灵师被命名为“御守盐”，成为消除邪佞的宝物。图示为伊势神宫所出产的御守盐，带有美丽的葵花结子。

E 柿本人麿与和歌

和歌即日本民族诗歌，是一种与汉诗相对应的文学体裁。其特点是质朴直爽，鲜见华丽辞藻与精妙写诗技巧，较为平民化。图示为柿本人麿（662—706），著名和歌家。他将和歌用文字固定下来，促进和歌的发展。

G 白凤文化的意义

白凤文化因为延续时间较短且风格模糊，各方面所留遗产并不丰厚，因此常被人们忽略。其实白凤文化在日本文化史上也占有不容忽视的一席之地。一方面它衔接飞鸟文化，承袭了飞鸟文化中佛教文明的因子；另一方面它所吸收的隋唐风格而启迪了奈良文化。白凤文化可谓承上启下，是日本文化转型的重要一环。

第四章 奈良时期：古代文化的繁荣

公元710 ➤ 794年

公元710年，日本天皇自藤原京迁都至平城京，开启奈良时代。在这个时代，天皇励精图治，政治清明，经济发展。这时最突出的文化特点便是在继续发扬佛教文化的基础上全面接受中国唐文化，日本社会几乎每个领域都出现仿唐潮流：首都平城京仿照唐代长安城的建筑风格与城市布局；儒家学说影响了日本统治阶级的治国理念；绘画带有明显的唐朝风格，因而被称之为唐绘。汉字、汉诗在日本继续发扬光大。

但是，与此同时，日本人也开始尝试在唐风中发展出本民族特色。图为石山峙起源画卷的第二卷第四段，描述的是源顺在去石山的途中，通过和马夫的对话领悟到了《万叶集》中一些不好训读（日语读音的一种）的文字读法。石山寺始建于749年，位于大津市石山。

01 小长安平城京

关键词:仿唐

公元710年，元明女天皇从藤原京迁都至位于奈良东北端的平城京。此时正值日本全盘学习唐朝的时候，因此这座都城也仿照了中国唐代长安城的建筑风格与布局：由纵横笔直的道路将城市分割为棋盘状，设有东、西市场，北部为皇宫。由于受佛教文化影响，平城京内也建设有大量寺庙。这座都城虽有“小长安”之称，但其面积只有长安城的四分之一。

平城京 A B	
地点	本州中西部奈良盆地东北端
东西长度	4.3km
南北长度	4.8km
道路	1 主干道朱雀大街
	2 其余街道纵横笔直，交错为棋盘状
皇宫	位于城北
居民坊	共分8坊，东西各4坊
市场	设有东市和西市
人口	全盛时约20万
建筑	1 皇宫
	2 贵族宅邸
	3 寺庙

A 平城京结构

A 图示为平城京结构图。平城京是公元710—794年日本政治与文化的中心，期间曾被短暂废弃。但其作为奈良时代典型代表的身份已不容置疑。由图中可看出，平城京仿唐代长安城，规划齐整，道路笔直，呈棋盘状，宫城居于北，坊市居南。

B 平城宫内太极殿

图示为太极殿，位于平城京北部皇宫——平城宫内。平城宫南门为朱雀门，门外即主干道朱雀大街。太极殿是处理政务之所在，地位极其重要。其造型、风格与名称亦是模仿唐朝。

02 藤原家族对皇权的威胁

关键词:初露锋芒

历史充满巧合，百年前的中臣镰足以身家性命相抵，辅佐中大兄皇子剿灭苏我家族，竭尽全力恢复天皇权威，推动大化改新，促成专制主义律令制日本的诞生，镰足本人享尽殊荣，去世前得到天皇赐姓“藤原”。岂料百年之后，藤原家族却权倾朝野，控制天皇，重新走上了苏我家族的旧路。虽然在奈良时期，藤原家族尚未控制朝政，但已逐渐显露野心，成为平安时代全面掌权的前奏。

天皇	藤原氏掌权人物 A	政治事件
文武	不比等 B	1 制定大宝律令
元明		2 迁都平城京
元正		3 编撰养老律令
圣武	武智麻吕	1 藤原光明子成为皇后
	房前	2 圣武天皇短暂迁都
	宇合	3 制定垦田永世私财法
	麻吕	
孝谦	仲麻吕	养老律令施行
淳仁		
称德		
光仁	百川	
	永手	

A 藤原家族的发轫

大化改新的中流砥柱中臣镰足去世前被天皇赐姓“藤原”，他的儿子不比等成为采用这个新姓的第一人。藤原不比等在朝中有很高的威望，他不仅是《大宝律令》的起草人，同时还把两个女儿嫁给天武天皇、圣武天皇，开始与皇族结成裙带关系，不过这个时候，藤原家族尚未垄断朝政。直到平安时代，藤原氏才成为日本第一高门。

B 藤原家族渗入皇室

藤原不比等把长女藤原宫子嫁与天武天皇。天武天皇后宫中只有宫子诞下皇子，即后来的圣武天皇。不比等又将另一女光明子嫁与圣武天皇，光明子先生皇女，再生基皇子，基皇子被封太子但早夭，此时，圣武天皇另一夫人生皇子且健康成长。藤原不比等为巩固地位，立光明子为皇后，拉光明子所生的皇女何倍内亲王为皇太女。至此，藤原家通过与皇室联姻彻底巩固了地位。此后，藤原家多将其女嫁与天皇，再生皇子再立为天皇。图示为光明子（又名安宿媛、藤三娘）的手迹。

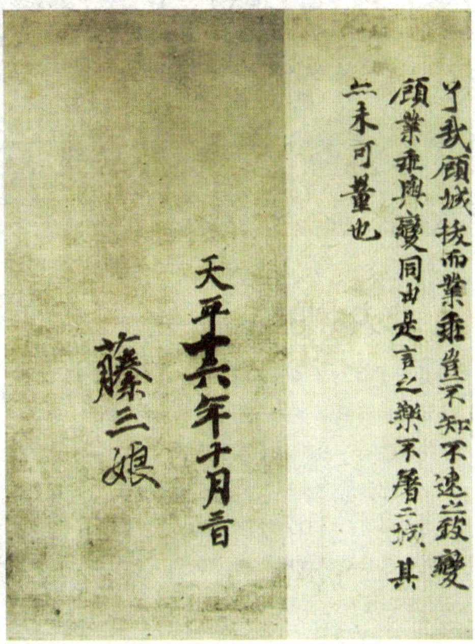

03 版图的扩张

关键词:侵略

奈良时期的一个显著特点即日本领土的大扩张，国郡设置增多。长期以来，日本所面对的岛内异族主要是东北部的阿伊努人和南九州的隼人。经过长时期的征讨，本州东北部、北海道以及南九州大片领土先后被并入日本国土之中，阿伊努人和隼人也逐渐与大和族人同化。伴随领土的扩大，日本设置了更多的国郡来管理地方事务，日本国在一次次扩张中渐渐强大。

征服地区	征服族群	手段	征服后措施
东北	征服虾夷（阿伊努人）A	征讨与同化	设置出羽国、陆奥国、石背国、石城国、栗原郡、雄胜郡 设置城栅 B
西南	征讨隼人 C	征讨与同化	设置大隅国
	加强控制西南各岛 D	诸岛臣服并朝拜大和政权	勘探 加强政治往来 设置行政区
意义	日本扩张领土，国力增强 E		

A 阿伊努族人

图示为一群阿伊努族人，古代日本贬称这个民族为“虾夷”。阿伊努人祖居在日本东北部地区，和族兴盛后一直试图向这个区域扩张。奈良时期，天皇朝廷加快了对该地区的征讨，阿伊努族人在战争与同化中逐渐消亡，他们的土地被吞并，并被设置国郡管理。

B 北九州的城栅

图示为北九州东北部地区秋田县经过修复后的佛田栅外南门。城栅是古代国家守护城池的一种防御性军事设施。日本在其征服地区的各军事要地大量设置城栅，加强军事防御。日本城栅分为太平洋海侧城栅和日本海侧城栅两种。除秋田县的田栅外，还有出羽栅、新田栅等。

C 隼人简介

居住地域	南九州	
归附时期	天武天皇至元正天皇时期（公元7–8世纪）	
著名事件	隼人反乱：大规模反抗大和族入侵	
目前状态	已与大和族同化	
族群分支及细则	大隅隼人	居住大隅郡，天武天皇时期归附
	阿多隼人	居住阿多郡，天武天皇时期归附
	多褹隼人	居住种子岛、屋久岛，文武天皇时期归附
	日向隼人	居住日向国，元明天皇时期归附

D 西南诸岛归附

	时期	朝拜者
西南诸岛朝拜大和政权	1 天武天皇	种子岛、屋久岛、阿麻弥岛
	2 文武天皇	新增德之岛人朝拜
	3 元明天皇	新增石垣岛、久米岛入朝
大和政权的措施	1 接受诸岛入朝臣服 2 遣使加强对诸岛的勘探 3 设置国一级的行政区	

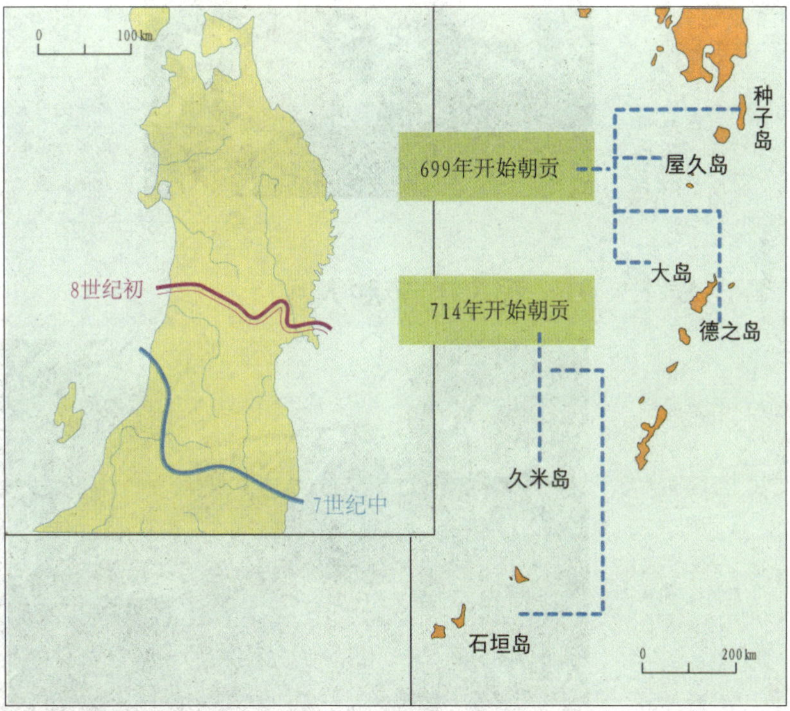

E 古代日本的扩张

以唐为师后，日本国力增强，社会经济有了显著进步，政治稳定，天皇权威得到提高。主观上的野心与客观上生产发展、人口增长所需要的领土条件使日本迈出扩张的脚步。因为对外扩张已遭到唐、新罗的阻碍，无法实现。故而奈良时期日本的扩张区域集中在日本列岛内。其重点为阿伊努人的东北部地区、隼人的南九州地区。对西南诸岛进行积极的遣使勘探，这主要也是因为日本与新罗处于敌对关系，遣唐使的船只无法经由朝鲜半岛进入中国，故而只能从西南海域寻找航海路线及停泊地，客观上促进了诸岛的开发。

04 奈良时期的社会经济生活

关键词:进步

部民制的废除及班田制的推行激发日本农民的热情。唐朝发达的农业技术及先进生产工具的进入极大提高了生产力，农民迫切希望拥有更多的土地和耕种自主权，扩大生产规模，争取更大收获。但班田制固定的授田数及还田条款约束了农民的积极性。为了鼓励开垦荒地，天皇政权陆续颁布三世一身法及垦田永世私财法，部分承认土地私有。在农业发展的同时，手工业、商业都有了显著进步。日本迎来了一个经济繁荣的时期。

领域	内容	意义
农业 A B C	1 农田开垦增多 2 农产量提高 3 农民积极性提升 4 土地政策改变 E D	农业发展是日本社会繁荣的基础，同时也推动律令制下政策的改变，为日后国家制度的变化埋下伏笔 F
手工业	1 出土矿物质增多 2 技术进步 G	促进商业兴盛
商业	1 商品流通加速，货币产生 H	提高生活水平，繁荣城市与交通
交通	1 交通路线完善，海陆运输畅通 I 2 交通工具与运载、运输技术均有显著改善	保证日本对外交流的顺利开展以及对内统治的稳固，促进商业发展

A 传入的农作物

奈良时期传入日本的“大陆货”种类丰富，除了耳熟能详的礼仪制度、文化思想外，还有不少饮食方面的物产流入日本。譬如茶叶、柿子等。图示为生长在法隆寺内的柿子，这种水果就是由中国传入日本的。农作物的输入丰富了日本人的餐桌，也促进了日本饮食文化的发展。

B 艰辛的劳动人民

图示为复原的奈良时期劳动人民居所。这是一套竖穴式房屋，这种房屋是日本最为传统的建筑，可上溯到绳纹时代。中古以来，日本虽然以唐为师，引入唐式建筑，但大都仅限于宫廷、贵族府邸以及寺庙，而下层民众所居住的还是简陋的竖穴房屋。

C 农业的进步

生产工具	1 铁制农具广泛使用：铁铲、铁镰、带铁刃的犁与耙	
	2 畜力耕种使用范围扩大	
生产技术	1 水稻栽培	
	2 插秧技术	
	3 割茎法	
农作物	1 水稻品种	糯、粳、早稻、晚稻
	2 杂粮	大麦、小麦、粟、大豆、小豆、荞麦
	3 蔬菜	芋、姜、葱、蒜、韭
	4 经济作物	桑、纻、麻、漆、梨、栗
	5 养蚕盛行	

D 村落复原图

这是奈良时代农村遗迹复原图，从图中可以看出，当时农村人口并不多，每户建筑物之间的距离比较远，以村落为据点向外开垦农田，周围还是原始森林，森林之外已经建好了一条官道，但是官道离村落较远，整体而言，当时的日本农村还是生产力相对不发达，自然经济占绝对主导地位。

E 班田法与律令制的松动

日本律令制国家的经济基础是班田制。班田制下，土地国有，由国家授予人民，人民向国家缴纳租调，这一措施有效遏制了私田和地方势力的扩张，确保天皇权威及朝廷的财政收入。但是随着日本社会经济水准的不断提高，人民生活有所改善，人口增多，国家原先掌握的土地已不够授予。同时，日本农业生产力的提高为开垦荒地提供了有利条件，在此背景下，天皇朝廷先后颁布《三世一身法》、《垦田永世私财法》等，鼓励人民开垦荒田，并以“三代占有”、“永世占有”作为奖励。这些措施虽然曾起到良好成效，暂时解决了班田不足、荒地浪费等问题，但这些法令在一定程度上允许了土地的私人占有，于是，土地私有冲破律令下的公有制，逐渐发展起来。

F 土地政策的变化

进程	公元纪年	制度	内容
第一阶段（646-742年）	646年	班田制	国家分配公有地于人民，土地国有，身死还田
	723年	三世一身法	利用新修沟池所开荒地，准许三代占有
第二阶段（743-800年）	743年	垦田永世私财法	按官员位阶规定土地开垦面积，符合规定的垦田准许开垦者家族永世占有
第三阶段（平安时代）	801年	一纪一班令	由6年一班田改为12年一班

G 精美的三彩鼓

8世纪之前，日本陶器以须惠陶器为主，胎质上附有一层天然釉，式样古朴粗犷。奈良时期，闻名遐迩的唐三彩及绿釉技艺传入日本并发展起来。图示为正仓院所藏三彩鼓，色彩明丽，造型稚拙却透出一股温和的气韵。这是日本在吸收唐三彩文化中逐渐发展起来的特色。

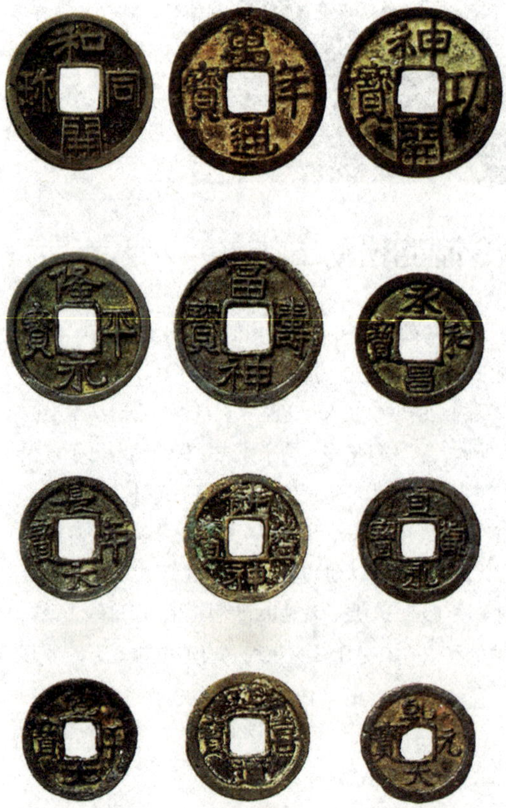

H 皇朝十二钱

农业和手工业的发展推动商业繁荣，商品流通加速促进日本钱币的铸造，图为日本皇朝十二钱。元明女天皇时，仿唐朝“开元通宝”，铸第一套钱币“和同开珎”，历经奈良、平安两大时代，至958年村上天皇铸“乾元大宝”钱，数百年间共铸十二种钱币，统称“皇朝十二钱”。

I 五畿七道

所谓五畿，指日本国京畿区域内的山城、大和、河内、和泉、摄津这五国。日本全国以畿内为中心呈放射状将全国划分为东海、东山、北陆、山阳、山阴、南海、西海等七道，“道”是来自唐朝的地方行政区划，日本每一道内都铺设有与道名相同的官路，成为中古时期日本对内的交通网。七条大道内还划分有大路、中路、小路等。道与路结合在一起，构成了日本古代的交通系统。

05 奈良时代的对外交往

关键词:坚持不懈

迁都平城京后，进入奈良时代的日本更加大规模的展开以唐为师的外交政策，在天皇朝廷的安排下，一批又一批满载着官员、留学生、学问僧等各行各业人才的遣唐使船队离开日本，扬帆启程，驶抵唐的港湾。而此时的日本，造船与航行技术并不高超，遣唐使们每一次出海都冒着巨大的生命危险。但是前途虽然险阻，一心想带回唐朝文化的日本人还是执著地进行下去。大规模的遣唐运动一直持续到唐代末期。

	代表人物	贡献
日本遣唐使	玄昉	学法相宗，受唐玄宗所赐紫袈裟，回国后被称为法相宗“第四传”
	吉备真备 A	携众多中原典籍归国；创制片假名
	阿倍仲麻吕	著名汉诗人，中日文化交流使者
	空海	入唐学习密宗，归国后创真言宗，创平假名
	最澄	入唐研习天台宗，归国后成为日本天台宗创始人
唐朝回访人员	鉴真 B	弘扬佛法，成为日本律宗之始祖

A 吉备大臣入唐画卷

图为吉备真备在鬼魂帮助下，在唐代皇宫偷听《文选》讲解的画卷，内容并不真实，但吉备真备的确是著名的遣唐使之一，曾多次出使唐朝，在唐精研天文历法、音乐礼仪等，后携带大量汉文典籍归国，为传播唐文化做出杰出贡献。相传其是片假名的发明者。

B 鉴真的功绩

鉴真，大唐高僧，律宗南山宗传人。为传佛法，不畏艰险数次东渡，终抵日本。他虽已双目失明，但仍努力弘扬佛法以及中华文明，乃日本律宗之始祖。图为日本所绘制的《鉴真和尚东征绘传》，图中东渡船被海浪打翻、人员落水的场景，真实体现出鉴真东渡之艰辛。

06 天平文化

关键词:全盘唐化

天平文化是奈良时期文化的通称，亦可称之为奈良文化。因729–748年是奈良时代全盛期，且这一时期的年号为“天平”，故而得名。天平文化不同于之前以佛教为中心的飞鸟文化和白凤文化，它的最大特点就是全面接受唐文化，甚至成为盛唐文化的在海外的一个缩影。这一时期，日本对外交流主要是派遣唐使出使中国，学习唐文化，而原有的佛教文化依然继续发展，共同缔造了一个全盛的文化时期。

领域	成果
文字	引入汉字后，创制平假名和片假名 A B
史学	《古事记》和《日本书纪》先后成文 C
文学	《万叶集》编撰问世 D
教育	形成有体系的国家统一教育制度 E
佛教	继续发展 F
建筑	唐招提寺、东大寺、药师寺建立 G H I
雕塑	各种工艺精湛的雕像现世 J K
绘画	唐绘盛行 L M
工艺	三彩陶器等各种工艺品 N O

A 平假名

あ い う え お
か き く け こ
さ し す せ そ
た ち つ て と
な に ぬ ね の
は ひ ふ へ ほ
ま み む め も
や (い) ゆ (え) よ
ら り る れ ろ
わ (い) (う) (え) を
ん

图示为日本平假名。假名是一种字母，所组成的日文为表音文字。日本长期使用汉字，方式分为吏读与训读两种，但都非日本文字。相传在奈良时期，学问僧空海根据汉字的行草书体而创制出平假名，初时仅限女子使用，后广泛流传，沿用至今。一般平假名用来书写日本语词汇并给汉字注音。

ア イ ウ エ オ
カ キ ク ケ コ
サ シ ス セ ソ
タ チ ツ テ ト
ナ ニ ヌ ネ ノ
ハ ヒ フ ヘ ホ
マ ミ ム メ モ
ヤ (イ) ユ (エ) ヨ
ラ リ ル レ ロ
ワ (イ) (ウ) (エ) ヲ
ン

B 片假名

图示为日本片假名。与平假名一样，均为假名字母的一种，用来表音。据传，吉备真备根据汉字楷书偏旁创制片假名。但合理的说法应该是吉备真备只是推动片假名创制的一员。片假名与平假名配套使用。但在日本，片假名基本上被用来书写外来语、拟声拟态等词汇。

C 《古事记》

《古事记》是日本古代第一部官修史书，是太安万侣根据稗田阿礼所背诵的帝记、旧辞所做的记录，至元明天皇时正式成书。史书记录了日本从上古时期口耳相传下来的神话，保留了日本上古时代的人类记忆。这套书一共三卷，上卷记录开天辟地的“神代”，中卷从神武天皇写到应神天皇，下卷自仁德天皇记录至推古女天皇，为后世保留了不少珍贵史料。

D 《万叶集》

阶段	大致时间	代表人物	推介
白凤时期	7世纪中叶	天武天皇、有间皇子、额田王等	1 日本现存最早的诗歌总集 2 历经多人选编传承 3 收录诗歌千余首 4 汉字在其中充当日语的表音符号，被称为“万叶假名”
	7世纪后半叶–8世纪初	持统天皇、柿本人麻吕等	
天平时期	8世纪前半期	山部赤人、大伴旅人等	
	8世纪中期	大伴家持、笠郎女等	

E 律令制下的教育

日本律令制下的办公机构中式部省和国司都具有负责教育的功能。式部省主要招收13—16岁的官僚、贵族子弟，每次招收400名，每10天、1年都会有一次考核。地方上，国司负责招收相同年龄的郡司子弟以及经过许可的平民子弟入学，优秀者可推举到中央。

F 奈良时代的高僧

法号	功绩
义渊	法相宗大师，培养出行基、良弁、玄昉等弟子，历经七朝，深受尊重
行基	周游各地，弘扬佛法，建立寺院，救济贫民，曾任皇族出家的戒师
良弁	发展了华严宗
玄昉	曾入唐数年，携带大量经书归国
鉴真	大唐高僧，东渡日本宣扬佛法，建唐招提寺
菩提僊那	天竺高僧，自中国东渡日本，被推举为东大寺大佛的“开眼供养”之导师
佛哲	林邑国高僧，东渡日本教授梵语

G 东大寺之美

东大寺又称大华严寺，圣武天皇时期建立，位于平城京东部，即今日的奈良地区，距今已有千余年历史。东大寺为仿唐式建筑，以青、白、灰为其主色调，式样高大、宽广而气势磅礴，是现存世界上最大的木质结构建筑。寺内收藏有大量日本国宝。图示即为东大寺。

H 唐招提寺金堂

图示为唐招提寺金堂。唐招提寺是鉴真东渡日本时主持修建的律宗建筑群，位于奈良地区。它与东大寺等奈良时期佛教建筑一样，都是仿唐式建筑。唐招提寺内藏有鉴真坐像、经书、金堂、鼓楼等珍贵文物与古建。唐招提寺的建立象征了古代中日两国的友好往来。

I 奈良时期日本佛教的发展

这一时期日本的佛教也呈现国际化趋势，既有大量学问僧入唐求佛法，又有许多国外高僧来到日本传教。不过日本佛教主要还是受大唐的影响。总体而言，东传的佛教在这个时代逐渐分化，涌现各路宗派。在日本则分为六宗，也有南都六宗之说，即法相、华严、三论、成实、俱舍、律宗。这时的经典基本由遣唐使从唐朝带回。除了传播教义、精研学问外，日本的佛教僧侣还参与各项社会福利事业，深受民众爱戴。佛教在日本的地位愈发重要。

J 天平时期的雕刻作品

<table>
<tr><td rowspan="10">寺庙雕刻</td><td rowspan="5">干漆像（唐称夹纻干漆像）</td><td>1 兴福寺八部众像</td></tr>
<tr><td>2 兴福寺十大弟子像</td></tr>
<tr><td>3 东大寺法华堂不空绢索观音像</td></tr>
<tr><td>4 圣林寺十一面观音像</td></tr>
<tr><td>5 唐招提寺鉴真像</td></tr>
<tr><td rowspan="5">塑像</td><td>1 东大寺法华堂日光·月光菩萨像</td></tr>
<tr><td>2 东大寺法华堂执金刚神像</td></tr>
<tr><td>3 东大寺戒坛院四天王像</td></tr>
<tr><td>4 新药师寺十二神将像</td></tr>
<tr><td>5 法隆寺五重塔初层塑像群</td></tr>
</table>

K 东大寺的干漆像

图示为东大寺法华堂不空绢索观音像，公元747年完成。画面中位于中间的是观世音菩萨像，为干漆像，菩萨双手合十，慈悲端庄。观音菩萨像左侧为日光菩萨，右侧为月光菩萨，均为身着汉服的塑像。菩萨们沉静而安详的神态反映出当时的日本人渴求在佛教中寻找安宁的心情。

L 东瀛的“唐美人”

图中所示为收藏于日本东大寺正仓院的鸟毛立女屏风的局部截图。完整屏风共绘有六幅画，极其精美。该画面上的女子丰满的脸颊、悠然的神态以及发型、衣饰、妆容均酷似唐代美女图中的人物。而其绘画风格及笔法也近似于唐代工笔仕女图。这幅屏风是日本这一时期唐绘的杰出代表。

M 唐绘风韵

“唐绘”是一个外延宽广的词汇。最初仅仅是指传入日本的唐代绘画风格、技法、内容等。日后凡是从中国传入或者是模仿中国绘画的日本图画作品均可被称为唐绘。譬如宋代时期传入日本的中国水墨画也有唐绘之称。受唐朝文化影响，日本奈良时期的坟墓壁画、宫廷绘画以及佛教画卷大都属于唐绘范畴。唐绘作品中的人物基本身着汉服，发型、妆容以及神态也都酷似唐代画卷中的人物。

N 三彩陶

长期以来占据日本陶器主流的须惠器釉层单薄，近似天然。而唐代三彩技术所制造出的三彩陶器釉色丰厚，绚丽夺目，极其华美。日本遣唐使带回唐三彩技艺，其后所制陶器名为“奈良三彩”。图示即为8世纪时日本的一只三彩盖壶。

O 精美绝伦的乐器

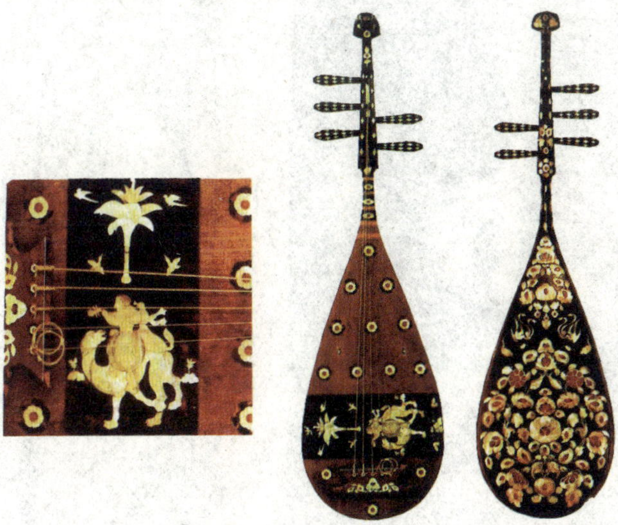

奈良时期，唐代乐器陆续传入日本，成为日本音乐中不可缺少的部分。图示为唐代的一把螺钿紫檀五弦琵琶，传入日本后由正仓院保管，保存至今，是极其珍贵的中古乐器文物。琵琶做工精湛，色泽明丽，造型优雅，纹饰绚烂。最引人注目的是琵琶拨面的骆驼像，充满西域风情。

第五章 平安时期：

公家衰落与武家崛起

公元794 ➤ 1192年

公元794年，桓武天皇将首都从平城京（奈良）迁至平安京（京都），直至1192年源赖朝建立镰仓幕府，其间的漫长年代被称为“平安时代”。这是一个比奈良时期更具日本自我特色的时代。随着唐与新罗的灭亡，大规模遣使运动逐步停止，日本对大陆文化的吸收暂告一段落。离开平城来到新都的日本人开始从模仿走向创新，在寻求自我中发掘日本民族独有的特征——政治、经济、文化、思想、艺术等层面都长出和族的果实。

图示为平安时期最负盛名、也是日本古典文化中最具代表性的小说《源氏物语》的绘画图，画中的源氏正怀抱孩子叹息宿命。绘画以及小说所共同体现的“物哀”之风是日本民族特有文化心理，而它正是在平安时代被充分发展。

01 律令制的崩溃与庄园的崛起

关键词:消亡/诞生

作为上层建筑的律令制所根植的经济基础为班田制下的土地国有制。但在生产力提高、人民开垦积极性上升以及班田所需大量土地等因素的作用下，天皇朝廷不得不调整土地制度，三世一身法、垦田永世私财法顺应了统治阶级的意愿，缓解地少人多的局面，但是天皇朝廷可能没有想到，或者已经阻止不了的是：延续土地占有年限并进一步许可世袭的政策，实际上是承认了土地私有。于是，贵族庄园应运而生，日本的历史进程被改变了。

律令制瓦解与庄园的兴起

时间	制度	内容	意义
646年	班田制	国家分配公有地于人民，土地国有，身死还田	确定土地公有制
723年	三世一身法 A	利用新修沟池所开荒地，准许三代占有	土地公有制原则松动
743年	垦田永世私财法 B	按官员位阶规定土地开垦面积，符合规定的垦田准许开垦者家族永世占有	
801年	一纪一班令	由6年一班田改为12年一班	加速土地私有进程
8-9世纪	垦田地系庄园形成 C		
10-11世纪	寄进地系庄园形成 D E F		

A 平城京的遗赠

图示为平城京鸟瞰模型图。就是在这座日本奈良时期的都城里，三世一身法与垦田永世私财法被先后制定、颁布、施行于国内。这两个著名的制度改变了日本律令制国家原有的基础，使土地私有逐步合理化，从而促进了土地兼并以及私人庄园的诞生。

B 圣武天皇时期的变革

图示为圣武天皇时建立的东大寺遗址。圣武天皇在位时期制定并颁布了垦田永世私财法，变相承认了土地的私有性，这使得土地私有制在日本国内日益发展，打破了原有的公有制原则，班田制已难以维系，而土地集中的结果就是大规模的私人庄园出现在日本历史的舞台上。

C 垦田地系庄园

土地兼并伤害了农民，也让朝廷收入减少。天皇政权开始限制土地私有制的发展，规定贵族们的占田数额不得超过500町步，但是这些法令无人遵守。如图中所示的东大寺，所占田地已达5000町步。集中到一起的大片土地形成了庄园的初步形态——垦田地系庄园。

D 寄进地系庄园形成

垦田地系庄园领主	皇族	享有特权	不输	不缴纳赋税	接受投献后，成为领家、本所	寄进地系庄园形成
	中央贵族		不入	拒绝地方官在庄园内行使地方行政权		
	大寺社					
一般开发领主	中小官吏、富裕农民等	渴望获得特权	将庄园投献于享有特权的领主	获得不输不入权，只保留庄园的实际领主权	投献后，成为庄官，向领家、本所缴纳年贡	

E 私人势力的逐步膨胀

8世纪末，大土地所有者建立私人庄园，垦田地系庄园形成。权贵的庄园享有特权，一般领主为获取特权而将庄园寄进在权贵名下，接受寄进的这些权贵为领家，稍弱的领家再将庄园寄进给更有权势的贵族，接受这种寄进的贵族便是本所。这样，本所、领家、庄官层层相连，形成寄进地系庄园。10世纪后，这类庄园蓬勃发展，律令制国家解体。

F 寄进下的最大本所

图为藤原良房（804—872），藤原不比等死后，家族分裂为南、北、式、京四家，北家最终得势，藤原良房成为第一任非皇族摄政，从此掌握中央实际权力。藤原家族把持政权的经济基础即寄进地系庄园制，它也是全日本最大的本所。

02 藤原家族的摄关政治

关键词:摄政/关白

通过联姻而渗透朝政的藤原不比等留下的政治筹码在其后代藤原良房手中得到最大程度的运用。藤原良房是清和天皇的外公，本就拥有很大权力，但彼时朝廷仍有伴氏、纪氏分权。公元866年，日本皇宫应天门发生的一场火灾帮助了藤原良房扫除异己，取得摄政地位，掌握中央大权。其子藤原基经也成为摄政，后改任关白。此后，藤原氏先以摄政身份掌权，待天皇年长后再改任关白以继续控制朝政。这种体制被称为摄关政治。

天皇	藤原北家	时代特点
嵯峨 A	冬嗣	北家发展 B
淳和		
仁明		
文德	良房 C D	
清和		
阳成	基经 E	摄关政治初步形成 F
光孝		
宇多		
醍醐	时平	延喜之治
朱雀	忠平	
村上	实赖	天历之治
	伊尹	
	兼通	
	赖忠	
冷泉	兼家	
元融	道隆	摄关政治确立 G
花山	道兼	
一条		
三条	道长 H	
后一条		摄关政治全盛 I J
后朱雀	赖通	
后冷泉		

A 藤原北家崛起

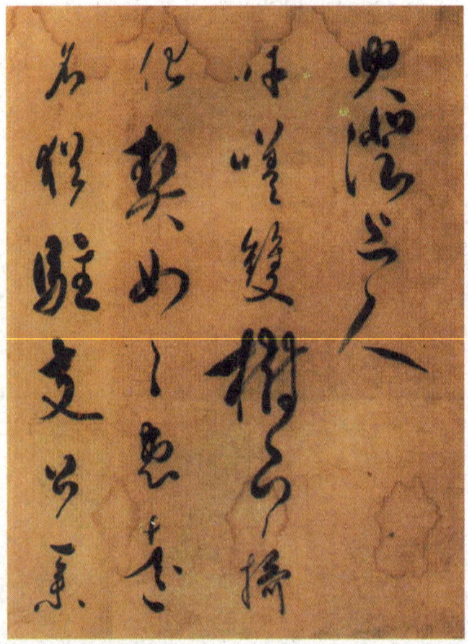

图示为嵯峨天皇的书法。这位天皇在位时，平成太皇与藤原式家合谋篡位，宫变平息后，嵯峨天皇疏远藤原式家，于是以藤原冬嗣为首的藤原北家崛起。藤原冬嗣被任命为藏人头，即天皇秘书，就此进入政治中枢，一直做到左大臣，奠定了藤原北家走向繁荣的基础。

B 藤原家族的派系

藤原氏始祖是大化改新功臣中臣镰足，去世前被赐姓藤原。其子藤原不比等积极与皇室联姻，并安排儿子们担任重要职务。不比等去世后，他的四个儿子武智麻吕、房前、宇合、麻吕分成南家、北家、式家、京家。南家因发动变乱而最先没落，式家在嵯峨天皇时亦因叛乱而被逐，京家寂寂无名，一手促成摄关政治的，是藤原北家。

D 应天门之变

公元866年，皇宫应天门失火，引发日本朝廷各派系间的争斗。以藤原良房为首的藤原北家利用此次事件驱逐豪门伴氏、纪氏，藤原良房从清和天皇手中得到摄政职位，成为第一个非皇族的摄政，由此拉开藤原家族摄关政治的序幕。图示为伴大纳言所绘制的应天门之变场景。

C 藤原北家关系网

藤原冬嗣之女顺子嫁给仁明天皇，子光孝天皇，孙宇多天皇。冬嗣之子藤原良房将女儿明子嫁给文德天皇，成为清和天皇的外公，并得以借此揽权。其侄女高子又为清和天皇的女御，并诞下阳成天皇。藤原家族的权势几乎都是来源于与天皇家族的联姻。

E 清和天皇陵

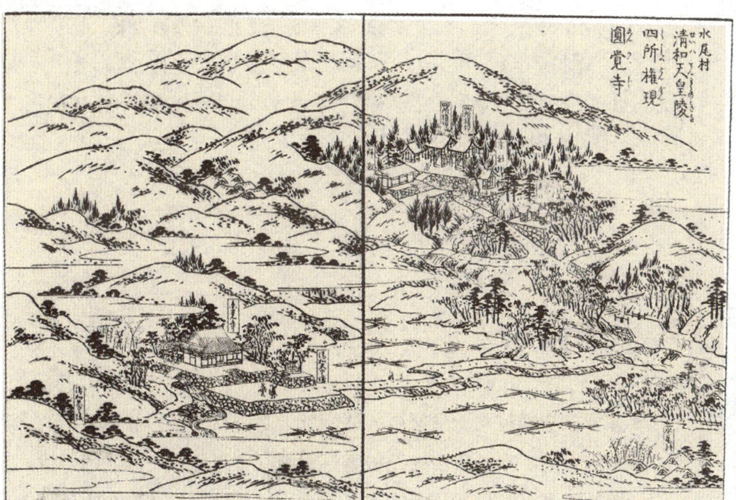

清和天皇是藤原良房的外孙，藤原基经的外甥，其妻藤原高子为藤原良房的侄女。清和天皇年幼时在藤原良房的支持下登基，朝政一直由良房把持。应天门之变后，束手无策的清和天皇任命良房为摄政，开摄关政治之先声。876年，在藤原基经的逼迫下其传位于子，避入空门。图示为清和天皇陵。

F 摄关体制开始

清和天皇时，藤原良房成为大权在握的摄政，其子藤原基经继承父位，逼迫天皇退位，扶立年幼太子继位，究其本质，是因为不谙世事同时又具有藤原家族血统的皇子容易控制，藤原氏可以名正言顺地接受“摄政”职位。藤原基经后来又扶立两任天皇，宇多天皇时，因天皇年长，“摄政”师出无名，藤原基经遂改任“关白”，继续控制国家大权。

G 摄关体制解析

天皇	
摄政：天皇年幼时担任，总理一切朝政	关白：天皇成年后担任，朝廷各机构奏议之事需先禀报“关白”
公卿大臣	
诸官司、诸国	

I 权倾朝野的藤原氏

天皇	公卿人数（个）		
	藤原氏	源氏	其余
清和	6	4	5
光孝	7	6	3
宇多	7	7	2
醍醐	6	5	3
朱雀	11	2	3
冷泉	11	6	1
一条	16	6	0
	17	5	1
后一条	20	4	0
后冷泉	16	8	0
后三条	14	9	0
白河	19	8	0

H 摄关体制的全盛期

公元10世纪，日本进入摄关政治全盛期。代表人物藤原道长，其女彰子为一条天皇中宫，妍子为三条天皇中宫，威子为后三条天皇中宫。道长担任摄政、关白期间，藤原氏权力及摄关体制均达到巅峰。图示为紫式部日记画卷中检查船只的藤原道长。

J 摄关体制

藤原家族通过与天皇家族的联姻壮大势力后，采用摄关政治的方式掌控全局。摄关政治的经济基础根植在寄进地系庄园制的土壤中，藤原氏是当时日本最大的本所，名下掌控大量土地、中小领主与私民。在中央，藤原家族通过血缘关系控制天皇，同时经常扶持幼小皇子继位，以天皇年幼为名担任摄政，总理政事，待天皇年长后，再改任关白，继续把持朝政。摄关政治开始与藤原良房，在藤原道长及其子藤原赖通时期达到鼎盛。

03 武士与武士团

关键词:武士阶级/诞生

私有庄园的发展增强了庄园领主的离心力，丧失权威的天皇中央无法再像律令制鼎盛时期那样控制全国，政令无法得到贯彻，官员贵族们各自为政，这种变化打破了律令下犹如铁板一块的社会秩序，日本国内的治安败坏，盗贼横行，社会逐步陷入混乱，为了抵御匪徒，保护自身发展，各大庄园的领主们组织家族内的青壮年男子以及仆人武装起来，这样形成了一种以血缘和主仆关系为基础的军事集团，其成员为武士。

武士阶级的登场（平安时代）A

1 武士来源	1 中央：押领使、追捕使			
	2 地方：馆侍、国侍			
2 武士之家构造	主人	家人	郎党	下人·所从
3 著名武士家族	1 多田源氏			
	2 河内源氏			
	3 伊势平氏			
	4 武藏七党			
	5 藤原氏庶流			
4 发展事件	承平·天庆之乱 B	1 藤原纯友之乱		
		2 平将门之乱		

B 武将初显峥嵘

公元936–941年，一场大规模变乱同时发生在日本关东和西部地区，被称为“承平·天庆之乱”。关东变乱者是平将门，西部为藤原纯友。平将门是以战斗为职业的武士，藤原纯友则培养一批由海盗成长起来的水军。二人均为地方大领主，均以私人武力发动叛乱，其本质为新生武士阶级提出对权力的要求。叛乱虽然平息，但武家势力并未灭亡，反而在变乱迭起的社会继续发展。

A 武士的护身铠甲

武士泛指身怀武艺、以战斗为职业的人。最初只是由地方庄园主武装而成的族内青壮年男子及仆从。公元10世纪左右，律令制崩坏、天皇权威大跌、社会开始动荡，这批掌握武力的人凭借血缘和主从关系，结成集团，登上历史舞台。图示为平安时代一件武士所穿的绀线威铠甲，坚固而华丽。

04 院政时代

关键词:皇权/反抗

面对藤原家族的咄咄逼人，天皇家族也并非听之任之。为了摆脱摄关家的控制，1068年，后三条天皇开始任用非藤原氏的贵族担任要职，其子白河天皇在位仅13年便将皇位让给年幼的皇太子，自己出家为僧，号为法皇（上皇），并立院厅，继续执政。之后的几任天皇均效仿这一行径，以法皇（上皇）的身份辅佐年幼的天皇，总理朝政。这种形式被称为院政。藤原氏的摄关政治开始衰落。

院政政治的发展 A	天皇	事迹
	后三条天皇	任用非藤原氏贵族担任要职
	白河天皇	让位太子，出家为僧，号法皇（上皇），立院厅，继续理政，院政开始
	崛河天皇	
	鸟羽天皇	效仿白河天皇，立院厅掌权
	崇德	
	近卫	
	后白河 B	1 效仿白河天皇，实行院政
		2 1179年被平清盛幽禁，院政停止

A 院政制度

公元11世纪，藤原家势力减弱，白河天皇为避免藤原氏继续利用天皇年幼而担任摄政，遂传位幼子后出家为法皇，又称上皇，并在别处立院厅，辅佐年幼天皇，继续执政。这就是院政制度。其后的鸟羽天皇、后白河天皇皆行使过院政权力。但院政并未让天皇恢复律令制全盛时期的权威。后白河天皇被武家平氏幽禁，被迫结束院政。这昭示了一个全新统治阶级时代的到来。

B 法住寺的衰败

图示为日本法住寺，位于京都（平安京），鸟羽天皇、后白河天皇均修缮、扩建过这所寺庙，并将其作为离宫。法住寺规模辉煌，周边繁荣，一度是京都重要的政治区域。但自后白河天皇被幽禁，继而去世后，这座寺庙失去了维护，与天皇政权一并走向衰败。

05 遣唐终结与周边贸易的勃兴

关键词:遣唐结束

平安时代，日本的对外交流大致分为前后两期。初期，唐朝与新罗先后衰落并灭亡，日本亦无力承担遣使费用，奈良时期大规模遣使活动彻底停止。遣唐终结的另一个重要因素，是唐、新两国商人的活跃使日本国贸易兴盛，原本需要由遣唐使承担的外贸任务失去了意义。平安时代中后期，日本外交更加保守，仅与宋朝有过一些贸易往来。但值得注意的是，这时的商业贸易开始兴盛了。

交往对象				
中国	唐	1 遣唐使	804年	
			838年	
			894年（停止）A	
		2 民间贸易		
	宋 B	1 民间贸易		
		2 遣宋僧		
朝鲜	新罗	贸易		
	高丽	海盗袭击日本		

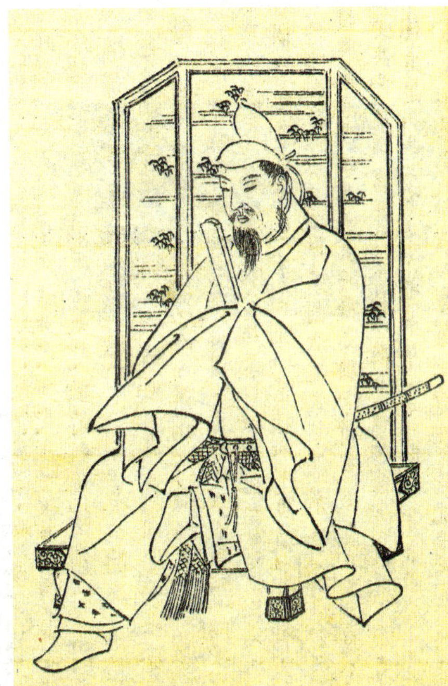

A 菅原道真

图示为菅原道真（845—903），日本平安时代公卿，亦是一位长于汉诗的著名学者，于公元894年被任命为遣唐使，但他根据当时东亚政治形势及唐朝、日本各自的国内情况，提出停止派遣使者的建议，于是这一次遣使活动并未成行。不久，随着唐朝覆灭，遣唐使绝迹于东亚舞台。

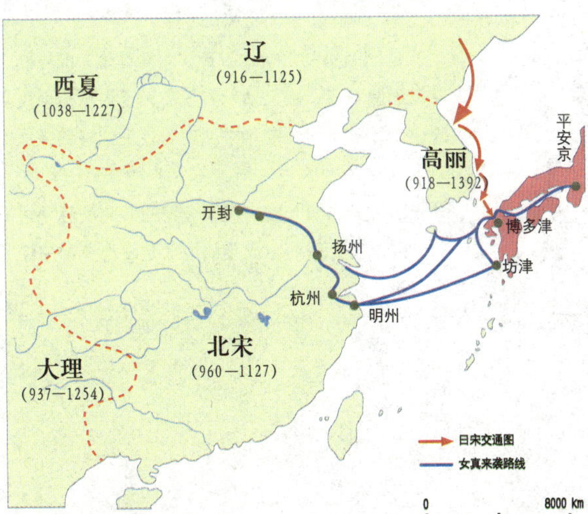

B 日本交通路

图示为平安时代日本交通图。因东亚政治格局变动，日本的交往对象变为宋朝和高丽。这一时期的鲜明特点是，沿着交通路线往来于大陆和日本列岛之间的不再以官方派遣的使者为主，而是民间进行长途贩运的商人，这无疑是商品经济繁荣的一个反映。

06 庄园制度的成熟与发展

关键词:新因素

院政政治确立后，摄关体制衰落，天皇为进一步收复大权，着手整顿庄园，试图抑制地方势力，但收效并不显著。11世纪下半期至12世纪，庄园制度发展成熟，在地方，官僚、贵族们分割公地、侵吞私地而建立庄园的问题十分普遍，并形成庄园公领制。虽然天皇政权采用知行国制度试图控制局面，但随着知行国主的世袭化，这一政策反而成为公地私有与庄园化的重要途径。

庄园制度演变	
公元8–9世纪	垦田地系庄园形成
公元10–11世纪	寄进地系庄园形成 A
公元11–12世纪	庄园公领化 B C

A 寄进地系庄园的构造

本家：皇族•大寺社•摄关家•中央贵族

领家：贵族•寺社

庄官：包含预所、预所代、下司•公文三个等级

预所：由领家派遣

预所代：庄园的实际开发领主

下司•公文：庄园开发领主

庄民：百姓

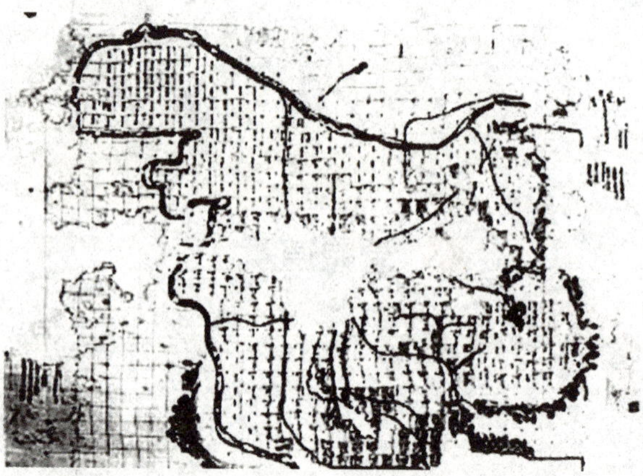

B 庄园公领制

庄园公领制是指地方贵族为摆脱政府的控制，谋取免课特权，把土地所有权名义上捐献给中央贵族或寺社并交纳一定年贡，然后接受这种名义上的领主（称为领家、本所或本家）的任命，以庄官（庄园的管理者）的身份掌握着庄园的实际领主权的庄园制度。图为东大寺的越前足羽郡道前庄庄园平面图。

C 知行国制

随着院政制度的建立，天皇试图扭转土地私有化趋势，实行了知行国制度，即封国制度。即将某一地方的支配权授予皇族、公卿子弟或者大寺社，准许其享有封地的租税课役，但受封的知行国主只是遥任，本人住在京都，另派弟子前去封地打理公务。后来，知行国主开始世袭传承，成为助长地方势力的有效途径。土地私有化以及地方势力的膨胀在日本平安时代中后期，已不可逆转。

07 保元之乱

关键词:手足相残/武家登场

1155年，近卫天皇去世，其父鸟羽法皇与其兄崇德上皇为继承人问题展开激烈斗争，中央贵族也卷入其中。平氏效忠鸟羽法皇支持的后白河天皇，源氏除长男源义朝外均效忠崇德上皇，藤原氏内部也出现分裂。鸟羽法皇去世后，崇德上皇发起变乱，后白河天皇一方由源义朝为主将，夜袭崇德上皇寝殿成功，上皇逃亡，余众投降。这场政变被称为“保元之乱”，众多历史学者认为，保元之乱后即是日本武家政治时代的开始。

保元之乱简析			势力代表	支持对象	依靠的贵族
	背景	近卫天皇去世，夺位之争激烈	鸟羽法皇 A	其子雅仁亲王	藤原氏：藤原忠通 平氏：平清盛 源氏：源义朝
			崇德上皇 B	其子重仁亲王	藤原氏：藤原赖长 源氏：源为义
	过程		鸟羽法皇胜利，雅仁亲王继位为后白河天皇		
			崇德上皇不满，密谋叛变		
			鸟羽法皇察觉，选用平氏、源义朝等武士保卫后白河天皇		
			鸟羽法皇去世，崇德上皇叛乱		
			后白河天皇一方派源义朝为主将，夜袭崇德上皇寝殿成功		
			崇德上皇逃亡，军队溃败		
	结局		崇德上皇遁入空门，郁郁而终；藤原赖长自尽，后白河天皇获胜		

A 鸟羽法皇

图示为鸟羽天皇，其子崇德上皇、近卫天皇。1155年近卫天皇去世，已成为法皇的鸟羽希望另一个儿子雅仁亲王继位，崇德上皇则希望自己的儿子继位。父子之间展开斗争。最终鸟羽天皇获胜，立雅仁亲王为后白河天皇，并召集平清盛、源义朝等武士，命其效忠天皇。

B 崇德上皇的怨恨

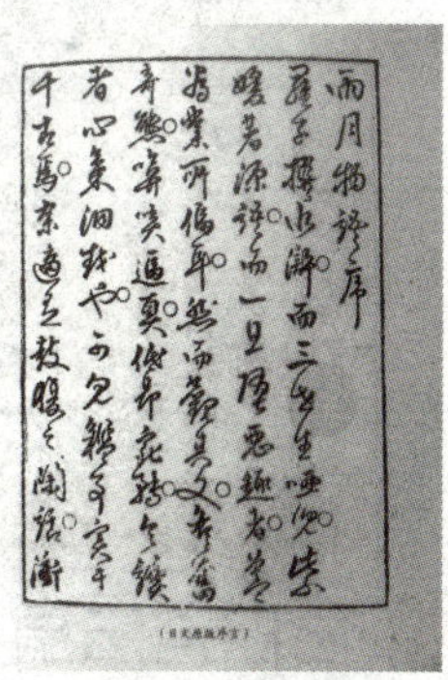

崇德上皇在宫廷斗争中先后败于鸟羽法皇与后白河天皇，被流放终生，抑郁而逝。传说崇德上皇的怨愤强烈，他去世后，日本一直兵连祸结。图示为日本江户时代著名读本小说《雨月物语》，小说中虚构了充满怨恨的崇德上皇的亡灵之语。

08 平治之乱与平氏专权

关键词:联姻/掌权

保元之乱后，源义朝等功臣因不满平氏地位而起兵叛乱，遭到镇压，此次变乱被称为平治之乱。之后，平氏家族取得朝中大权。其核心人物平清盛效仿藤原氏，以与天皇联姻为手段，并将亲信安插入重要岗位。平家势力煊赫一时，不仅拥有全国半数的知行国（封国），同时逐步将手下武士变为家臣。平清盛胁迫高仓天皇将皇位传给自己的外孙安德天皇，本人以外公身份控制朝廷，权势达到顶峰。

<table>
<tr><td rowspan="7">平氏专权期</td><td rowspan="2">势力双方</td><td colspan="3">天皇</td><td colspan="2">平氏</td></tr>
<tr><td>后白河法皇 A</td><td>高仓天皇</td><td>安德天皇</td><td>太政大臣、安德天皇之外公平清盛 B</td><td>平氏公卿16人、殿上人30多位</td></tr>
<tr><td rowspan="5">存在基础</td><td colspan="3" rowspan="5">天皇神人的传说以及天皇作为最高象征的传统</td><td rowspan="2">政治</td><td>联姻、垄断要职</td></tr>
<tr><td>领有全国近一半知行国</td></tr>
<tr><td>军事</td><td>家臣化的武士</td></tr>
<tr><td rowspan="2">经济</td><td>拥有500多所庄园</td></tr>
<tr><td>积极与宋朝进行贸易往来</td></tr>
</table>

A 后白河法皇

图示为后白河天皇（1127—1192），出家后为法皇。历经保元之乱、平治之乱。在位时平氏专权，试图推翻平氏，失败后被囚禁，被迫停止院政。而后通过源氏讨伐平氏，但权力最终落在源赖朝手中。后白河法皇去世后，源赖朝建立镰仓幕府，日本进入武家政治时代。

B 平氏家族

图示为平清盛之子平重盛（1138—1179），平氏家族重要人物之一，曾建议囚禁后白河法皇以打击旧贵族势力。平重盛文武全才，被其父平清盛寄予厚望。1179年病逝。重盛的去世对平氏家族而言是一个重大打击。两年后，平清盛亦去世，四年后，平氏家族被源赖朝所灭。

09 源平合战

关键词:一决雌雄

平氏家族的统治并不是纯粹的武家政治，而是介于传统贵族与新兴武家之间，因此，天皇、旧贵族及新兴武士阶层都反对它的存在。1180年，被流放的源赖朝与岳父北条时政举兵讨伐平氏；1181年平清盛的去世严重打击了平氏政权；1184年，源赖朝打败平氏军队；1185年，平氏家族成员与安德天皇沉海而亡。源赖朝继续对抗后白河法皇，巩固自身势力，逐渐取得了统治日本的权力，正式的武家政治就此登场。

源氏与平氏纷争关系表

时间	事件
1159年	平治之乱，源赖朝被流放伊豆 A
1177年	鹿谷山庄密谋讨伐平氏，被平清盛反攻
1179年	平清盛囚禁后白河法皇，院政停止
1180年	1 平清盛挟持后白河法皇、高仓上皇、安德天皇迁都福原
	2 源赖朝与岳父北条时政讨伐平氏，石桥山之战惨败
	3 源赖朝逃亡时期笼络各方势力，壮大自身，入驻镰仓
	4 源氏一方取得富士川之战胜利
1181年	平清盛去世
1183年	1 平宗盛挟持天皇逃亡
	2 后白河法皇下旨命源赖朝进京勤王，源赖朝借机控制关东地区
1184年	1 源氏军队打败木曾氏军队
	2 一之谷之战，源氏军队奇袭平氏军队，平氏惨败
1185年	源氏剿灭平氏，源赖朝掌握大权 B

A 平治之乱

图示为平治之乱场景图。保元之乱后，扶持后白河天皇的源义朝等人因所受重视比不过平氏，遂挑起叛乱。平清盛镇压叛变后，斩杀源义朝一脉，其13岁幼子源赖朝免死，流放伊豆。平治之乱后，平氏地位更加巩固。源赖朝一直密切关注朝政，等待时机。

B 源赖朝

1180年，源赖朝（1147—1199）起兵讨伐平氏，经过多年苦战，剿灭平氏力量并掌控朝廷大权。1192年，源赖朝在源氏祖先起家之地镰仓建立将军幕府，开启幕府体制，日本从此进入武家政治时期。图示为源赖朝画像。

10 弘仁·贞观文化

关键词:成熟

平安时代前期的日本文化被称作弘仁·贞观文化，其区间大致在嵯峨天皇至淳和天皇在位时。这一段文化的基础依然根植在唐文化中。不过，此时的唐代已逐渐步入衰落期，日本受其影响，在文化上也呈现出一种虽然成熟，但却保守、甚至有所颓废的状态。不过值得肯定的是，这时的日本正在尝试着将本土固有文化与外来文化加以融合创新，因而弘仁·贞观文化可以被视作日本新型文化的一个毛坯。

弘仁·贞观文化介绍				
佛教	代表人物	最澄：发展具有日本特色的天台宗 A		
		空海：创立真言宗 B		
	新动向	佛教文化与日本神社文化融合		
学问	私人学院兴起	藤原氏：劝学院		
		橘氏：学馆院		
		源氏：奖学院		
	汉文化继续流行 C	敕撰汉诗文集相继出版		
		汉学文章的编纂		
文学	文字	假名的发展渐趋成熟，字形开始固定		
	诗歌	和歌复兴	六歌仙 D	
			《古今和歌集》 E	
	散文	《竹取物语》、《伊势物语》、《土佐日记》 F		
艺术	具有鲜明密教色彩	建筑	宫殿	
			寺院	
			神社	
		雕刻	木雕发达 G H	
		绘画	受密教影响深远 I	
书法	“三笔”	嵯峨天皇、橘逸势、空海 J		

A 最澄

图示为最澄高僧（767—822）的肖像。最澄生活在奈良时代末期、平安时代前期，曾为遣唐学问僧，在唐朝精研天台宗佛法，归国修建延历寺，创立日本天台宗，在天台宗教义原有的基础上，又加入部分密教、禅学和戒律。最澄是日本天台宗之始祖。

B 空海

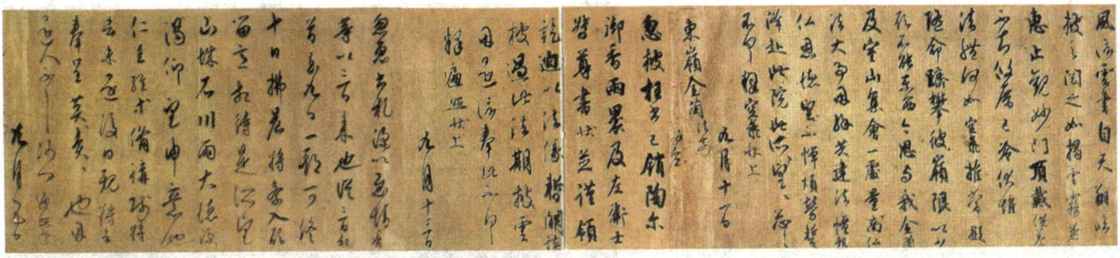

空海，生活在奈良、平安时期。著名高僧。曾与最澄一并入唐精研佛法。归国后在高野山金刚峰寺及京都东寺创立真言宗。此派以中国密教为基础，空海又加以一定发展变化，使其独立成一佛教宗派体系。空海同时也是著名书法家。图示为其书法作品。

C 学术的发展

敕撰汉诗文集相继出版	嵯峨天皇：《凌云集》、《文华秀丽集》
	淳和天皇：《经国集》
汉学文章的编纂	真济：《文镜秘府论》
	滋野贞主：《秘府略》
	菅原是善：《东宫切韵》、《会分类集》
	大江音人：《群籍要览》
	菅原道真：《三代实录》、《类聚国史》

D 六歌仙

平安时代初期，汉文学依旧盛行，和歌衰落。但是在平安时代前期，日本诗歌界涌现出六位具有代表意义的和歌作者，分别是藤原业平、小野小町、大伴黑主、喜撰法师、文屋康秀、僧正遍昭。其中藤原业平为其首，小野小町是其中唯一的女性。六歌仙将和歌艺术带入巅峰，从这时期，和歌开始与汉诗分庭抗礼。

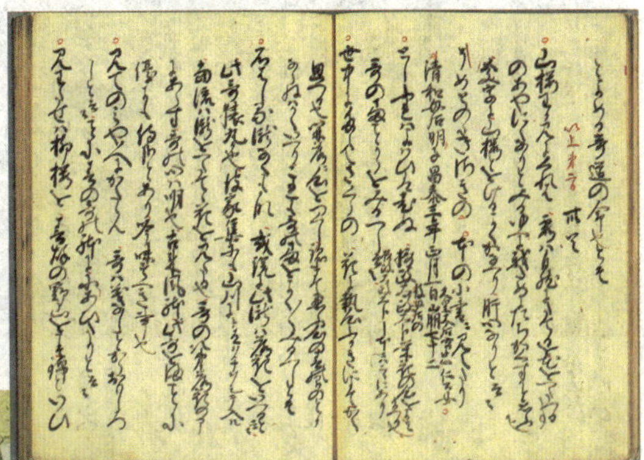

E 《古今和歌集》

图示为《古今和歌集》中的一页。《古今和歌集》在平安时代前期由纪贯之等多人编写而成，内容收录了大量日本和歌，以短歌为主，其中有许多作者不详的作品。与《万叶集》相比，《古今和歌集》带有更多的贵族色彩，爱情类诗歌较多。

F 《竹取物语》

平安时代，日本文学发展较快。《竹取物语》是日本最早的物语文学。讲述一位从竹中诞生的女孩辉夜姬在人间生活、最终飞向月亮的经历。《竹取物语》歌颂不畏强权的个性，赞扬孝顺、善良的品德，作品推动了日本文学史的发展。图示为《竹取物语》的插图。

G 弘仁·贞观时期的木雕像

雕刻	
	室生寺弥勒堂释迦如来坐像·十一面观音立像·金堂释迦如来像
	教王护国寺讲堂不动明王像
	神护寺药师如来像
	法华寺十一面观音像
	元兴寺药师如来像
	药师寺僧形八幡神像

H 佛教的雕刻

图示为教王护国寺讲堂五大明王像。教王护国寺又称为东寺，是真言宗宣扬佛法的所在地。寺院曾被多次焚毁，亦被多次重建复兴，目前总体保持最初修建时的格局。寺内讲堂安放如来像、五大明王等佛像，这些造像总体上保持了奈良时期的雕刻文化特色。

I 神秘的两界曼荼罗

“两界”即指金刚界、胎藏界。“两界曼荼罗”是指根据中国唐代密教两大经典《大日经》、《金刚顶经》的内容加以图像化的作品。图示为教王护国寺内收藏的两界曼荼罗的局部图。其绘画手法能似唐朝，立体效果强，同时还带有一定西域色彩。

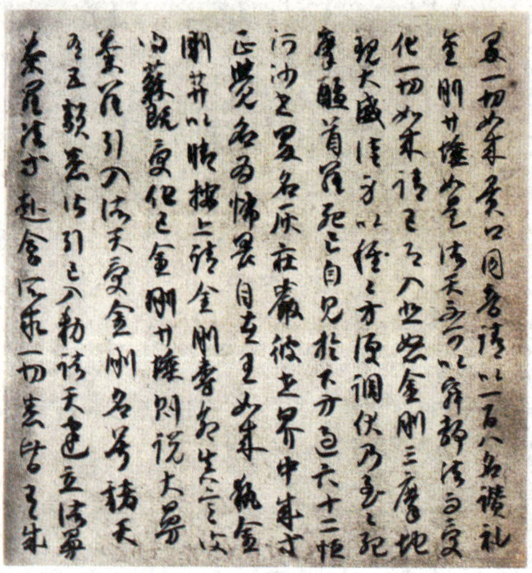

J “三笔”书法

图示为“三笔”之一空海的书法作品——《三十三贴册子》的局部图。所谓三笔，指平安前期即弘仁·贞观文化区间内的三位著名书法家：嵯峨天皇、空海和橘逸势。他们的书法作品以汉字为主，虽三人各有特色，但总体而论，笔法仿唐。

11 国风文化

关键词:民族特色

日本国风文化形成在以藤原氏摄关政治为主导的平安中期。凭借前几个文化时期的积累与改进，日本成功地将外来文明融入到本土文化中，形成真正具有和族味道的国风文化，这主要表现在文学与美术上。文学领域中，紫式部的小说、清少纳言的随笔、和泉式部的和歌成为三大杰出代表；艺术方面，日本民族风格更加凸显，出现纯日式的寝殿建筑，大和绘则取代唐绘出现在画坛上。平安时代中期，一种风格趋于稳定的日本传统民族文化终于诞生了。

国风文化				
佛教	天台宗	名僧：慈慧僧正良源		
		山门寺门之争 A		
	真言宗	名僧	益信：接受宇多法皇皈依	
			圣宝：创立醍醐寺	
		分流	益信弟子：广泽流	
			圣宝弟子：小野流	
	净土宗（新兴）	来源于佛教末法思想 B		
学术	基调因循守旧，未有突破			
	学问世袭化			
文学	紫式部	《源氏物语》 C		
	清少纳言	《枕草子》 D E		
	和泉式部	和歌 F		
艺术	建筑	出现和式建筑		
	雕刻	“寄木造”发展迅速		
	绘画	大和绘问世		
书法	藤原行成：和式书法 G			

A 山门、寺门之争

平安中期，天台宗延历寺慈惠僧正良源扩大天台宗势力，主持修复被焚毁佛塔，培养许多天台宗俊杰，但是良源之后，延历寺发生分裂，出现三井寺与延历寺这两个同宗同派教徒的对立，甚至演变成激烈战斗。这可以被视作日本佛教的衰落与世俗化的悲剧，修行之人再不心静如水，而真正希望修行的人开始寻找别的宗教代替，这就有了净土宗的崛起。

B 法然

法然是日本净土宗开山之人，本是天台宗僧人。日本净土宗认为只要一心专念弥陀名号，依仗阿弥陀佛的愿力，便能往生净土；信者可以通过信仰而非宗教仪式或者阅读、抄写著作的方式，脱离苦海。法然受到了传统宗教人士的排斥，甚至到70多岁还被流放。

《源氏物语》

《源氏物语》是日本古典文学巅峰，作者紫式部，藤原氏。这部小说描写了平安时代日本京都的宫廷贵族生活、社会风貌、人性百态等，全书透露着淡淡伤感。可以说《源氏物语》是日本美学风格“物哀”的典型代表。图示为《源氏物语》的插图。

D 《枕草子》

图示为日本著名随笔文学《枕草子》的手绘卷。《枕草子》的作者为清少纳言，平安中期才女。随笔文学是平安时代新兴的文学形式，作者们随时记录下自己对事物的感想，汇集成文。不同于这时主流文学风格“物哀”，《枕草子》充满了明快色彩。

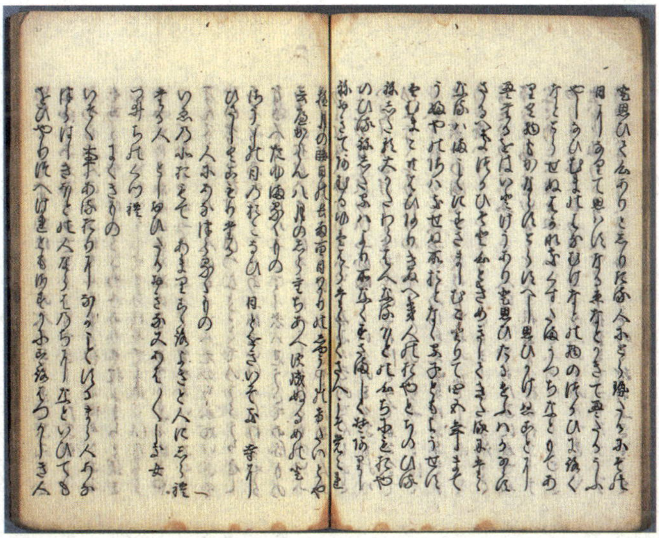

E 日记文学的兴起

平安时代前，日本已经出现随笔、日记式样的文学作品。但平安中期的清少纳言是这类文学作品的代表人物，是她将随笔文学推上了巅峰，堪称此类文学之开山祖师。图示为随笔文学的代表作《枕草子》的内容片断。

F 和泉式部与和歌

汉诗兴起后，日本本土的民族文学和歌一直处于低谷状态。但是在平安中期，和歌开始复兴。其代表人物是和泉式部，著有诗歌千余，风格优雅华丽。其中以热情中略带伤感的恋情诗歌为主。她的作品受到过同时代的女性文学家紫式部的好评，后人亦能从她的爱情诗作中得到感动。可以说，紫式部、清少纳言与和泉式部就是日本平安中期文坛的三大灵魂人物。

G 三迹书法

与平安前期“三笔”对应的平安中期书法代表人物是“三迹”：小野道风、藤原佐理、藤原行成。其中小野道风开和风书法之先河，而藤原行成确立了温雅细腻的和风书法。图示为小野道风的书法作品，在唐风的雄浑中开始填入和风的温雅色彩。

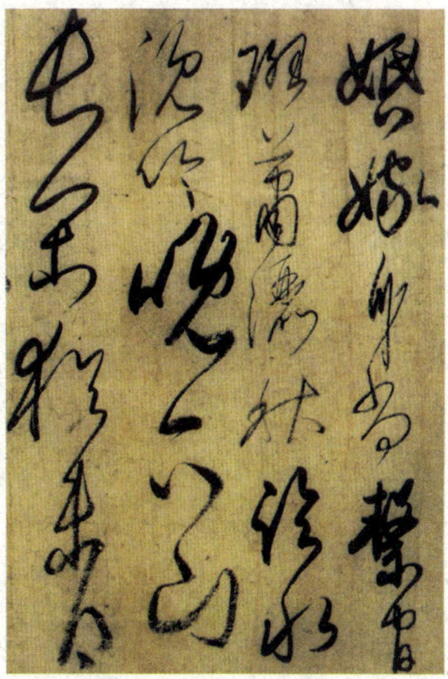

第二篇 下克上：武士掌权时期

（1192—1868年）

历史不仅是最公正的法官，也是最出色的喜剧大师。日本的有识之士在刀光剑影中建立起他们梦寐以求的律令制国家，同时也点燃了消亡这一制度的引线。律令制国家颁布了班田法和租庸调制解放了部民，荒地山泽被迅速开垦成农田。然而，土地面积的增长滋生出统治者们的野心，垦田永世私则法和三世一身法先后冲破了律令下的土地国有制，土地私有化风波愈演愈烈。寄进地系庄园制逐渐摧毁了律令制国家的基础，天皇权威一落千丈，社会动荡不安。庄园主们开始豢养孔武有力的壮汉看家护院，于是，一个新的阶层——武士应运而生。武士手中的权力在乱世中如喷发的岩浆越聚越多，最终，源赖朝成为开辟日本新时代的盘古，他建立了第一个武家政权。被架空的天皇成为神在人间的代表，他们只能旁观世俗风云变幻而无力干涉；将军成为国家实际统治者，将军府的所在地镰仓成为政治中心。就这样，一心神往中国政治文化的日本在历史的分岔口选择了另一条道路并越走越远。

1192年到1333年为镰仓幕府统治日本时期。只是源赖朝在九泉下没能含笑太久，他的岳丈一族北条氏掌管了源家幕府的天下。历史告诉我们，所有自诩为“周公”的人都会遭到质疑与讨伐，但北条氏站稳了脚跟，团结了各路武士集团。1232年，一部几乎汇纂了所有关乎武士法律规章大全的《贞永式目》正式出台，它奠定了北条摄政合法性的同时也奠定了日本武士道基础，日本精神进入到绝对化的忠勇境界，他脱离了中原士大夫追求的仁义大同，也不同于西方骑士们的浪漫风度。继政治改变之后，日本文化也与中土文化分道扬镳，走上独立发展的道路。

盛极必衰，物极必反，镰仓幕府也绕不开这条历史法则。犹如六国贵族皆不服秦朝统治，崭新的政体总会遭到旧有力量的反扑，日本那些被夺权的天皇也不甘俯首。1333年，后醍醐天皇扬起“建武中兴”的大旗，征讨已经衰落的镰仓幕府，一番征战后北条氏家族和镰仓幕府一起灭亡。就在天皇要重掌日本之时，另一条历史法则也开始发挥作用，能共苦未必能同甘，原本拥护后醍醐天皇的武士家族足利尊氏在愿望没有实现的情况下选择了叛乱。1336年，后醍醐天皇出逃吉野，另立政权，足利尊氏走上了他们曾经想斩断的那条路——建立幕府，史称室町幕府。

存在于1336（或1392）至1573年的室町幕府命途多舛，在消灭吉野政权、实现南北统一后也并未走上长期有效的强盛之路。将军继承人问题一直困扰着幕府，各方势力的不满情绪像滚动的雪球不断积累。1467年，这颗硕大的雪球撞上了名为“应仁之乱”的崖壁，碎在了日本赫赫有名的战国时代。这一时期，幕府将军式微，本该效忠的守护大名们划地自治，割据混战。战火蹂躏这个国家的同时，也催生出一株进步的萌芽：农民们以村社为纽带向大名们讨要权利，信徒们以“讲”为组织发动起义挑战残暴，甚至还出现了有“东方威尼斯”美名的堺（同“界”），实现自治。人民的力量不仅反映在政治上，也渗透到日本文化之中，武家文化从此不再独霸天下。

室町幕府时期日本四分五裂的状态为后世的幕藩体制埋下伏笔。虽然丰臣秀吉一度控制整个国家，但他接连两次对朝鲜的侵略招致其宗主国中国明朝政权的讨伐，这不仅断送了他一统天下的美梦，也毁了丰臣家族的力量根基。关原合战后，丰臣氏族灭，丰臣秀吉的老对手德川家康重新统一日本，建立德川幕府（1603—1868年），又称江户幕府。看似一切回到原点，但经过长久混战的日本再也不是铁板一块，天皇虽然依然处于傀儡地位无法染指政事，但各地大大小小的藩主却各自为政、调度不灵。在交替参觐制、四等级制、闭关锁国等政策的支撑下，日本平衡在一种经过局部调整的幕府制度——幕藩体制。然而这种非中央集权大一统而是藩国与幕府联合性质的统一的体制，埋有诸多隐患。

诚如我们开篇所言，历史是最幽默的喜剧大师。律令制国家的创造者们无意间埋下毁灭这一制度的伏笔，而德川幕府也重蹈这一覆辙。幕藩体制固然稳定了德川家族对全国的统治，但这种将军与藩主之间微妙的平衡终随着世界潮流而失衡，坚持闭关锁国的德川幕府最终吞下了自己酿成的苦果。

十九世纪中期，美国船舰叩关，日本接连受辱，“尊王攘夷”、“草莽崛起”等思潮在夷人叩关的背景中纵横岛国。民族兴亡面前，天皇、武士、知识分子们取得“倒幕”的共识。不同于筑建在旧制度上昙花一现的“建武中兴”，这一次，在中下层武士的全力支持下，1868年，德川幕府的最后一位将军德川庆喜向天皇投降，结束德川幕府统治的同时也终结了长达六个世纪的幕府时代。日本天皇重新总揽大权，大力改革，开始了后人耳熟能详的“明治维新”。

纵观幕府政治，确是天下大势浩浩汤汤，成也武士，败也武士。以幕府为代表的武家政治从此退出历史舞台，日本国告别古代，翻开近代新篇章。

第六章 镰仓幕府：

开创性的武家政权

1192 ▶ 1333年

公元1192年，后白河法皇驾崩，遮掩皇室贵族没落、武士阶级掌权这一事实的最后一层纱幕被揭开，源赖朝得到他梦寐以求的征夷大将军职位。此后凡武家政治之首脑，均被称为“将军”，世代承袭。源赖朝在镰仓设置的司令部被称为“幕府”，成为日本最高政务中心。自这一刻起直至明治维新，漫长数百年内，日本都处在由源赖朝开辟的武家制度统治之下。这一制度深入日本社会方方面面，从政治至经济，从文化至精神，日本走上与其文明恩师中国背道而驰的发展轨迹。就这样，平安时期后，日本再一次且更深层次的脱离中国模式，塑造民族特色。

图片为平治物语画卷·夜讨三条殿卷，讲叙的是平治之乱中，着火的三条殿和四处乱窜的宫廷男女。画卷绘于13世纪，共分15卷，根据历史小说《平家物语》绘制而成。

1180年 1185年

01 镰仓幕府统治的确立

关键词:将军/幕府/实权

武家政治与律令制是对立的。律令制根植在国家大法基础上，以此控制社会并保证国家机器的运转，根本性的法律条文改变很少；武家政治下的法律则是按照社会实际情况加以制定和修改，使武家政治更具实效。同时，律令制以天皇及贵族集团为中心，为一元制统一政权；而武家政治则有精神上的最高领袖天皇和实际掌权者幕府将军两种政治存在。天皇居于皇宫，继续以超人身份存在；将军居于幕府，设置一套机构，管理全国政务。

镰仓幕府的行政结构

	区域	机构	设置年代	职责	负责人
将军 A	镰仓 B	侍所	1180	军事·警察	御家人 C D E
		公文所/政所	1184/1191	一般政务·财政	初期：大江广元
		问注所	1184	裁判诉讼	初期：三善康信
	地方	京都守护 F	1185	代表幕府驻于京都 京都警备	初期：源义经、北条时政、一条能
		镇西奉行	1185	掌管九州地区军事、行政、社会事务	九州御家人
		奥州总奉行	1189	统帅奥州家人	奥州御家人
		守护	1185	各国设置的地方机关	御家人
		地头	1185	管理庄园	当地有势力的名主

A 武功之王者

幕府将军以武力为手段，在沙场上歼灭一个又一个敌人，战争中能留下的均是臣服将军统治的人，将军也因此成为凌驾于众人之上的统领者，这就是幕府存在的军事基础，是武家时代的最突出特点。图示为一件镰仓幕府时期的铠甲，华美、坚固中透出血腥和冷硬。

B 武家守护神

位于镰仓鹤冈的八幡宫神社是镰仓时代的珍贵古迹，它是重要的祈福、祭祀场所，最初由源赖义设立，供奉应神天皇。源赖朝入主镰仓时迁徙八幡宫神社至今日的位置，并奉八幡神为源家守护神，此后，八幡神备受历代武家推崇。图示为八幡宫神社的祈愿牌。

C 御家人制度

将军

↓ 御恩　↑ 奉公

御家人

御恩	推荐官位 给予恩赐地 保护家人的祖传领地
奉公	履行军事义务 完纳赋税 效忠将军

D 武士与刀

武士是日本武家政治的基本组成要素。他们精通武艺、携带兵器、随时穿上铠甲征战沙场。他们坚毅顽强、忠诚勇敢，却往往残忍冷酷、杀人如麻。刀，是武士的主要兵器，同时也是他们身份的象征与力量的来源。图示为一把国宝级的镰仓时代日本刀。

E 家人、御家人

所谓“家人”，是指贵族及武士首领对部下、仆从们的称呼。镰仓幕府建立后，将军尊称为“御”，凡是和将军结成主从关系的武士称为“御家人”，他们比一般武士首脑的属下地位更高。将军对御家人有“御恩”，即保护御家人的生命及财产、赐予土地并推荐官职；御家人对将军则需“奉公”，誓死效忠并服兵役、交赋税。

F 京都守护

“京都守护”是镰仓时代特殊的地方机关。它代表幕府将军驻扎在京都，负责天皇朝廷与幕府将军之间的联络事务，同时还担负起京都治安并处理诉讼。京都守护一职极其关键，一直由位高权重者担任。图示为京都守护办公地点的遗迹。

02 承久之乱和北条摄政

关键词:夺权

源赖朝去世后，镰仓幕府陷入将军之位的争夺中。源赖朝和北条政子的两个儿子源赖家、源实朝先后继任将军但均死于非命，外戚北条氏在政子之父北条时政的经营下势力剧增，凌驾在源氏之上。这种局面引发镰仓幕府内部的分崩离析，而后鸟羽上皇趁机举起讨伐北条氏的旗帜，史称“承久之乱”。这场变乱最终以镰仓幕府胜利告终，但此时的幕府，大权已掌握在北条氏手中。

源氏	事迹	北条氏	事迹
源赖朝	开辟幕府 将军专权	北条政子（赖朝妻）A	辅佐源赖朝建立幕府、取得大权
		北条时政（赖朝岳父）B	
源赖家	重用岳父比企家族，排斥幕府元老功臣	北条政子（赖家母）	废黜源赖家并将其幽禁，另立源实朝为将军
		北条时政（赖家外公）	派人杀害源赖家
源实朝 C	第三任幕府将军，但仅为傀儡，大权旁落北条氏	北条政子（实朝母）	掌握幕府大权 源赖家之子源公晓杀源实朝后被处死，源氏绝嗣。希望立皇族亲王为将军遭反对，最终立远亲藤原赖经。幕府将军形同虚设
		北条义时（政子兄弟）	
藤原赖经	天皇朝廷发起承久之乱 D E F	北条政子	主持大局，召集各路御家人，在一个月内打败天皇军队

A 相濡以沫

北条政子（1157—1225）是负责监视流放中的源赖朝的地方长官北条时政之女，嫁给源赖朝后一直陪伴于其左右，助其成就大业。她为源赖朝生有二子二女。源赖朝去世后，政子出家为尼，但依然掌握幕府大权，废黜源赖家并剿灭比企氏，逼迫其野心勃勃的父亲北条时政退隐，并率领御家人赢得承久之乱的胜利。她为保护镰仓幕府立下不朽功勋，被人尊为“尼将军”。图示为北条政子。

B 北条实时

图示为北条实时（1224—1276），北条义时之孙、北条时政之曾孙。北条家族是源赖朝的岳父之家，同时也是镰仓幕府的元勋功臣。源赖朝去世后，北条家一直通过北条政子、北条时政等人把持大权，掌握将军废立。在源家绝嗣、藤原赖经出任将军后，幕府大权完全落入北条家族手中。

D 皇家反击

幕府的内讧成为天皇恢复大权的机会，后鸟羽上皇（1180—1239）收买近畿附近的武士以及对北条家族不满的御家人，在1221年发出讨伐北条氏的命令，根据年号，这场变乱名为“承久之乱”。朝廷军队的进攻在一个月内就被幕府军队打败，后鸟羽等三位上皇均被流放，幕府势力更加根深蒂固。

C 源氏绝脉

源赖朝此生只有北条政子一位夫人，二人共育两子两女，长子源赖家被外公北条时政杀害，幼子源实朝被源赖家的儿子源公晓刺杀身亡，赖家另一子早夭，公晓亦被处死，而源实朝没有子嗣，故源氏至此绝嗣。掌权的北条政子和北条义时只好从源氏远亲中选择藤原赖经为将军。但此后，幕府将军成为傀儡，真正的权力掌握在北条氏手中。

E 承久之乱细说

时间（公元纪年）	事件
1198年	后鸟羽上皇加强朝廷经济实力，赐予土地给武士及御家人
1219年	源实朝被杀，源氏绝嗣。北条义时请立皇子为幕府将军，后鸟羽上皇拒绝
1221年	后鸟羽上皇发出讨伐北条义时的院宣
1221年	天皇军队失败，后鸟羽上皇被流放

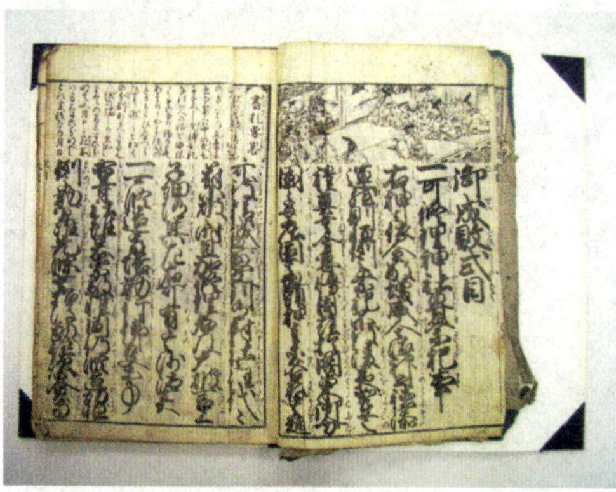

F 武士守则

图示为《御成败式目》，即《贞永式目》，1233年，在北条泰时的主持下，镰仓幕府各路贵戚一起制定而成，根据年号又称为“贞永式目”。它既是幕府的施政纲领，亦是日本国的法律。其大部分内容成为武士和平民们都必须遵守的法则。日本武士道精神之先声亦是由此而来。

03 元军征日

关键词:抵御侵略

13世纪中期，世界进入蒙古帝国时代。中国的南宋、金、西夏等政权，高丽、安南等国，中亚、北亚乃至阿拉伯帝国、部分欧洲地区相继覆灭于蒙古铁蹄之下。偏安海上的日本亦没有躲过，蒙元政权准备吞下东亚最后一块“蛋糕”。1274年，蒙古和高丽联军渡海作战，先期的胜利却被一场飓风摧毁；1281年，蒙古大军再度席卷而来，却又一次因台风袭击而退兵。日本躲过了灭国之危，但幕府也迎来了衰败时代。

时间（公元纪年）	蒙古大事	日本·幕府执权	日本重要事件
1205–1224年	成吉思汗统一蒙古各部 灭西辽 灭花剌子模	北条义时	镰仓幕府处于内讧之中，1219年1月，源实朝被杀，源氏绝嗣。5月承久之乱，后鸟羽等三上皇被流放。
1224–1242年	灭西夏 灭金 进攻高丽，迫其臣服 攻占莫斯科等城 5.入侵东欧	北条泰时	1232年8月，制定《贞永式目》。
1242–1246年		北条经时	
1246–1256年	再度西征	北条时赖	
1256–1264年	灭亡阿拉伯帝国 侵入叙利亚，攻克大马士革 忽必烈称大汗 A B	北条长时	1252年2月，幕府以宗尊亲王为将军。
1264–1268年	忽必烈定都北京	北条政村	1267年，忽必烈遣使日本送国书至大宰府，蒙元对日本进行威胁。
1268–1284年	元朝建立 南宋灭亡 蒙古两次进攻日本 C	北条时宗 D	拒绝回复国书 E 文永之役 F G H 弘安之役 I
1284年后	元朝没有再犯日本，而幕府进入衰退时期 J K L		

A 蒙古铁骑

公元13世纪，蒙古大军扫荡欧亚，从东亚至欧洲维也纳，无一不处在蒙古铁蹄之下。蒙古军队的下一个目标就是孤悬海外的日本。图示为波斯所绘的穿着蒙古铠甲、骑宝驹交战的军队。

B 忽必烈汗

图示为元世祖忽必烈汗，在位时期，灭亡南宋，定都北京，改国号为“元”，此时的蒙古疆域无比辽阔，外有四大汗国，内以元政权为首、以蒙古发源地为根，迫使高丽等国臣服，兵镇暹罗、柬埔寨甚至爪哇。东亚地区只剩下日本尚未进入蒙古势力范围内，忽必烈汗遂发兵征讨。

C 两次侵日战争

时间	名称	双方情况		经过及结果
1274年	文永之役	元	蒙、高丽联军3万余人，战船900艘	元军攻陷对马、壹岐诸岛，进入博多湾登陆，幕府败退 正值台风季节，暴风突起，元军战舰损失惨重，退回朝鲜半岛，战争结束
			密集战法及大炮	
		日	尚不了解敌情，仅有骑兵弓矢	
1281年	弘安之役	元	在高丽设置日本行省	元朝两路大军分头攻入日本 东路军无法登陆，遭遇败绩，后退等待江南军支援 又值台风季节，暴风突起，元军战舰近乎覆灭，战争结束
			东路军4万余人，900艘战船	
			江南军10万余人，3500艘战船	
		日	修筑军事防御工事	
			加强水军建设	
			发出“异国征伐令”	

D 北条时宗——幕府执权

忽必烈汗雄心勃勃的准备进攻日本之时，日本正处在镰仓幕府统治下，而无论天皇还是幕府将军都无实权，真正的执政者是被称为“执权”的北条氏族人。从第一代执权北条时政起，此职位已世袭八代，将要面对忽必烈汗的执权是北条时宗。图示为其御庙所的遗址。

E 蚍蜉撼树

1266年，忽必烈汗便派遣使者在高丽向导引导下出使日本，因风浪而返；1267年，高丽国王派朝臣代替蒙古使者至日本传书，于1268年抵达，但处于保守外交政策下的日本并不热衷建交。18岁的执权北条时宗拒绝回复大元帝国的国书，推开元朝的橄榄枝。之后，忽必烈汗多次派遣使者，均未得日本回复。于是，元、日两国都开始为战争进行准备。

F 初次过招

图示为描绘文永之役的画卷。1274年，即日本的文永11年，忽必烈汗强征高丽人民为元朝制造战舰900艘，并从高丽征兵5000人。下半年，准备完毕的蒙元大军渡海作战，前期节节胜利，成功占据日本沿岸数个岛屿，而幕府军队仓皇败退，元军攻入博多湾，成功登陆。

G 危在旦夕

日、元两军开战后，后者不仅完全不能适应前者的战术，武器更是不能匹敌，唯有惨败退却。元军胜利后，暂时返回船上。岂料当夜一场突如其来的台风席卷元军战舰，大多数战舰被飓风摧毁，幸存船只不得不返航退兵。图示为日本武士与登陆元军的作战。

H 落后的兵器

此时日本的武器已远远落后于蒙元军。图示是一幅日本屏风画局部，描绘的是12世纪晚期的一场战争，图中的日本武士，一人持长刀，一人持短剑。短剑作为适合近身作战的武器，直到13世纪末期才开始大量生产，其原因就是日本在抗元战争中才意识到武器上的落后。

I 终极交锋

1281年，忽必烈汗派遣更大规模的军队征讨日本，史称弘安之役。这次元军分为东路、江南两路军队。而日本方面，镰仓幕府已经吸取上一次的教训，做了充分准备。两军对峙之时，一场台风袭来，元军舰队再度遭遇灭顶之灾，第二次征讨日本宣告失败。图示为弘安之役前日本积极备战的场景。

L 胜败分析

元朝征日失败的原因多样：蒙元军队虽强，但海战方面却薄弱；强征高丽、南宋各地军民势必会造成人心不齐、士气减弱；仓促造船忽略了船只的质量；远征东渡会削弱军队的一部分战斗实力。而日本这方面，原地等待，以逸待劳，在第二次作战中则吸取前次教训，背水一战的局势也给予武士们过人的武勇，不过古代日本人依然将这场胜利视作神风的恩赐。

J 神风来袭

图示为日本元觉寺。元军征日时，日本上下惊恐，初期战事不利，死伤无数。元觉寺高僧为阵亡将士超度并为国家祈祷。巧合的是，忽必烈汗的大军两次都在海上遭遇暴风雨的袭击，不得已放弃征日。日本得以保全。那场台风被日本称为“神风”，而元觉寺也因此声震全国。

K 区域政治局势暂时稳定

蒙元两次征日失败后，由于国内形势也不安定，故而没有再侵入日本。东亚地区的政治局势也暂时稳定下来。图示为蒙元帝国疆域图，元政权与周边四大汗国分立，四大汗国认元帝国皇帝为共同的大汗。东亚地区除日本外，都在元政权的控制之中。

04 镰仓幕府的衰颓

关键词:衰落

弘安之战，日本虽然胜利，但对国力提升无益。一方面，镰仓幕府不敢放松守备，沉重的财政支出还要继续；而这场防御战没有财富收获，武士们却需要赏赐，幕府只好没收私自占有土地用来分赏，引起土地原主的不满。另一方面，武士中一部分人生活逐渐奢靡，而在领地分割继承制下，他们手中的财富已无法供其继续挥霍，只得卖掉土地。幕府没收被典卖的土地，却又得罪了平民，丧失公信力，镰仓幕府趋于没落。

镰仓幕府中后期发展概况

时间（公元纪年）	天皇	将军	执权	重要事件
1268–1284年	后宇多	惟康亲王	北条时宗	文永之战、弘安之战
1284–1301年	伏见 后伏见	久明亲王	北条贞时	霜月骚动 镰仓大地震 设置镇西探题 平禅门之乱 永仁德政令 A
1301–1311年	后二条		北条师时	嘉元之乱
1311–1312年	花园 B	守邦亲王	北条宗宣	
1312–1315年			北条熙时	
1315–1316年			北条基时	
1316–1326年			北条高时	正中之变
1326年	后醍醐		北条贞显	嘉历骚动
1326–1333年			北条守时	元弘之变 镰仓幕府灭亡

A 永仁德政令

随着武士们典卖土地的情况愈发严重，幕府统治的政治与经济基础被动摇了。1297年，即永仁五年，执权下令禁止典卖领地，凡二十年内卖出领地除幕府承认的以外一律无偿归还原主。虽然武士贫穷问题暂时解决，但问题根源未得到解决，而且大量收买土地的非武士阶级遭到沉重打击，怨恨颇多，镰仓幕府失去了民心。

B 花园天皇

镰仓幕府中后期，日本国内变乱迭起，先有安达泰盛和平赖纲对峙所引发的霜月骚动，继而在镰仓大地震的混乱中，执权北条贞时灭平赖纲全族。几次变乱使幕府权威大跌，愈发衰败。图示为花园天皇（1297—1348）画像，在他之后继位的后醍醐天皇成为镰仓幕府的埋葬者之一。

05 经济与对外贸易

关键词:贸易

镰仓时代，日本经济在旧有基础上有所发展。一方面，庄园制依然是这一时期占主体的经济形态，和前一个时代相比，领主中不仅有旧贵族，更多、也更显赫的是武士阶级中的佼佼者，尤以御家人为主。另一方面，民间和对外贸易逐步恢复、兴盛，商人甚至可以买下落魄武士的土地，动摇镰仓幕府的根基。此时期，民间商业行会、关卡、汇兑以及信用组织都已陆续出现，为下一个时代商业的全盛打下良好基础。

对内经济	土地制度	旧贵族：拥有庄园领主的地位，但领地常遭到武士侵犯 A
		武士：获得土地，成为地方领主 B
	农业	先进型农业发展 C
	赋税	贡纳制度形成 D
	手工业	手工业者专门化，行会出现 E
	商业	钱币流通再次兴盛，商业活跃
		关卡、汇兑、信用组织出现
		高利贷者势力逐渐强大 F
对外贸易	与宋的贸易 G H I	贸易规模逐渐增大
		宋钱广泛流通，促进日本经济发展
	与元的贸易 J K	规模大，一派繁荣

A 旧贵族的战战兢兢

旧贵族亦称公家，他们虽然还可以担任高官，维持贵族身份，拥有庄园领土，但已不再拥有昔日的权力。事事都要受到武士阶级的牵制，甚至领地也常遭到地方武士的侵犯。但是总体而言，旧贵族们的力量并未消失殆尽，他们以天皇为核心，对幕府政权虎视眈眈。

B 武士阶层的来源

武士祖先的来源比较复杂，既有贵族，亦有平民，其共同特点是定居性强。所以武士阶级也是从前一个时代的庄园土地领主的身份发展而来。随着社会的动荡，一部分庄园主组织私人武装，逐渐转化为武士，在幕府时代又上升到社会的统治阶级。图示为一名勇武而冷酷的武士。

C 农业的发展

密集型农耕		
	耕作方式	二毛耕作制
	施肥方法	草木灰
	农具	铁制农具普及
	耕力	牛耕、马耕

↓

收获量增大	
剩余农作物增多	
有力农民	小农民
构成惣村	

D 贡纳制度

贡纳体系等级	具体贡纳类型		
庄园领主	贡纳承担者	贡纳对象	内容
庄官・地头（土地管理者）	名主	庄园领主	年贡：收获量的30%-40%
			公事：当地特产及手工业制品
			夫役：在领主直营地上耕作，参与工程修建等
名主（土地所有者）	名主	庄官・地头	夫役
作人（土地耕作者）	作人	名主	加地子

E 宋钱盘活市场

镰仓幕府时期，日本下层阶级逐渐活跃。随着与宋朝贸易的展开，宋朝的钱币激活了日本商品经济的市场，高利贷主们迅速富有，平民内部建设了信用组织“赖母子”，运输行业内出现了“马借”，市场、汇兑和行会陆续诞生。图示为《一遍圣绘》中的市井场面。

F 高利贷的力量

随着钱币流通的再次活跃，本如一潭死水的日本市场又一次被激活了。商业的发展和对外贸易的展开使一部分人迅速富有，这些人中出现了高利贷者。他们的经济实力越来越强大，属于统治阶级的武士则因为贫穷而不得不将领地典卖给他们。就在这一笔笔交易之中，撼动镰仓幕府统治根基的力量强大起来。

G 与宋的贸易

对宋	主要贸易类型	民间贸易	
	主要输入商品	宋朝	金 水银 刀剑 扇 漆器 硫黄
		日本	宋钱 高级丝绸 陶瓷器 药材 书籍 文具
	主要港口	明州港	

H 宋代市舶司

图示为宋代设置在明州港的市舶司的遗址。市舶司是中国历代王朝专管对外贸易的机构，负责税收、采购等工作。宋代海外贸易活跃，日本向宋输入的主要是原材料，如金子、水银、鹿茸、硫黄等。日本木材也一度大量输入明州，明州部分寺庙就是用日本木料所建。

I “钱病了”

图示为两枚宋朝钱币。与宋朝进行大规模贸易往来之前，日本钱币流通迟缓，商业市场消沉。开展对宋贸易以后，大量宋朝铜钱流入日本市场，甚至一度引起通货膨胀，即“钱病了”。宋钱活跃了商品市场，同时也壮大日本商人的力量，影响了幕府经济。

J 元代与日本的交流

元日交流	元	日
主要贸易港口	庆元、杭州、温州等	博多
主要航线	双方均横渡东海，抵达对方港口	
主要货物	铜钱、香药、书籍、丝绸	铁、木材、硫磺、金银
贸易形式	民间私人贸易、半官营商船贸易	
贸易方法	由市舶司管理	

K 元日贸易

元代中日海上贸易最主要的港口为浙江庆元港和日本博多港。元运往日本的商品主要有经卷书籍、唐画、文具、织物等。日本输入元的商品以黄金、刀剑、硫黄、铁、木材等为主。另外，享誉海外的元青花也在日本上流社会大受欢迎，图示即为一件元青花瓷，是当时著名的贸易商品。

06 镰仓文化

关键词:武家文化

平安时期，日本文化逐步脱离隋唐的文化影响，有了鲜明本土风格，当时公家当权，贵族文化为主流，以细腻、精致、伤悲而冷清的“物哀”之风为最大特点，这一特点也是今日日本文化一大传统支柱之一。而在镰仓幕府所开辟的武家时代，随着武士的掌政，日本文化的另一根支柱也拔地而起。武士阶级崇尚勇猛、果敢、坚毅、忠诚的品格，强调视死如归的精神，这些因素使日本文明再添生机。

镰仓文化		
佛教 A B C	净土宗	法然
	净土真宗	亲鸾
	时宗	一遍
	临济宗 D	荣西
	曹洞宗	道元
	日莲宗 E	日莲
学问 F	公家	家族世代相传学问，新发展暂无
	武家	掀起好学之风，设立金泽文库
文学 G	公家	故事集 H
	武家	战争小说 I
艺术	建筑 J	和式
		天竺风
		和式新派
		唐式
		折中式
	雕刻 K L	发展突出，可与奈良时代媲美
	绘画 M	佛画
		连环画卷
		肖像画 N
	工艺	武器制造 O
		陶器：濑户烧
书法 P	宋风传入	
	御家流	

A 佛法无边

武士们的心中亦需要一方净土慰藉，佛教在这个时代获得了统治阶级的青睐并不断发扬光大，繁盛不衰。众多新的佛教宗派兴起，为旧佛教体系增添活力。而最为瞩目的是这些新兴的宗派大都能抛开世俗纷扰，专心修行，救济贫民，因而也获得下层民众的支持。图示为13世纪绘制的虚空藏菩萨像。

C 新生佛教宗派一览

系统	净土宗系			天台宗系	禅宗系	
宗派	净土宗	净土真宗	时宗	日莲宗	临济宗	曹洞宗
开山之祖	法然	亲鸾	一遍	日莲	荣西	道元
教义	绝对他力 专修念佛	一向专修 恶人正机	念佛 巡游	题目唱和	坐禅公案	只管打坐
布教对象	京都周边的公家和武士	关东、近畿的武士和农民	全国的武士和农民	下级武士和工商业者	镰仓的上层武士和地方的有力武士	地方的中小武士和农民
中心寺院	京都知恩院	京都本愿寺	神奈川清净光寺	山梨久远寺	京都建仁寺	福井永平寺

B 旧有的佛教宗派

旧有的佛教宗派原本陷入了世俗化之中，争夺名利功勋，故而才激起新宗派的诞生。不过在这一时期，旧佛教宗派也出现革新的趋势：华严宗此时斥名利而广行佛道；法相宗戒律严格，闭门安心修行；律宗高僧渡宋，求得千卷经文，门下僧人忍性，救济平民，修路架桥，积德行善。旧佛教宗派开始走向复苏。

D 临济宗祖师

临济宗属禅宗系，祖师荣西曾两次渡海至宋朝精研佛法。著作《兴禅护国论》，基本教义即禅是佛法的最高境界。荣西在京都创立建仁寺，提倡禅宗不立文字，坐禅得道。禅宗克己修行的方式得到武士阶级的青睐，因而成为武家佛教。图示为荣西禅师诞生之地。

E 日莲宗祖师

日莲宗传承自天台宗，祖师日莲认为佛法精髓在法华经内，故而著《立正安国论》，呼吁立法华经为正法，否则将遭侵略。适逢元军侵日，日莲认为自己预言成真，愈发积极传教，既使其后被流放，也依然坚持写经布道。图片为他晚年所建的久远寺的五重塔。

F 镰仓时代的学问

“学术”在镰仓时代也是贵族之家的私有物，代代相传，没有突破。这一期的作品主要有后鸟羽天皇所著的《世俗浅深秘抄》、顺德天皇的《禁秘抄》，都是在论述典章制度。另外还有部分注释古代经典的作品，如注释《日本书纪》的《释日本纪》，注解《古事记》的《古事记裹书》等。武家方面，则出现了学习的热潮，设立了金泽文库，收藏图书以供研究。

G 镰仓时代的文学

和歌集	藤原定家 藤原家隆	《新古今和歌集》
	西行法师	《山家集》
	源实朝	《金槐和歌集》
故事集	《十训抄》	
	《宇治拾遗物语》	
	《古今著闻集》	
	《沙石集》	
随笔	鸭长明	《方丈记》
	兼好法师	《徒然草》
纪行	《东关纪行》	
	《海道记》	
日记	《十六夜日记》	
战争小说	《保元物语》	
	《平治物语》	
	《平家物语》	
	《源平盛衰记》	
历史类	《水镜》	
	《愚管抄》	
	《吾妻镜》	
	《元亨释书》	

H 《宇治拾遗物语》

图示为《宇治拾遗物语》的画卷插图。《宇治拾遗物语》是镰仓时代的一本著名故事集，汇集了众多民间故事传说。

I 《平治物语》

图示为《平治物语》的配图。《平治物语》是杰出的镰仓时代武家小说之一，主要描写平治之乱。武家小说是镰仓时代文学领域的新因素，除了《平治物语》外，还有描写保元之乱的《保元物语》，描写源平之战的《平家物语》等。

K 镰仓时代的雕刻

镰仓时代雕刻作品一览表	东大寺僧形八幡神像
	南大门金刚力士像
	重源上人像
	兴福寺金刚力士像
	莲华王院千手观音坐像
	明月院上杉重房像
	六波罗蜜寺空也上人像

J 镰仓时代的建筑风格

镰仓时代，日本建筑风格主要有五大式样：一为和式，继承前代的优雅格调，代表建筑有兴福寺北圆堂；二为天竺风格，模仿宋代寺院，但并未盛行，东大寺南大门是其代表；三为和式新派，局部采用天竺工艺，东大寺法华堂就是这种风格的代表；四为唐式，如圆觉寺舍利殿；五为和式新派与唐式混合而成的折中式，河内观心寺本堂是其代表。

L 雕塑

图示为兴福寺金刚力士像。镰仓时代是日本雕刻的第二个黄金期，可与奈良时代媲美，涌现出康庆、运庆、湛庆等著名雕刻工匠。这一期的雕刻风格，雄浑而写实，刚劲而有力，大多数雕塑都透出一股威武的武家气魄。

M 绘画风格

镰仓时代，日本绘画有了长足发展。与前几个时期比，这一期的日本绘画中，日式风格更加浓厚。在种类上，有佛画、连环画卷、肖像画等。其中连环画卷的题材格外丰富，既有战争小说，也有寺社的建造原因及过程，名僧大师们的传记等，包罗了全国各地、各阶级的生活。这样，一种不同于贵族宫廷文化的因子——平民生活，跃上了艺术的舞台。

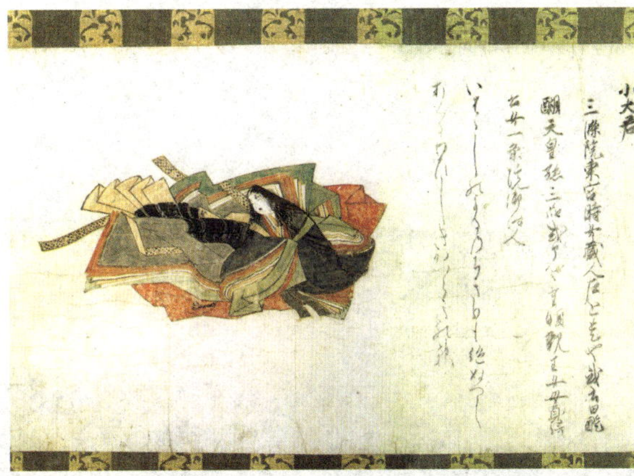

N 肖像画三十六歌仙

图示为“三十六歌仙”中的小大君的肖像，右侧为其简单的生平传记。镰仓中期，藤原公任挑选36名日本历代优秀的和歌作者，尊称为“三十六歌仙”，其中有柿本人磨、小野小町、小大君等人。这36人的肖像由藤原信实绘画、传记由京极良经撰写，最终完成了现存的三十六歌仙图。

O 武家风格工艺品

镰仓时代，武家当政，武士风格的痕迹显露在各个文化领域。在工艺制造方面，刀剑、甲胄、头盔等都有了明显进步，产品远销海外，并出现了明珍、冈崎正宗等世代制作武器用具的著名工匠。图示为一件镰仓时代流传下来的白线威铠甲，端庄威武，充分体现出武家时代的特色。

P 书法风格

这时的日本书法不仅继承了前代的发展趋势，同时增添新流派，竞相争艳。继承“三迹”之藤原行成风格的世尊寺流派，在镰仓时代继续兴盛；同时还传入了宋式书法风，擅长这一风格的有大觉寺系的后宇多天皇、后醍醐天皇等；持明院系的伏见天皇擅长假名书法，其子尊圆亲王开创“御家流”风格，圆润优美，成为后世日本书法主流。

第七章 南北朝与室町幕府：

动荡中的缓慢前行

1333 ▶ 1467年

1333年，窥伺已久的后醍醐天皇联合不满北条氏的贵族与武士们起兵，推翻迟暮的镰仓幕府，恢复天皇权威，史称“建武中兴”。处于上升阶段的武士阶级不会甘心俯首，武家足利尊氏起兵反抗后醍醐天皇，于1336年建立室町幕府。后醍醐天皇逃亡吉野，与室町政权对立，史称“南北时代”。分裂的开局昭示了室町幕府未来的命运——将军式微，地方武士互相攻伐，日本陷入混乱战。战争带来灾难的同时，也促进平民力量的觉醒，草根崛起使日本社会出现深刻变化。

图片是禅宗大师雪舟等杨（1420—1506）的《天之桥图》，这幅作品描绘的是日本海一隅。雪舟等杨曾在中国游历，他的水墨画作品带有很深的中国宋画的印记。

1318年 1334年

01 建武中兴

关键词:复兴

1318年，后醍醐天皇即位，废除院政，实行亲政，紧锣密鼓筹划倒幕行动，先后策划“正中之变”和“元弘之变”，失败后被流放；1333年，后醍醐天皇再度举起倒幕旗帜，足利尊氏等武士们纷纷背弃幕府。随着北条氏的覆灭，镰仓幕府成为历史。后醍醐天皇于1334年改年号“建武”，逐渐恢复天皇大权。

镰仓幕府的灭亡 A

时间	事件
1318–1324年	后醍醐天皇即位，废院政制，筹划倒幕 B
1324年	“正中之变”：后醍醐天皇集合京师武力，打击代表幕府驻扎京师的六波罗力量，失败
1324–1331年	后醍醐天皇动员寺社力量参与倒幕
1331年	“元弘之变”：幕府派兵追捕后醍醐天皇
	河内武士楠木正成在赤坂城起义
1332年	后醍醐天皇被流放隐岐 C
1333年	后醍醐天皇逃出隐岐，发布敕令讨伐幕府 D
	足利尊氏背弃幕府，攻向京都
	新田义贞攻陷镰仓，北条高时及北条同族之人大都自尽，镰仓幕府灭亡 E
1334年	后醍醐天皇改元“建武”，开始中兴事业 F

A 幕府灭亡的原因

镰仓幕府下的天皇与武士并立的体制并不完备，根基并不牢固。武家政权保持强大，天皇便无法反抗；一旦武家衰竭，以天皇为首的旧贵族便会群起攻之。承久之乱时，镰仓幕府正在强盛阶段，故而后白河天皇没有取得胜利。但随着元入侵，幕府内讧加剧，武士经济力量的枯竭，镰仓幕府已是迟暮之年，各种势力便借着后醍醐天皇的讨伐令而背弃幕府。

B 后醍醐天皇的作为

后醍醐天皇（1288—1339）壮年登基，一直计划倒幕，先后筹措发动“正中之变”和“元弘之变”，流放隐岐后依然密切关注时事。1333年他逃离隐岐，打出讨伐幕府旗号，各地武士响应，推翻了镰仓幕府。后醍醐天皇于次年改元“建武”，着手恢复天皇昔日权威。图示为后醍醐天皇的肖像。

C “藏”于隐岐

后醍醐天皇筹划的两次政变都宣告失败，幕府另立量仁亲王，放逐后醍醐天皇于隐岐。隐岐是海上岛屿，面积狭小，耕地资源贫乏，发展迟缓。后醍醐天皇虽被流放此地，但拒绝承认量仁亲王政权，并与1333年逃出该地，继续讨幕。图示为古地图中的隐岐岛。

D 讨幕诏敕

后醍醐天皇离开隐岐后，来到出云大社，在这里写下讨伐幕府、祈愿王道再降、国泰民安的敕旨，充分表达克服困难、推翻幕府的坚定决心。诸多对幕府不满的武士和人民听闻敕旨后都加入倒幕行列，足利尊氏即为其中一员。图示为出云大社。

E 镰仓幕府的覆灭

借由天皇诏敕，各地武士纷纷反抗幕府。足利尊氏进攻京都，驱逐幕府派驻京都的六波罗探题、新田义贞攻入镰仓。北条氏的当家人北条高时、执权北条贞显以及大多数北条族人在东胜寺切腹自尽，北条氏与镰仓幕府一同覆灭。图示为东胜寺。

F “建武”的希冀

1334年，后醍醐天皇改年号为“建武”，这一年号是中国东汉政权的开创者光武帝的年号，采用同样的年号，寄托的是后醍醐天皇希望效仿光武帝、重振皇家声威的美好愿望。同样，后醍醐天皇的这个称谓也是因为其采用的天皇亲政制效仿平安时代的醍醐天皇。

1336年 1392年

02 吉野朝廷与南北对峙

关键词:中兴失败/武家再起/割据分裂

天皇虽然重掌政权，但自律令制瓦解、武士阶级兴起后，日本社会已经发生了广泛而深刻的变化，单纯恢复旧有制度已跟不上时代的步伐。因此，后醍醐天皇的中兴只能是暂时而无法长久。武家势力站稳脚跟后，在足利尊氏的带领下，进行反攻，使天皇掌权局势崩溃。后醍醐天皇逃亡吉野，另立朝廷，足利尊氏则创建室町幕府，开始了南北两个政权对峙时期。

时期	时间	重要事件
中兴时期	1333年	建武中兴 A
	1335年	北条氏余党发动“中先代之乱”
		中兴功臣足利尊氏反叛天皇
	1336年	建武政权崩溃，足利尊氏建立室町幕府 B
		足利尊氏制定施政纲领“建武式目” C
南北分立时期 D	1336年	后醍醐天皇逃亡吉野另立朝廷，南北时代开启
	1338年	石津之战
		足利尊氏继任征夷大将军
	1339年	后醍醐天皇去世
	1348年	四条畷之战
	1350年	足利尊氏消灭其弟足利直义，挑起观应之乱
	1358年	足利尊氏去世，足利义诠成为将军
	1359年	筑后川之战
	1364年	室町幕府结束内乱
	1368年	足利义诠去世，足利义满成为将军
	1379年	康历政变
	1383年	吉野朝廷征西将军怀良亲王去世，吉野朝廷势力大减
	1390年	土岐康行之乱
	1391年	明德之乱
	1392年	吉野朝廷灭亡，室町幕府统一日本，南北对峙结束 E

A 建武中兴注定的命运

经历了律令制崩溃、摄关、院政及镰仓幕府，日本的社会已无法恢复到天皇掌控一切的状态。后醍醐天皇虽然付出极大努力，但社会制度不是一个人就可以决定的。庄园经济下茁壮成长的大地头心存二心，他们不满镰仓幕府，但建武政权也没有给予他们所希望的，于是以足利尊氏为代表的这批武士们所能做的，就是建立自己的政权。

B 足利尊氏与室町幕府

图示为足利尊氏肖像。他原名足利高氏，因在建武中兴中立有战功，攻破京都六波罗探题，后醍醐天皇赐名足利尊氏。因与后醍醐天皇不合，1335年占领镰仓，拒绝回京。1336年率兵攻破京都，建立室町幕府，成为征夷大将军，掌握政权。后醍醐天皇出逃吉野，室町幕府与南北时代开启。

C 吉野朝廷

1336年，足利尊氏攻入京都，后醍醐天皇逃至吉野，与足利尊氏对抗。因京都尚存足利尊氏拥立的光明院天皇，故形成二主并存局面。吉野朝廷为南方政权，幕府为北方政权，南北朝时期开始。图示为拥护吉野朝廷的“军神”楠木正成塑像。

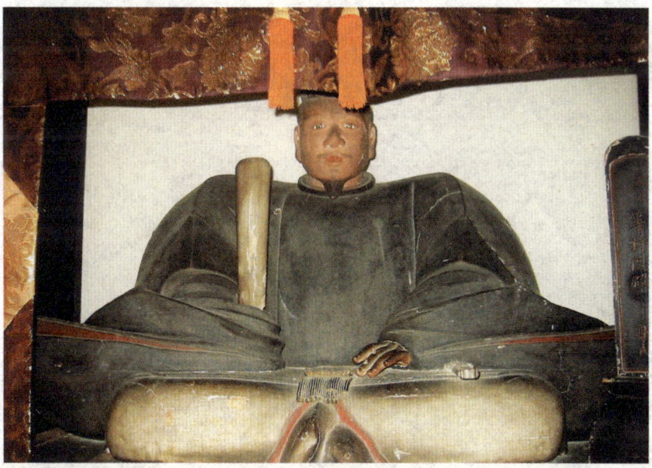

E 幕府统一

足利尊氏建立室町幕府的时候，后醍醐天皇另立吉野朝廷，这当然不是尊氏所希望的，他致力于消灭吉野朝廷，他的后代也继承这一遗志。但是南北交战，互有胜负。直到1392年，足利义满担任将军时才灭亡南朝吉野朝廷，统一日本。图示为足利尊氏雕像。

D 南北朝时代的各种变乱

时间	名称	具体内容
1338年	石津之战	北田显家为天皇起兵讨伐足利尊氏，在石津战死
1348年	四条之战	南北朝激烈最为冲突的一场战役，天皇一派的楠木正行战死
1350年	观应之乱	足利尊氏消灭其弟足利直义
1359年	筑后川之战	南北两朝在九州的大规模交锋，南朝势力所有增长
1391年	明德之乱	山名氏清反叛室町幕府

03 室町幕府的确立

关键词:建立/建设

室町幕府的建立时间多有争议，有的认为应从1338年，足利尊氏成为征夷大将军时算起，有的认为应该从1378年，足利义满在京都室町建立新的府邸时算起，也有的认为应该从1392年，足利义满消灭南朝政权、幕府得到正统天皇承认时算起。南北朝的分立令室町幕府的历史更具争议性和曲折性。这个武家政权可谓先天不足而后天畸形，将军并没有多大权力，地方守护们拥兵自重，连年攻伐，将日本带入一个分裂而混乱的战国时代。

室町幕府的概况		
建立时间	1338年	足利尊氏成为征夷大将军，设立足利幕府
稳定时间	1392年	南朝灭亡，足利义满统一日本
灭亡时间	1573年	足利义昭被织田信长驱逐，幕府灭亡
大事记载	1336年	《建武式目》颁发 A
	1390年	土岐康行之变
	1391年	明德之乱
	1392年	足利义满统一南北
	1467年	因将军继承问题，幕府分裂 B
幕府行政机构	中央	将军及其下的中央机构 C D E
	地方	守护和地头 F G

A 新的施政纲领

1338年，足利尊氏向镰仓幕府遗臣咨询施政纲领，得出“建武式目”17条。它确定了幕府设置在京都，明确公家和武家的能者均可担任官职，另有针对具体行为的规范，譬如禁止奢侈、强调礼节信任、排斥女性和僧侣干涉政治、兴办土仓等。《建武式目》奠定了室町幕府政治的基本方针，在精神上与《贞永式目》是一脉相承的。

B 志得意满的足利义满

南北朝对立数十年，交战数次，互有胜负，形成对峙。幕府无时无刻不梦想着吞掉吉野朝廷，实现如镰仓幕府那样的统一。而这个历史任务由幕府的第3代将军足利义满完成。统一后，室町幕府的统治一度出现欣欣向荣的局面。图示为《洛中洛外图》中所绘制的足利义满的花之御所。

C 室町幕府统治体系

幕府大将军															
					镰仓府（镰仓公方）						管领（执事）				
					关东管领										
守护地头	羽州探题	奥州探题	中国探题	九州探题	关东守护	引付众	评定众	政所	侍所	问注所	问注所	侍所	政所	引付众	评定众

D 强悍的关东管领

严格来说，关东管领是一个地方官职，但是它拥有极大的权力。这是一个由幕府设置在镰仓地区的职位，它具有守护武家政治发祥地镰仓、管辖关东诸国以及伊豆等10国政务的职能。它的组织形式可以说是幕府的微缩版。关东管领人选基本都出自将军亲族，第一任管领即是足利尊氏的儿子基氏，而后子孙世袭。辅佐关东管领的重要职位是“执事”，由上杉氏世袭。

E 室町幕府的中央职官表

中央	管领	辅佐将军
	政所	主管行政、财政、人事
	侍所	管理京都治安，掌握刑事裁判
	问注所	文书记录

F 室町幕府的地方职官表

地方	镰仓府	关东管领管辖，幕府驻镰仓代表，自主权极大
	探题	代表将军管理地方一切事务
	守护	地方最高长官
	地头	管理土地、监督佃农

G 割据的伏笔

图示为守护斯波氏宅前斗鸡图。斯波氏担任过奥州、羽州探题，兼任越前、尾张、远江三国守护，权势极大。类似这样的守护还有许多，如大内氏、山名氏等。守护本是帮助建立幕府并协助将军管理地方的官员，但随着守护兼任数国，职权扩张，野心也在扩大，为日后战国时代格局埋下伏笔。

1391年 1477年

04 动荡的社会

关键词:将军式微/地方割据

室町幕府的统治根基本就相当薄弱，随着社会的发展，就愈发松动。维系武家政治的精神核心“主从关系”遭到破坏，而经济基础庄园制也趋于灭亡，地方武士开始不满足公家武家的二元统治，渴望建立武士统治的天下。于是，公武对立，秩序崩坏，武士内部进入“不问主从，成王败寇”的阶段。而与此同时，忍耐着连年战乱的劳苦大众也站起来反抗，他们与新崛起的富裕农民和商人们结合到一起，在这个乱世中发挥自己的力量。

乱世之乱

时期	变乱	内容	结果
1391年	明德之乱 A	守护中最强大的山名氏叛乱	足利义满镇压
1399年	应永之乱 B	大内义弘叛乱	足利义满亲自镇压
1439年	永享之乱 C	关东管领持氏叛乱	足利义教镇压
1441年	嘉吉之乱 D	足利义教在播磨守护赤松满祐的宴会上被杀	幕府遭到严重削弱
1467–1477年	应仁之乱 E	将军之位的争夺	足利义尚获得将军之位，其叔足利义视出逃

A 第一场动乱——明德之乱

1391年，日本守护中最强大的山名氏起兵反叛室町幕府。这一年正是南北朝合并的前一年，这场叛乱带有跨时代的历史味道，也反映出南北朝并立以及合并后的整个室町幕府时代之动荡。这场叛乱虽最终被镇压，但乱世依然持续。图示为一套南北朝时代的头盔和战甲大袖。

B 第二次挑衅——应永之乱

明德之乱后，武士们依然不甘于沉寂，获得战功的几家武士日益骄纵。其中大内氏拥有六国领地，为关西最强悍的守护。足利义满不得不筹备消灭大内氏，后者遂宣布反叛。这场战斗以足利义满的胜利告终。图示为室町时代的白线威铠甲的局部图。

C 以下犯上——永享之乱

关东地区距离京都遥远，与幕府疏远，离心力强。1438年，关东管领足利持氏没有按照幕府传统为儿子取名，幕府趁机借天皇之名讨伐足利持氏。经过一番苦战，足利持氏自杀，幕府胜利，但刀光剑影的乱世并未结束。图示为一把寒光四射的武士刀，正是它们支配了这个时代的日本。

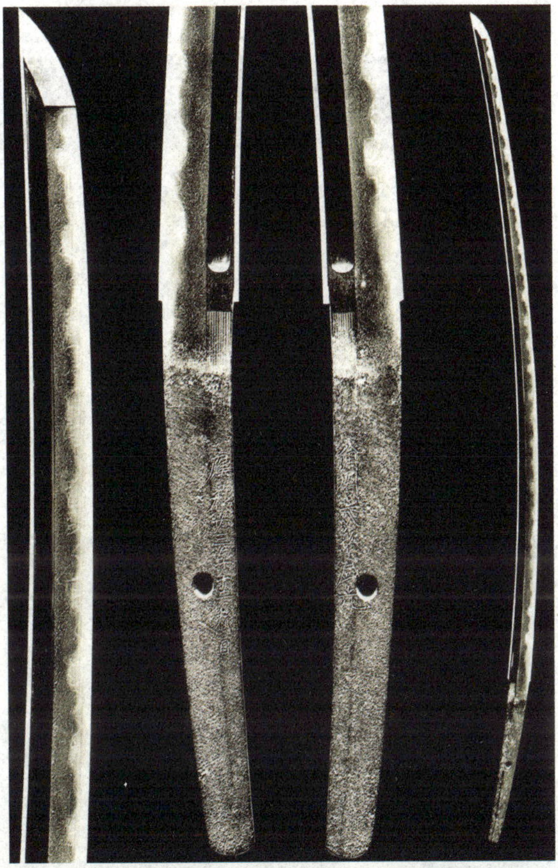

D 下克上的极致——弑杀将军

第六代将军足利义教试图重振幕府声威，收回将军大权。他平定永享之乱，逐步介入各地大名领地内的事务中。正当他准备将目标对准赤松氏之时，早已不安的赤松氏以宴请为名，引诱足利义教赴宴，当堂弑杀义教，并起兵叛乱。足利义教年幼的儿子足利义政继位，各地守护并不将幼主放在眼中，动乱持续。将军遭到武士的杀害，说明下克上的趋势愈演愈烈了。

E 巅峰——应仁之乱

下克上风潮不断蔓延，幕府将军愈发没有威信。足利义政早年无子，立其弟义视为继承人，岂料其夫人日野富子随后便诞下儿子义尚。夫妻二人想改变继承人，但足利义视不愿，这一矛盾最终引发了开启日本战国时代的应仁之乱。图示为《真如堂缘起》中描绘的应仁之乱场景。

1467年 1477年

05 应仁之乱

关键词:争权夺利/战国开启

室町幕府统治力极弱，各国守护大名时常叛乱，关东管领与幕府将军不和，变乱不断。第八代将军足利义政继承将军之位时年幼，成年后偏听妻子、僧侣、宠臣的话，骄奢淫逸，朝纲废弛，使幕府权威进一步削弱，各地守护大名早已蠢蠢欲动。终于在1467年，因足利义政继承人问题而爆发了长达11年的混战，这场战乱将日本社会拖入四分五裂中，战国时代开启。

“应仁之乱”简介		
背景	幕府虚弱，各地守护大名时常叛乱 A	
	第八代将军足利义政年幼继位，缺乏威信；成年后不理政事，不顾民生 B	
导火索	足利义政继承人问题 C	
矛盾双方	将军继承人选	主要背后势力
	足利义政之子足利义尚	将军夫人日野富子、守护大名山名持丰 D
	足利义政之弟足利义寻	守护大名细川胜元
战争时限	1467—1477年 E	
结果	山名持丰、细川胜元先后去世，双方无再战欲望，足利义视逃亡 F	
实质	日本中世时期社会大变动	
影响	日本进入战国时代，乱世开启 G	

B 足利义政的“冰天雪地”

足利义政是室町幕府第八代将军，幼年继位，守护大名们并不把这个孩童放在眼里。成年后，义政沉湎享乐之中，不问政事，时局愈发失控。图示为足利义政在东山避难时所建的银阁寺，图中，茫茫大雪覆盖道路，令人举步维艰，足利义政的将军生涯亦是蹉跎不已。

A 安逸中的动荡

图示为周文作品《四季山水图》，清幽淡雅，一派安宁。但实际上，周文所处的室町时期却是一个不折不扣的乱世。主从关系的削弱，幕府不牢固的根基，将军衰微的权力使日本社会渐渐失去了秩序，各地武士、四方人马蠢蠢欲动，意欲角逐天下，成就自身的事业。一个“下克上”的时代到来了。

C 棘手的继承人问题

足利义政迟迟未有子嗣，便强令出家的弟弟义寻还俗，改名义视，立为将军继承人。但就在第二年，他的夫人——出身在世代与足利家通婚的日野家族的日野富子诞下足利义尚。夫妻二人想立自己的亲子为将军，而足利义视身边已经聚集了以细川胜元为首的一批守护大名，日野富子则为儿子请来强劲的山名持丰当保护人，继承人问题顿时剑拔弩张。

D 女人的野心

日本历史上从不缺女人参政，源赖朝的夫人北条政子、足利义政将军的夫人日野富子都是个中翘楚。日野家族世代与足利家族通婚，富子生长在这样的环境中，政治手腕娴熟，她不仅干涉将军继任人选，并且设立关卡做生意。图示为一组以女子为主的风俗图。

E 应仁之乱过程

时间	内容
1467年1月	畠山政长和畠山义冲突，细川胜元和山名持丰各自调集援军进入京都
1–5月	1.细川胜元方面的军队号称东军，驻扎在幕府将军所在地
	2.山名方面成为西军，大本营在山名持丰宅邸
5月	双方激战，初期东军占据优势
8月	西军得到支援
10月	双方激战于相国寺，未分出高下
之后：东西两军开始长达10年的胶着战争中，波及范围越来越广	

G 烽火年代

1477年，应仁之乱结束。战争中，京都遭受惨重打击，大批公卿贵族或逃亡、或遇害，幕府彻底失去对国家的控制权。地方大名获得自由竞逐的机会，于是烽烟滚滚的战国年代降临日本。图示为一件武士铠甲，这是战国时期一名武士必不可少的装备。

F 中世纪社会大变动

伴随着商品经济的发展，庄园制没落，武士侵吞领主地盘，酿成下克上局面；同时，富裕农民、商人崛起，一致反抗压迫；社会动荡不安，室町幕府无能；“应仁之乱”就是动荡社会矛盾的集中体现。图示为太元帅明王像，威严的面孔、肃杀的气氛仿佛这一乱世的隐喻。

06 经济和商业的发展

关键词:兴盛

室町时期虽然战乱不断，但日本经济蓬勃发展。农业方面，农具得到改良，农业技术进步，产量增加，各地区都出现独有特产；手工业领域中，纺织业水平大幅度提高，产品天鹅绒在对外贸易中大受欢迎。农业和手工业的进步保障了产品剩余，使得商业持续发展，又进一步推动了市场在日本全国的普及，商人的活跃促使工商业者的行会“座”正式形成，而市场的繁荣更是推动城市发展，新兴城市“城下町”出现。

	领域	表现	
日本经济大发展	农业 A B	水稻种植已普遍采用浸种法	
		制衣原料普遍培植	
		林业和渔业蓬勃发展	
		铸造业	武器铸造进步极快 C
		造纸业	陆奥纸、杉原纸、美浓纸、奈良纸大量进入市场
		酿酒业	以获取利润为目的的酿酒生产发展
	商业	定期市场增多	
		出现常设小卖店	
		商品供应网形成 D	
		行会组织活跃	
		货币支付增多 E	
	城市	新兴城市“城下町”发展 F	
	交通	设有专门运输组织“马借”、“车借”	
	外贸	开展对中国、朝鲜的贸易活动	

B 农业与商业的关系

农业的发展不仅直接支持了手工业进步，同时也使剩余农产品增多，这些多出的产品可以流入市场，用于交换。而手工业的进步也让更多的手工业产品可以用来与农产品进行交换。这些都推动了日本商品市场的发展。

A 农业的发展

虽然这一时期日本处在战乱之中，农民们依然要承担沉重的赋税，但是日本农业还是有了长足发展，具体表现在耕地面积增加，产量提高，技术进步等方面。图示为日本农民在耕地里劳作的场景。

C 精良武器出口

图示是一柄制作精良的日本刀具。战乱和矿产业的发展共同促进武器制造业的进步。日本刀的渊源来自唐刀，传入日本后加以改进，逐渐由直刃变成弯刃。日本刀在冷兵器时代颇有名声，是日本国对外出口中不可或缺的商品之一。

E 货币支付增多

商业发展推动了货币流通的加速。平安时代后，日本很少铸造钱币，只有建武中兴时代有大规模的钱币铸造，平时日本主要通过贸易从中国输入铜钱。这些货币被广泛应用到缴纳租税与商品交换中，反过来推动商品经济发展。

D 批发商的作用

原型	隶属于庄园领主的庄官
最初职责	负责年贡米的运输、保管与销售
活动范围扩大	同时听从若干庄园的要求，接受运输、保管、销售等任务
发展结果	成为专职运输业或古代经纪人
最终职责	负责商人投宿、买卖斡旋、货物运输保管等
商品供应网形成	地方生产者 地方商人 城市批发商 零售小卖店

F 不同类型城市的竞起

长期以来，日本城市以奈良、京都、镰仓等政治性浓厚的城市居多。室町幕府时期，地方守护大名所居住的城下町、位于交通要道的城市、寺社所在地门前町、寺内町等均有了巨大发展。其中城下町的发展最引人注目，城下町是伴随大名居住而形成的城市。大名为满足生活所需而在宅邸附近开辟市场，修建房屋，久而久之，就有大量工商业者居住在城下，从事商业，因而形成繁荣的城市。

07 对外关系

关键词:倭寇/贸易

室町幕府时代，日本对外关系呈现复杂化趋势。由于幕府虚弱、朝堂动荡、国库空虚而引发了社会混乱，内部的乱局明显影响到对外关系。由于日本政局一度动荡，对外交往时断时续，导致正常的商贸往来无法进行，一批日本边民逐渐沦为海盗，劫掠中国、朝鲜沿海城市，这些人被称之为“倭寇”，他们成为这段时期影响东亚政治、经济局势的一个重要因素。

日本对外关系	类型	对象	时期	事件
	贸易	中国明朝	南北朝时期	统治九州的征西大将军怀良亲王拒绝与明朝建交通商 A
			足利义满时期	接受明朝赐予日本国王之印，恢复与明朝的贸易 B
			足利义持时期	中断与明朝贸易
			足利义教时期	与明朝开始进行勘合贸易 C D
		朝鲜	足利义满时期	恢复正常的往来及通商贸易
	倭寇	正常贸易遭遇挫折，即有倭寇扰民 E F		
	文化	入宋、元的僧侣带回中国宋元时期文化 G		

A 拒绝交往

1368年，明朝灭元朝，洪武大帝朱元璋派遣使者至日本的九州宣召，督促日本进贡并消灭倭寇。统治九州地区的怀良亲王属于奉天皇若神明的南朝派，无法接受明朝将日本作为属国的看法，故而拒绝接受国书。图示为明太祖朱元璋画像。

B 恢复往来

怀良亲王虽拒绝了明朝，幕府却不愿意放弃与明朝通商，贸易产生的巨大利润是足利义满渴求的。明成祖即位时，足利义满派使自称“日本国王臣源”，奉明朝为上国。日本恢复与明朝的贸易往来，而足利义满也赚取大量财富。图示为明成祖赐给足利义满的“日本国王”印章。

C 勘合贸易

足利义持时，日本一度拒绝与明朝通商，至足利义教时再度恢复。每十年一贡、每次通船三艘、许来人三百，以勘合符来区别公私贸易。所谓勘合，即古代一种盖有印信、分为两半、当事双方各取一半、用时两部分必须对应上才能生效的凭证。日方持本字号勘合符前往中国，中方根据预先留有的底本进行核对，以验证贸易是否合法。

E 倭寇源流

倭寇的起因	高丽人配合蒙古侵日而引发的报复行为 贸易往来中断，日本沿海边民遂武装劫掠
前期倭寇（真倭）	以对马岛、壹岐岛、平户岛为主，称“三岛倭寇”
	日本南北政权对峙时代，因政府衰弱，倭寇行径加剧
	日本先后与明朝、李氏朝鲜建交，展开正常商贸往来，前期倭寇式微
后期倭寇（假倭）	活动于15-16世纪，因明朝海禁政策而引发
	倭寇集团成员既有日本人，也有中国人和朝鲜人
	大型倭寇集团首领多为中国大商人，如汪直。皆因明朝海禁政策而被迫从事走私贸易，为增强海上实力、躲避官方追捕而武装一批穷困的日本武士为属下，供其驱使

D 商贸往来兴盛

日本与明朝的贸易全面展开后，异常繁荣兴盛。日本主要输出品为刀剑、铜、硫黄等，明朝的输入产品主要有铜钱、生丝、绸缎、书画、药品、陶瓷器等。图示为明朝输入日本的青瓷商品。日本与朝鲜也有贸易往来，但倭寇扰乱中、朝两国沿海的问题却越来越甚。

F 灭倭战役

嘉靖年间，倭寇侵扰明朝东南沿海地区愈演愈烈，百姓不安，生灵涂炭，沿海地区损失惨重。名将戚继光奉命平倭，组建戚家军，在山东、浙江、福建等地抗击倭寇，先后取得龙山、岑港、桃渚、台州、横屿、平海卫之战的胜利，平息东南沿海的倭患。

G 宋学的传播

图示为宋学著名学者朱熹肖像。镰仓时代的禅宗僧侣从宋朝带回了宋学。在室町时代则由五山禅僧们继承传播，成为日本儒学界的主流。禅僧们将学习宋学作为传教的一种手段，并由此产生“五山文学”。宋学对日本文化的影响相当大，譬如宋学道德观是武士道的思想基础。

08 南北朝文化

关键词:立场分立

足利（室町）幕府与吉野朝廷先后建立后，日本陷入南北朝分裂期。两个政权并立的局面反映在文化领域上，自然出现不同立场，不同思想以及不同的作品。由于吉野朝廷代表的是旧贵族势力，他们一代代都受过良好教育，所以在文化上占据天然的优越地位。这一时期的特点主要是文化区间短暂、成果匮乏，基本没有创新和突破，影响力较小，而南朝的文化发展和作品都要优于北朝。

南北朝时期文化成果概览 A

作者	名称	内容
北畠亲房	《神皇正统记》B	为教育天皇修身养性而写下的日本历史概说
二条良基	《增镜》	继续后鸟语天皇至后醍醐天皇元弘三年之间的史事
宗良亲王	《新叶和歌集》	吉野朝君臣的和歌总集
	《李花集》	宗良亲王个人的和歌集
不详	《太平记》	从后醍醐天皇即位于足利义诠去世期间的史事
兼好法师	《徒然草》	著名的散文随笔，由数百个杂感、评论、小故事等组成

A 文化作品的立场问题

由于南北朝的对立，这一期的文学成果也带有鲜明的立场色彩。因为吉野朝廷的臣民更有素养，因此南北朝时期流传下来的文学作品大都站在吉野朝廷的立场上。譬如《神皇正统记》，论述天皇的神圣性，成为吉野朝君臣行为的准则；《增镜》持有鲜明的拥护天皇的特点；《太平记》主要记载的都是勤王保皇的事迹；《新叶和歌集》与《李花集》都是南朝亲王所编撰；态度温和的作品为《徒然草》，却也透露出动摇不定的旁观者态度。

B 神皇之正统

最具有代表性的吉野文学当属北畠亲房的《神皇正统记》。这本书通过概述从“神代”至南朝后村上天皇即位的历史，阐述天皇的神圣性以及天皇对政治的重要性，主张天皇要拥有三大神器之品德，武士们必须辅佐天皇，国家才能安康。这本书是日本开神国思想之滥觞。图示为如今唯一留存的日本三大神器之八咫镜的供奉之地。

09 室町时期文化

关键词:北山文化/东山文化

室町文化主要指南北朝结束以后的文化时段，大体分为初期和中期。初期称为“北山文化”，以1397年第三代将军足利义满建立的北山金阁寺为象征，其特点是融合公家文化与武家文化，并吸收了中国大陆宋、元两朝的文化；室町中期文化又称为“东山文化”，以15世纪末第八代将军足利义政建造的东山银阁寺为代表，其最为显著的特点是庶民文化的兴起。

室町文化介绍	时期	项目	类别	内容
	前期：北山文化	特点		融合传统贵族文化和新兴的武家文化 A
		代表建筑		金阁寺 B
		详细内容	佛教	五山十刹 C
			学术	研究型著作增多 D
				“神道说”形成 E
				五山文化大发展 F G
			绘画	盛行宋、元两朝水墨山水画 H I J K
			建筑	将和式、唐样融合为一 L
			艺术	猿乐兴起
	中期：东山文化	代表建筑		银阁寺 M
		特点		多种文化交融，平民文化兴盛
		详细内容	学术与文学	连歌 N O
			绘画	狩野派形成 P
			建筑	书院造式样 Q
			艺术 R	茶道 S
				插花 T
				能乐 U V W

A 禅宗与武家文化的对接

金阁寺是北山文化的典型代表。它伫立在山水田林之间，桧皮葺顶，四周贴满金箔，富丽堂皇，华贵宛若贵族寝殿，这正是日本旧有贵族文化在北山文化中的一种体现。同时，金阁寺的造型潇洒流畅，隐藏一股刚劲有力的气魄，带着禅宗与武家文化的风骨。

B 金阁寺文化时期

图示为金阁寺，因其外表包裹金箔而被称金阁寺。1397年，室町幕府第三代将军足利义满在北山修建金阁寺，以其为象征，开启北山文化时期。金阁寺的外墙贴满金箔，这不仅体现了足利义满本人的辉煌业绩，也反映出这一时期室町幕府的繁荣以及日本文化上的灿烂。

C “五山十刹”制

仿效宋，日本在佛教中也建立了五山十刹制，五山之设始建于镰仓未期成于室町时代，其中天龙、相国寺轮流为五山之首。十刹成型于建武（1334–1336）初年或历应四年（1341），十刹不只限十座宫寺，室町末期十刹多达六十余寺，其地位低于五山。十刹、五山之上设僧录，负责任务五山十刹的住持。

D 学术成果

作者	作品	类型
一条兼良	《令抄》	典章制度的研究汇总，价值普遍不高
	《公事根源》	
	《代始和抄》	
	《桃花蕊叶》	
洞院实熙	《名目抄》	
二条良基	《百寮训要抄》	
三条西实隆	《三内口诀》	
忌部正通	《神代口诀》	对《日本书记》进行研究、注释
一条兼良	《日本书记纂疏》	
吉田兼俱	《日本书记抄》	
清院宣贤	《日本书记神代抄》	
一条兼良	《古今集童蒙抄》	对《古今和歌集》进行注释
	《伊势物语愚见抄》	对《伊势物语》的研究
宗抵	《伊始物语宗抵抄》	
四辻善成	《河海抄》	对《源氏物语》的研究
一条兼良	《花鸟余情》	

E 根叶花实论

神道说在镰仓时代就已有了雏形，但是在室町幕府时期这一学说才得到吉田兼俱的进一步发展，即神道为主干、儒家学说为枝叶、佛教为花实，这就是神道说的“根叶花实论”。图中樱花树的花朵、枝叶和树干都可谓是日本神道说的生动阐述。

G 五山“文人”

五山的禅僧们一面影响着儒学界，一面掌握了汉文学坛。五山僧侣大都喜爱阅读并写作汉文诗词，由他们所形成的流派被称之为“五山文学”，主要代表人物有义堂周信、中岩圆月、雪村友梅、绝海中津、惟肖得严等人。

F 五山学问

<table>
<tr><th colspan="4">五山文化之流派</th></tr>
<tr><td colspan="2" rowspan="2">主导</td><td colspan="2">支派</td></tr>
<tr><td>名称</td><td>代表人物</td></tr>
<tr><td colspan="2">“五山十刹”的禅僧</td><td rowspan="2">公卿学派</td><td rowspan="2">一条兼良、三条西实隆、壬生雅久</td></tr>
<tr><td>人物</td><td>贡献</td></tr>
<tr><td rowspan="3">虎关师炼</td><td>日本第一部韵书《聚分韵略》</td><td rowspan="2">萨南学派</td><td rowspan="2">桂庵玄树</td></tr>
<tr><td>日本佛教史书《元亨释书》</td></tr>
<tr><td>文集《济北集》</td><td rowspan="2">海南学派</td><td rowspan="2">南村梅轩</td></tr>
<tr><td>中岩圆月</td><td>渡海入元研究儒学、佛学</td></tr>
<tr><td>义堂周信</td><td>为足利义满讲解儒书</td><td rowspan="2">折中学派</td><td rowspan="2">清原业忠、清原宣贤</td></tr>
<tr><td>岐阳方秀</td><td>主张儒佛一致，为《四书集注》标点</td></tr>
</table>

H 室町画卷

这一时期日本传统绘画“大和绘”虽涌现出不少画卷作品，但已无太多进步。肖像画依旧兴盛，在禅宗影响下，僧侣们都很重视为先师绘制肖像，这种僧侣肖像画称为“顶相”。这一时期最具瞩目的成就是水墨画的快速发展，水墨画传入日本后，发展格外繁荣，在日本画坛开辟了独特领域。

I 如拙的“开山之举”

日本的水墨画传承于中国宋、元两朝。水墨画，顾名思义，其特点就是只用墨色作图、以简单笔法勾勒绘画对象之神韵。水墨画是随同禅宗一并自中国传入日本，由相国寺的如拙将其辟为日本画坛一单独领域。图示为如拙所绘《王羲之书扇画图》。

K 雪舟的雄浑气韵

雪舟，又称雪舟等扬，周文弟子，曾往中国学习绘画技法。归国后开创寺舟画派，他使日本水墨画具有了本民族风格与个性化发展，开创真正的日式水墨山水画。雪舟的画风雄浑、豪迈，其在日本水墨画界的地位独一无二。图示为雪舟作品《四季山水图》长卷之二。

J 周文的墨色山水

周文，日本水墨画开山之祖如拙的弟子。集中国宋、元两朝山水画之大成，奠定日本水墨画风格，室町幕府中期后的水墨画名家几乎都受其影响，其弟子雪舟更是水墨画坛之王。周文被后世称之为日本水墨画之父。图示为周文作品《山水图·水色峦光》。

L 寺院建筑式样简表

式样	代表
和式	兴福寺东金堂
	兴福寺五重塔
新和式	金峰山寺本堂
唐式	美浓久保寺开山堂
	东福寺三门
折中式	播磨鹤林寺本堂
总趋势	由各种式样分立向混合统一发展

M 银阁寺

银阁寺又称慈照寺，为室町幕府第八代将军足利义政所造，是其别墅东山殿中的一处建筑。银阁寺为二层式建筑，下层是和式书院，上层是禅宗佛堂。其设计思路与金阁寺大致相同。因为幕府经济原因，银阁寺没有贴上银箔。银阁寺的建立意味着东山文化的开始。

N 连歌

最初的连歌只是和歌的一种形式，而在室町幕府时期，二条良基确立了连歌的地位与格式，宗祇使连歌得到划时代发展。连歌最初是一种民众式文艺，与贵族式和歌相对立。而此时的连歌已入宫廷，得到贵族的普遍认可，虽然格式上有了限制，但题材和思想依然自由。

O 连歌发展小史

二条良基	编纂连歌集《莬久波集》，确立连歌地位
	创作连歌格式：应安新式
宗祇	发展连歌形式，重视诗歌前后句的协调与意境
	汇集前人作品，编著《竹林抄》
	编撰《新撰莬久波集》
宗祇、宗长、肖柏	共同创作《水无濑三吟百韵》

P “狩野”之风

狩野画派创始人狩野正信擅长以清晰的轮廓来绘制水墨图，发挥出日本艺术中的纤细风格。狩野派正信之子元信时得到确立，形成中国水墨画的挺拔笔势与大和绘绚烂装饰相结合的风格，线条明快，风格粗放。图示为狩野正信的作品《周茂叔爱莲图》。

R 和式艺术生活的起源

足利义政在东山别墅里的优雅生活对日本文化影响很深。15世纪中后期，室町幕府力量衰弱，将军权威下跌，足利义政不再如祖先那样雄心勃勃，他躲入东山银阁，一味避世，只享受风雅的艺术生活。日本的茶道、插花、香道因此在上流社会发展起来。在室町时代，这些艺术与平民还是无缘的。

Q 和式“书院造”

“书院造”是室町时代开始流行的住居建筑式样，其主要特点是将贵族住宅与禅宗寺院样式相融合。“书院造”是一种武士建筑式样，同时也是日本现代和式住居的源头。图示为足利义政所建设的东大殿，这是“书院造”建筑的代表。

S 和式茶道的玄幽

室町幕府时期，上层社会的避世与市井商业生活的喧闹促使很多人厌弃世俗，追求玄幽情调。虽然饮茶风俗在唐宋之际就传入日本，但直到这时，茶道才开始形成。一个真正的茶道高手可以带来一种幽雅、闲适之感。图示为桃山时代的茶碗，茶道至这个时代达到鼎盛。

T 和式插花的安静

日本插花艺术始于圣德太子时期小野妹子遣隋，他带回中国的佛前供花艺术。此后插花艺术在日本生根，伴随着“佛前供花”的文化逐渐发展。室町时期是日式插花史的大发展时代，足利义满将军常常举办“花御会”，即插花比赛。这时，插花脱离宗教因素，逐渐走入世俗生活中，插花形式也开始规范化。

V 能面一览

系列	代表类型
翁系	肉式尉
女系	小面
男系	童子 、
尉系	小尉
怨灵系	般若
神灵系	怪士
鬼神系	狮子口
狂言面	惠比寿
乡士面	大鬼神
鬼面	鬼太鼓面
创作面	龙神
狮子头	宇津狮子头

U 能乐

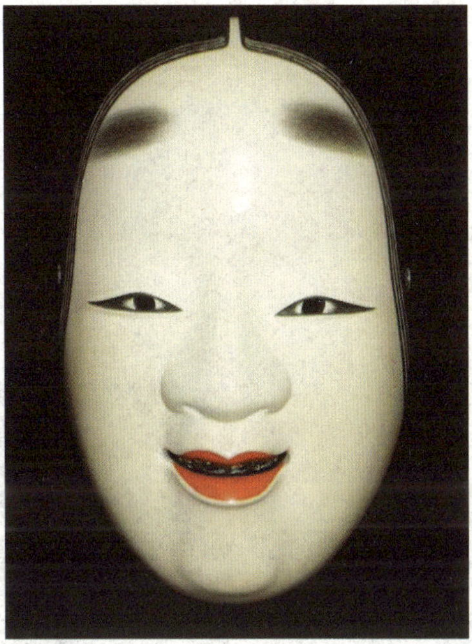

能乐是猿乐的进一步发展，是日本古代各种歌舞戏剧之大集合，于室町幕府时期发展成熟，具备表演艺术、戏曲文学、舞蹈、音乐等多种艺术形式。最主要的形式是以歌舞为主的短小音乐剧。题材多样，多取材于日本古典文学。图示为能乐表演时的面具。

W 葵之上

图片是能剧《葵之上》的一幕，这部剧是根据《源氏物语》改编的。葵是一个叫做源氏的宫廷贵族之妻，身怀六甲，但她被鬼魂缠上了。女巫将附体的鬼魂招来，原来她是源氏失宠的情人六女。官员找到苦行僧驱逐鬼魂，经过激烈交战，六女的灵魂被打败，葵终于得救。这个结局与小说《源氏物语》并不相同，在原著中葵在生产源氏之子时死去。

第八章 战国时代：

长久混乱与短暂统一

1467 ▶ 1615年

从镰仓后期经南北朝再至室町幕府全面统治，这一历史区间是日本大转折时期。经济上，庄园制没落，商品经济生根发芽，反映到政治上，即旧贵族式微，武士阶级的主从关系混乱，平民和商人崛起；文化上，逐渐摆脱中国影响而摸索出民族特色，并在今后对大陆文化的吸收中加以创新。伴随人类历史转折的往往是战乱与灾难，日本亦是如此，杀戮从中央蔓延到地方，下克上的行径泛滥，终于在1491年，北条早云用攻占伊豆、成为一国之主的行径宣告战国时代的开启。从此，日本坠入群雄割据纷争、下层民众接连反抗的状态。期间也涌现出不少豪杰人物，在乱世中开辟天地，为国家重新统一与转型打好基础。

如图为川中岛合战屏风，讲叙的是1561年9月10日，第四次川中岛合战时，上杉军与武田军对决的情形。

1491年

01 袭古伊豆：战国时代的开始

关键词:立场分立

应仁之乱后，日本社会进入大动荡时期，“下克上”风潮不断蔓延，旧有的秩序和等级被武士们的利刀砍断。大名蔑视将军，家臣敢弑杀大名，饱受战乱之苦的下层民众甚至教徒都奋起反抗，关东地区分裂成古河与崛越两派。在剑拔弩张中，出身卑微的武士北条早云坐收渔翁之利，1491年征服伊豆，连克数城，自成一国。这样的举动成了点燃战国烽火的导火索。

<table>
<tr><td rowspan="15">应仁之乱后的局势</td><td rowspan="7">中央幕府</td><td rowspan="7">应仁之乱后的将军A</td><td colspan="2">义尚：战死</td></tr>
<tr><td>义稙</td><td rowspan="6">颠沛流离，任权臣摆布</td></tr>
<tr><td>义澄</td></tr>
<tr><td>义晴</td></tr>
<tr><td>义辉</td></tr>
<tr><td>义荣</td></tr>
<tr><td>义昭</td></tr>
<tr><td rowspan="8">关东管领乱局</td><td colspan="3">管领持氏灭亡</td></tr>
<tr><td colspan="3">执事上杉宪实迎立成氏</td></tr>
<tr><td colspan="3">成氏杀宪实之子宪忠，遭幕府讨伐，迁至古河</td></tr>
<tr><td colspan="3">宪忠之子迎立足利政知为主家，占据伊豆的崛越</td></tr>
<tr><td colspan="3">关东管领分成古河派与崛越派</td></tr>
<tr><td colspan="3">上杉氏分为山内与扇古两支</td></tr>
<tr><td colspan="3">崛越派政知被其子茶茶丸弑杀</td></tr>
<tr><td colspan="3">北条早云趁机占领伊豆B</td></tr>
</table>

A 辗转不安的幕府将军们

室町幕府的将军在这个乱世已无法保全自己，成了任人摆布的木偶。足利义尚之后的足利义植被权臣细川政元囚禁、罢免、逃亡；足利义澄饱尝逃亡之苦，壮年去世；足利义辉竟被臣下松永氏杀害。“下克上”成为这一时期最大的特征。图示为足利义辉（1536—1565）画像。

B 第一个吃螃蟹的人

图示为北条早云（1432—1521）的画像。北条早云的身世并不明确，四处流浪，逐渐积累功勋。1491年，关东崛越派内讧，管领政知之子茶茶丸杀父，引起混乱。北条早云趁机占领伊豆，逼迫茶茶丸自尽，继而拿下数城，开辟大片地盘。他的后人继承霸业，16世纪中旬，关东地区以北条氏为尊。

02 守护大名之间的混战

关键词:混乱

北条早云在乱世中开辟私人地盘后，各路武士竞相效仿，争夺领土，拉开战国时代的序幕。日本国土上四处烽火，刀光剑影，杀戮不断。将军制约了天皇，而守护大名们肆意欺辱将军，大名们随时也有被自己的家臣杀害夺位的危险。完整的日本国土被割据势力分裂成一块块闭门自治的小“王国”，昔日的臣下摇身一变为小“国主”。日本陷入前所未有的分裂时期。

战国时代各路枭雄 A

地区	代表
关东 B	北条氏（北条早云）
	里见氏
	佐竹氏
北陆	上杉氏
	长尾氏（长尾景虎）C D E
东海	今川氏
	松平氏
	织田氏
近江美浓地区	斋藤氏
	西村氏 F
	佐佐木氏
其余地区	均有若干豪杰争夺地盘 G

A 战国铠甲

图示为一件战国时期铠甲，牢固而厚重，每一部分都有其特别的功能，武士们凭借其护体，一次次上演“下克上”的戏法。臣弑主，子杀父，一切都凭武力说话。战国时期没有了信义与忠诚，有的只是刀光剑影中的厮杀和地盘的扩大或缩小。

B 关东诸强

图示为《男衾三郎绘词》，描绘关东武者与山贼对打。关东地区在管领控制下，本就有“小幕府”的实质，北条早云在关东地区夺取伊豆的行为点燃了战国烽火，其后关东地区彻底脱离幕府控制，群雄各自为政。一番厮杀后，这一地区实力雄厚者有北条氏、里见氏和佐竹氏。

C 北陆霸主——上杉谦信

北陆地区的守护本由上杉氏担任，但实权为家臣长尾氏夺取。长尾景虎（？—1578）平定越后，迎接被北条氏赶走的上杉宪政，并继承了其的姓氏以及关东管领的职位。长尾景虎自此改成上杉谦信，他的统治比较宽厚，可谓战国黑暗中的一缕阳光。图示为上杉谦信。

D 川中岛合战

图示为川中岛合战屏风图。川中岛合战是战国时期规模大、持续时间长、卷入诸雄极多的大型且长期的战役。它的每一次结果都影响了战国局势的变迁。这场战役先后共进行五次，主要对阵双方为上杉谦信与武田信玄。从1553年第一次合战到1564年第五次合战共持续11年，双方以平局告终。

G 其余地区的势力分布

中国地方	赤松氏
	大内氏
	陶晴贤
四国	三好氏
山阴	尼子氏
	小早川氏
	毛利氏
九州	大内氏
	大友氏
萨摩	岛津氏
奥羽	伊达氏

E 川中岛合战的结局

川中岛合战共进行过5次，第1次战役以武田信玄胜利告终，但后4次战役双方均为平手。这场大规模合战导致武田氏、上杉氏、北条氏、佐竹氏等各路诸侯相互攻伐杀掠、牵制利用，他们各自的统治范围难以继续扩张，为日后的日本政治格局埋下伏笔。

F 斋藤道三

美浓守护岐氏的权力在家臣斋藤氏手中，而斋藤氏的权力又被其家臣西村勘九郎把持。西村氏本为商人，流浪至美浓的时候，被斋藤氏的家臣长尾氏收留，并通过长尾氏获得晋升之路。但是西村氏得势后却杀害恩人长尾氏并继承斋藤氏权力，自称斋藤道三。这种忘恩负义、毫无信义的行径在战国时代比比皆是，而斋藤道三无疑是最具有代表性的人物之一。

1534年 1582年

03 织田信长

关键词:乱世枭雄

织田信长，日本战国时代著名守护大名，占据有近畿地区等日本传统政治、文化核心地带，是日本战国时代中晚期最强大的大名。他重视经济发展，推行有利政策，选贤任能，积极引入新式兵器，在他强大的武力下，一个又一个割据国家被他征服，织田信长实现了战国时期日本的初步统一，为日后德川幕府的统治打下良好基础。最后因遭部将明智光秀的背叛，他魂断本能寺。

织田信长的生平 A

时间	事件
1556年	稻生之战
1559年	信长成为织田家首领 B
1560年	桶狭间之战 C D E F
	清州同盟建立 G
1560—1567年	美浓攻略 H I
1568年	立足利义昭为将军 J
1569—1573年	金崎撤退战
	第一次包围信长 K L
1575年	长篠之战 M N
1576—1578年 O	第二次包围信长 P Q R
1581年	信长全盛期 S T U V
1582年	本能寺之变 W X Y

B 掌握尾张国

信秀去世后，信长之弟信行暗中对抗信长。1556年，信长岳父斋藤道三被其子杀害，信行趁机攻击信长，被信长击溃于稻田。1557年，信行再度谋反，被信长心腹暗杀。这时，尾张国守护斯波氏没落，信长消灭清州织田等实力派后，取得对尾张国的掌控。图示为斋藤道三。

A 发迹前的信长

织田信长（1534—1582），尾张国守护下三奉行之一织田信秀嫡子，母为土田御前，同母弟有织田信行、信包、秀孝。少年时荒诞不经而胆大包天，曾与织田家的人质德川家康结下深厚友谊，后娶美浓国斋藤道三之女浓姬为妻。斋藤道三死后，美浓国落入信长手中。图示为织田信长肖像。

C 桶狭间之战

背景	尾张国织田家与骏河国今川家纷争不断
起因	骏河大名今川义元进京，途经尾张，意图进攻，信长迎战
战前实力对比	织田信长：尚未控制尾张全境，兵力4000上下
	今川义元：全境总动员，集合20000—25000兵力
过程	今川义元下令全军进攻
	今川军队于一周内侵入尾张
	织田信长带兵反击
	今川义元抵达桶狭间
	天降大雨，信长趁机偷袭
	今川义元战死
结果	织田信长获胜

D 骄傲的骏河大名

骏河国国力强盛，大名今川义元被称为“东海道第一武将”，长期以来，今川义元对阵织田家都以获胜告终，不断蚕食织田家的势力范围。1560年，今川义元进京拜见将军，因必经尾张国，故率兵前来，准备拿下尾张，谁知最后却是自己葬身此地。图示为桶狭间之战的浮世绘。

E 桶狭间胜负原因

织田信长以少胜多有着诸多原因：其一，今川义元轻敌，未能对白日行军的织田军进行阻击；其二，义元的平行布阵法导致被偷袭后无法快速集结军队；其三，天降大雨使桶狭间山路遭到破坏，今川军队事先的布局无法维持，使得信长成功偷袭。图示为桶狭间之战场景。

G 清洲同盟

今川家族没落后，原先被其支配的三河国德川家康成为拥有自主权的大名。家康曾在织田家为质，与信长结下深厚友谊。此时信长为推行美浓攻略而准备与斋藤氏开战，故而在1562年与家康结下清洲同盟，保证织田家领地西侧安全。图示为德川家康所用头盔。

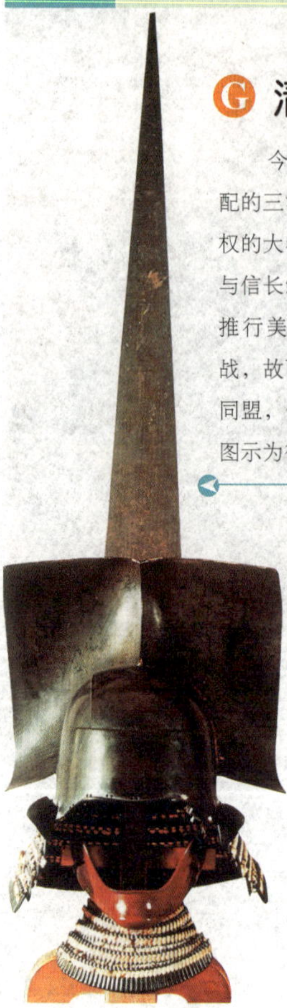

F 桶狭间之战的意义

织田信长通过这场合战奠定了霸业根基，之后便进入“天下布武”阶段，一步步并吞其他大名势力，成为战国时期最强霸主。而今川家族则迅速衰落，最终投降德川家康，就此灭亡。这场战役改变了战国早期原有的诸强割据格局，势力弱小的大名逐渐被击溃，日本呈现出少数强势大名互相敌对的局面。

H 美浓攻略

原因	信长岳父斋藤道三为美浓现任领主斋藤义龙所杀	
局势	信长赢得桶狭间之战，声名鹊起	
	斋藤义龙去世，其子斋藤龙兴继位，荒淫无道	
攻略布局	1561年	信长进攻美浓，双方平手
	1562年	与三河国德川家康结盟，保证西部安全
	1563年	信长攻陷美浓国多城，站稳脚跟
	1564年	信长将妹妹阿市嫁给近江国浅井长政，缔结同盟，牵制斋藤
	1565年	加治田城倒戈，信长由此直逼斋藤军主城
	1566年	双方相持
	1567年	斋藤家重臣倒戈，信长攻占稻叶城，斋藤龙兴逃亡
结果	织田信长夺取美浓国，势力壮大	

I 斋藤家的渊源

图示为信长之妻浓姬。美浓国大名本为土岐氏，实权为家臣斋藤氏把持，而斋藤家又落入西村勘九郎手中，西村即斋藤道三，其女婿为织田信长。道三被儿子义龙杀害后，信长以报复为名展开美浓攻略，终于在义龙之子龙兴掌权之时推翻斋藤家对美浓的统治。

J 上洛

因为京都是仿唐代长安、洛阳所建，日本人通常称其为“洛城”，进京即称“上洛”。今川义元就是在上洛途中试图吞并尾张却丧命。1568年，通过桶狭间合战、美浓攻略而实力大增的织田信长宣布扶立足利义昭为幕府将军，并准备上洛。为阻止信长进京，各方势力与信长进行一番较量，最终信长取得胜利，扩大了其在畿内的实力。

K 第一次反信长包围圈

1569年，织田信长限制足利义昭权力，两人失和。次年，信长打破与盟友兼妹夫的浅井长政的盟约，浅井长政遂突袭信长，金崎撤退战后，信长跌入谷底。足利将军趁机发布讨伐命令，第一次对信长的合围圈形成。图示为浅井长政夫人、织田信长之妹阿市的画像。

L 包围圈崩坏

足利义昭发布的讨伐令得到响应，曾与越后守护上杉谦信进行过5次川中岛合战的甲斐守护武田信玄（1521—1573）是包围圈的中流砥柱，信长最强大的敌人。1573年，武田信玄去世，不到一年间，织田信长就成功击溃包围圈，取得胜利。图示为武田信玄的画像。

M 长篠之战

双方		织田信长、德川家康联军
		武田胜赖
背景		武田信玄去世后，其子胜赖继位，武田家臣奥平贞昌投靠德川家康
起因	1575年4月	武田胜赖率军讨伐奥平贞昌，进攻长篠城
过程		武田军久攻不下
		德川家康军队被围困
	1575年5月	织田信长军队前来救援，顺利会师
		织田、德川联军布阵设乐原
		双方开战
结果		织田信长与德川家康联军获胜，武田胜赖逃回甲斐

N 影响重大的战役

织田信长与德川家康的胜利令武田家走向灭亡，而长篠合战的意义不仅局限于此，它是日本战争史上的著名战役，同时在世界战争史上也具有相当意义，因为在这场战争中，信长与家康使用了火枪部队对阵骑兵。图示为长篠合战图，我们可以清晰地看到手持火枪的武士。

O 安土城的安逸

1576年，踌躇满志的织田信长着手在安土建筑新城。他动用上万民工，请来优秀的设计师，将城市建在山顶上，主建筑是一栋60多米高的白色东方式城堡，城堡下有民居、寺庙、武士住宅等。安土城不仅成为织田信长驻扎的本城，并且成为历史名城。图示为画卷中的安土城。

P 第二次包围圈

就在织田信长霸业将成、修筑安土城之时，第二次反对他的包围圈也悄悄建立。1576年，丹波的波多野秀治举起反信长旗帜，与信长一起对付武田信玄的上杉谦信也加入包围圈。至此，以上杉谦信为盟主，囊括毛利辉元、波多野秀治等人，并包含宗教势力如石山本愿寺的第二次反信长包围圈形成。信长面临着重大的霸业危机。

Q 信长击溃包围圈

1576年	丹波的波多野秀治举起反对信长的旗帜
	石山本愿寺起兵
	上杉谦信加入包围圈
1577年	信长讨伐包围圈成员之一纪州杂贺众
	手取川之战，信长军败于上杉军
	大和的松永久秀背叛信长
	信长击败久秀
	信长面对上杉谦信时依然处于困境
	在丹波抵抗信长的内藤定政病逝，丹波诸城被信长拿下
1578年	上杉谦信去世，养子争权，信长趁机扭转战局，取得胜利

R 上杉家的没落

越后大名上杉谦信是战国著名军神，与武田信玄、织田信长周旋数年，且礼遇神佛、重视人伦礼教、好学不倦，有“越后之龙”之称。他的突然离世导致两个养子的争斗，而织田信长借机击破第二次包围圈，上杉家族也因此没落。图示为谦信所用的悬兜。

S 信长军团

北陆地区	柴田胜家
关东地区	织田信忠、泷川一益
畿内地区	明智光秀
中国地区	羽柴秀吉
四国地区	丹羽长秀、织田信孝
东海道压制	德川家康
本愿寺方面	佐久间信盛

T 夺取伊贺

冲破第二次包围圈的织田信长越战越勇，麾下猛将层出不穷，接连攻占能登、加贺、播磨、因幡、淡路等多城，击溃毛利氏，镇压叛将荒木村重。1579—1581年，信长更是进攻伊贺，在攻占伊贺的过程中，织田军队和净土真宗本愿寺建立起来的保卫家园的僧兵武装一向一揆兵容戎相见，前者胜利后对后者进行了大屠杀。图示为屠杀地点之一的本愿寺推定石碑。

U 武功全盛

以武田信玄为核心的武田家族是甲斐国的守护，信玄也是战国时期一员猛将，人称“甲斐之虎”，他的去世导致第一次反信长包围圈崩溃，信玄之后，五天家族没落，武田胜赖屡次败于织田信长之手。1582年，全盛期的信长占领甲斐，统一霸业近在眼前。图中为织田信长麾下出身甲斐的猛将国芳。

V 霸业将成

1581–1582年是织田信长的全盛时代。1581年，信长举办的军马演练大会得到天皇的出席与认可；同年，信长占领越中大部，夺回高天神城，镇压高野山的敌对行为；1582年，信长率领部下讨伐并灭亡武田氏，并发出“狩猎武田”的命令，几乎将武田一族斩尽杀绝，惠林寺只因藏匿武田遗臣而遭到灭寺之灾。此时的织田信长已处在武功全盛时期，或许不久时日，就可完成统一日本的大业。

W 本能寺之变

1582年，织田信长已为霸主，麾下军团所向无敌，统一日本指日可待。就在这时，老部将明智光秀突然反叛，带兵进攻信长驻留的本能寺。信长力战身死，长子织田信忠亦战死军中。图示为织田信长的一件阵羽织，衣还在，霸主却已魂断本能寺。

Y 织田家族的悲歌

织田信长死于本能寺，其长子信忠也战死军中，曾经繁盛的织田家族走向没落。织田信长去世后，丰臣秀吉以继承者自居，四处征讨，最终兵临信长麾下大将柴田胜家的城下，柴田胜家与其妻——信长之妹阿市双双自尽。图片为柴田胜家。

X 明智光秀的反叛

图示为明智光秀墓。明智光秀是信长的老部将，对于他在信长全盛时期却突然反叛的行为，历来众说纷纭，有的认为是私人怨恨；有的认为光秀也有夺取天下的野心；还有的认为光秀担心被“鸟尽弓藏”。甚至还有的认为其实这是德川家康或者丰臣秀吉的行为。

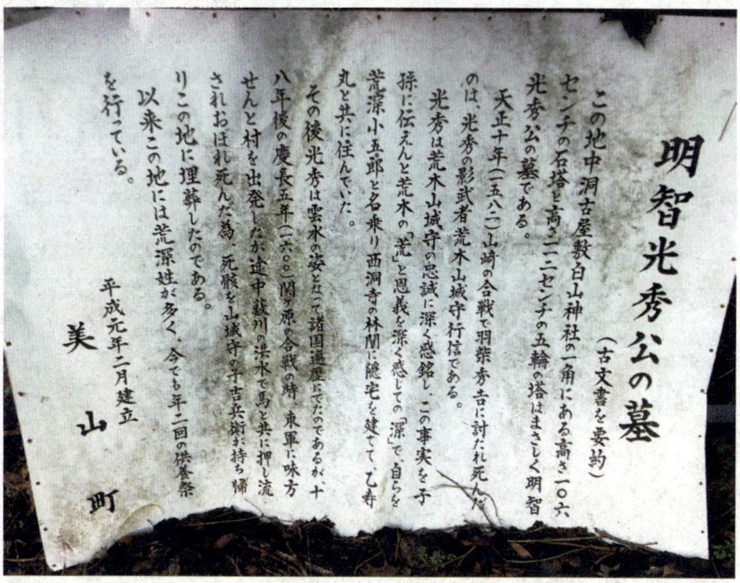

1536年 1598年

04 丰臣秀吉

关键词:一代霸主

丰臣秀吉，原名木下秀吉、羽柴秀吉等，日本战国时代最著名的大名之一，本为织田信长的部将，本能寺之变后崛起，接替织田信长的霸业并更进一步，基本完成对日本的重新统一。1590—1598年间，他是日本实际的统治者。丰臣秀吉统一日本后，治理有方，日本一度出现国泰民安、欣欣向荣的局面。但与此同时，秀吉野心滋长，希望做亚洲乃至世界的霸主，故而在其晚年发动了侵朝战争，却败于中朝联军之下，抑郁而亡。

丰臣秀吉生平

时间	内容	
1554—1582年	织田信长家臣时期 A	
1582年	“中国大撤退”：本能寺之变后，秀吉紧急返回京都，讨伐明智光秀 B	
	拥立织田秀信 C	
	迫使织田信孝投降，贱岳之战中击败柴田胜家 D E	
	基本平定织田家内反对自己的势力 F	
1583年	兴建大阪城 G	
1584年	小牧·长久手之战 H I	
1585年	攻打四国的长宗我部氏、平定杂贺众、攻打越中 J K	
1586年	德川家康臣服丰臣秀吉 L	
	丰臣秀吉成为太政大臣 M	
	实行刀狩令，加强兵农分离	
1587年	禁绝基督教 N	
1589—1591年	基本统一日本全境 O	
1592—1598年	侵朝战争 P	文禄之役 Q R S T U V
		长庆之役 W
丰臣秀吉病逝，日本战败 X Y		

A 丰臣秀吉

图示为丰臣秀吉（1536—1598）的画像。丰臣秀吉在1554年受到织田信长的赏识，成为他的家臣，此后平步青云，地位不断提升。他参加了桶狭间合战，为信长立下不朽功勋，先后任近江国城主、播磨国城主，其大本营为姬路城。此时的秀吉只是战国时代的一员猛将。

B 剿灭叛将

1582年本能寺之变后，身在中国地区的丰臣秀吉直到第3天才得知事变。他迅速和处在敌对状态中的毛利氏议和，随后在5日内行军200公里返回京都，史称“中国大撤退”。随后丰臣秀吉以织田信长的名义召集旧部，进攻明智光秀，后者不敌逃亡，被村民杀死。图示为明智光秀。

C 拥立主公

叛徒被处决后，织田家族主要成员以及重要的家臣在清洲城召开拥立新主君的会议。丰臣秀吉取得多数支持，扶立尚在襁褓中的织田信忠的长男织田秀信（1580—1605），而另一名重臣柴田胜家拥立织田信孝，双方结下怨仇。图示为织田秀信。

D 贱岳合战

织田信长死后，其族人和部将已如一盘散沙。丰臣秀吉一方和柴田胜家一方势同水火，各自扩充兵力，暗自备战。终于在贱岳之地发生冲突，丰臣秀吉大获全胜，柴田胜家兵败如山倒，在秀吉的追逼下，与妻子阿市在天守阁自尽。图示为胜家用过的盔甲。

E 贱岳合战的意义

贱岳合战后，获胜的秀吉建立了稳固地位，这是他统一日本的一个新起点。从此他摆脱了织田信长的影子，在信长霸业的基础上开辟出属于自己的新天地。柴田胜家战败后携妻自尽，之后又有一批织田家的元老、家臣们被秀吉逼退、收服。这一趋势令丰臣秀吉与信长的老盟友德川家康的矛盾开始激烈化。

H 枭雄交锋——小牧·长久手之战

背景	秀吉锋芒毕露，信长次子信雄、德川家康等人联手对抗	
起因	1584年，信雄处死暗通信长的三名家臣，德川家康派兵援助信雄	
过程	1584年3月	德川家康率兵进驻织田信雄所居尾张清洲城
		杂贺火枪佣兵队、根来寺僧侣火枪佣兵队进攻秀吉领地
		秀吉带兵抵达伊势、尾张
	4月	秀吉发动奇袭
		家康布阵长久手进行反奇袭
		秀吉暂时撤兵
	4月—5月	双方在小牧山地区陷入胶着
	5月—6月	秀吉军出击，攻占野井城、竹鼻城、蟹江城
		秀吉军进攻大野城未果
		德川军夺回蟹江城
	7月—11月	双方长期交战，未见胜负
	11月	双方和谈
结果	家康占据主动，秀吉外交高明，家康被迫和谈	

F 事业初成

打败柴田胜家等支持信孝的势力后，丰臣秀吉又迫使另一员重要家臣泷川一益退隐，随后杀害织田信孝，其余织田家臣纷纷归附，丰臣秀吉基本凌驾在昔日主公家族之上，开始率领部下开辟自己的一番霸业。图示为秀吉所用的一件盔甲。

G 建立大本营

丰臣秀吉在战国烽火中站稳脚跟，成为一代枭雄。和织田信长一样，秀吉也着手营建新城作为自己的大本营。1583年，他在大阪地区石山本愿寺的旧址处建立了一座新城，被赞誉为“战国无双的城”，这座城市就是大阪城。此城后来被德川家康的军队焚毁，图示的大阪城为1931年日本重建。

I 小牧·长久手之战的影响

小牧·长久手之战中，在军事上胜利的家康在外交上棋输一着，出于压力与秀吉议和。秀吉拉笼了家康，奠定了霸业基础，而家康保留了实力，对以后的日本局势，影响深远。

J 收服四国

与德川家康议和后，丰臣秀吉于1585年派遣丰臣秀长、小早川隆景等大将攻打占据四国地区的长宗我部氏，长宗我部氏投降后被获准保留土佐这一块领地。四国地区也进入秀吉掌控范围。随后他又派大将藤堂高虎评定纪伊国杂贺众。图示为藤堂高虎。

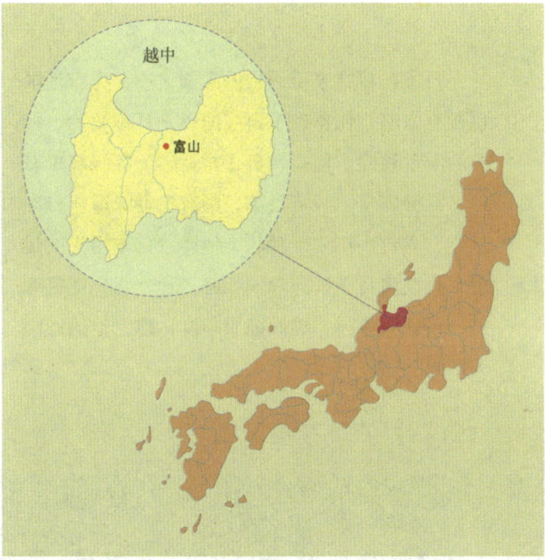

K 平定越中

收服四国、讨伐杂贺众的同时，丰臣秀吉又迅速派兵攻打越中地区。越中国管理者佐佐成政曾支持织田信雄一方，小牧·长久手战后再度投降丰臣秀吉。图示为越中。织田信长的基业已被丰臣秀吉完全继承，他的势力也越来越大。

L 家康"俯首"

图示为德川家康的铠甲。1586年，丰臣秀吉已呈现出战国最强霸主的姿态，一直面和心不和的德川家康对他也不得不礼让三分，暂时与秀吉交好，并娶秀吉的妹妹旭姬为正妻。作为交换条件，秀吉则将母亲大政所送到德川家康身边为人质，从此，德川家康表面上臣服了丰臣秀吉。

M 风光无限

控制日本大部分土地，敌人或倒下，或臣服，最强劲的对手德川家康也暂时屈从，丰臣秀吉可谓风光无限。1585年，秀吉被贵族近卫前久收养并就任关白一职，1586年，又被正式赐姓丰臣，成为太政大臣，公家的认可代表着丰臣秀吉的政权已经确立。图示为秀吉的一件阵羽织，瑰丽华美。

N 禁绝基督教

当中国处于明代，朝鲜为李氏政权把持，日本刀光剑影之时，开辟新航路运动已经展开，西方人将船舶驶向每一个他们未知的地区，日本也不例外。1549年，天主教进入日本；1582年，日本天主教徒已达15万人。秀吉不希望看到大名把领地献给教会，同时也害怕天主教徒成为反对他的力量，故而于1587年发布禁止天主教的命令，并傲慢地提出“大日本是神国”的说法。

O 成就霸业

1589年	丰臣秀吉下令讨伐北条氏
	围攻小田原城
	北条氏投降，臣服秀吉
1591年	将关白之位交给外甥丰臣秀次，自称太阁，继续把握政权
	派遣浅野长政、石田三城以及各东北地区的守护大名镇压九户政实之乱
总结	至此，丰臣秀吉霸业已成，基本统一日本全国，并把持政权，成为日本实际统治者

P 野心扩张

日本已尽在丰臣秀吉的掌握之中，秀吉治国也颇有方略，他整顿了自战国以来日本政治、社会的混乱秩序，使得朝务正常运转、等级尊卑有序、社会安定、经济复苏，颇有治世味道。日本已定，秀吉不再安于现状，他循着日本祖先的足迹，再次将目光投向邻国朝鲜。他梦想先征服朝鲜，再征服中国，继而征服印度，建立他的亚洲大帝国。

Q 虚弱的朝鲜

此时朝鲜处在国王李的统治下。自李成桂建立朝鲜王朝以来，依靠着中国明朝，朝鲜人许久不闻战鼓之声，长年和平。当丰臣秀吉磨刀霍霍时，朝鲜却是“民不知兵二百余年”，军力薄弱，武备松懈，不修城防，党派内讧，政治腐败，虚弱不堪。图示为朝鲜王宫景福宫的勤政殿。

R 秀吉发兵

朝鲜的虚弱给了丰臣秀吉可趁之机。1591年起，丰臣秀吉下达了总动员令，打造船只，制作兵器，调集粮草兵马，至1592年，丰臣秀吉共调军队30余万人。秀吉要求朝鲜国王允许日军经朝鲜进攻明朝，作为明朝属国的朝鲜拒绝，秀吉以此为由，正式进攻朝鲜。图示为丰臣秀吉雕像。

S 秀吉兵力

	军队	将领	兵力
陆军	第1军	小西行长	18000
	第2军	加藤清正	22000
	第3军	黑田长政	12000
	第4军	岛津义弘	14500
	第5军	福岛正则	25000
	第6军	小早川隆景	15000
	第7军	毛利辉元	30000
	第8军	宇喜多秀家	11000
	第9军	羽柴秀胜	11000
海军及保障	将领	兵员	
	九鬼加隆	1500	
	藤堂高虎	2000	
	胁坂安治	1500	
	加藤嘉明	750	

T 兵败如山倒

战争初期，日方准备充足，大将勇猛，兵力强劲，后方稳固，来势汹汹。日方采用水兵保障物资供应，陆军分三路进兵的策略，于1592年4月正式出兵朝鲜，史称文禄之役。14日先锋部队于釜山登陆，5月2日攻克王都汉城，6月15日攻陷平壤。国王李昖逃至鸭绿江边，向明朝求援。

U 明朝救援

作为宗主国的明朝必然要保护属国，且明神宗万历深知唇亡齿寒的道理，故派遣明军入朝。初期战事不利，但明朝很快调整部署，派出以大将李如松为首的增援部队，迅速扭转局势，取得平壤大捷等一系列胜利，日军接连退却。图示为明神宗万历画像。

朝鲜名将李舜臣

李舜臣是朝鲜名将，在朝廷结党倾轧成风的情况下，依然独善其身，积极操练水兵，修筑防御工事，并创造铁甲战舰龟船用以对抗日军侵扰。日军侵朝前期，朝鲜兵败如山倒，全国八道几乎尽失，降军不计其数，只有李舜臣率领水军一直对敌。

中日“和谈”

1593年6月，日军被明军逼退，为保住剩余的胜利果实，故向明廷提出议和。明朝代表沈廷敬，日方代表小西行长，二人皆欺上瞒下，诡称对方已接受己方提出的和谈条件，直到明朝册封丰臣秀吉为日本国王的诏书发来，秀吉才明白真相，大怒之下再度派兵朝鲜，史称长庆之役。

露梁海抗日英烈

图示为长庆之役的一幅画卷，长庆之役战况激烈，其中以露梁海战为甚，中国明朝老将邓子龙与朝鲜名将李舜臣皆死于此战。两位将军虽牺牲但中朝联军士气不堕，一举击溃日军，迫使日本彻底退出朝鲜，结束侵略战争。

丰臣秀吉的逝世

丰臣秀吉来势汹汹，明军也再度援朝。双方激烈交战，朝鲜生灵涂炭。1598年，丰臣秀吉突然病逝，消息传来，日军士气大挫，各方将领担忧未来命运，急于回国。露梁海战役的惨败，让日军彻底败退朝鲜。图示为丰臣秀吉所用的一件盔甲。秀吉堪称战国一大霸主，他的骤逝改变了日本政治格局。

05 战国时代的社会状态

关键词:统一趋势/平民化

战国时代虽然纷扰复杂，看似凌乱，但如果抓住“统一”这一历史大规律，就能从中提取出最显著的一个历史时期——安土、桃山时代，大致是指1568-1600年之间的日本历史，即织田信长和丰臣秀吉当政时期，其命名来源自织田信长的安土城和丰臣秀吉的桃山城。这一时期，织田信长和丰臣秀吉接连击败各地强悍大名，几乎统一全日本并进行了有效统治，织田信长更是在1573年放逐室町幕府的最后一个将军，结束室町时代，从而开辟出安安土、桃山的新时期。

社会新元素 A	
领域	代表/内容
武家女性	斋藤归蝶、阿市 B
经济 C	行会的发展
	城下町的发展
	手工业者地位的上升 D
反抗	层出不穷的起义 E
	自由城市的出现 F

A 社会“分子”的蓬勃

安土、桃山时代虽然属于战国时期，但是它上承室町幕府及日本大分裂阶段，下启日本最后一个武家政权德川幕府，其历史地位不容小觑。若以全球史观而论，安土、桃山时代本身又处在世界范围内的地理大发现时代，西方人频繁的拜访为这一时代增添更多新的变数。商人地位的上升昭示平民的崛起，手工业者、农民、信徒也爆发出属于他们的力量。

B 战国红颜

武家女子们虽身为女儿，但其武家背景使她们比寻常女子更加坚毅果决，她们忠诚地站在夫君身后，视其为主君，用自己的坚强与温柔成就丈夫的事业。著名的战国三夫人——织田信长之妻斋藤归蝶、前田利家夫人阿松、丰臣秀吉夫人浅野宁宁和滕堂高虎夫人等都即是最典型的例子。图示为藤堂高虎夫人画像。

C 商品经济的发展

越来越多的寺社门前、城下町、驿站、渡口等地形成集市，甚至变为工商城市，职业商人越来越多。城下町从大名们的政治、军事中心变为政治、军事、工商和交通中心。行会遍布城市和农村，手工业者和商人的地位提高，日本经济一派繁荣。图示为手工业者铠师在作业。

D 手工业的进步

手工业者组成被称呼为“座”的行会，垄断一个地区内一种行业产品的生产与销售，并获领主们的保护，拥有专卖与免税特权，农村也有“村座”。战国时代的另一特点就是一些大名废除“座”的特权，提倡自由竞争，即“乐市乐座”。图示为手工业者刀师在作业。

E 战国时期大起义

时间	名称	原因	结果
1428年	近江国运输工人起义	要求幕府取消废除债务的命令	获得京都市民及农民响应，起义影响扩大
1429年	播磨国农民起义	要求国中不准再有武士	打败大名军队，将武士逐出境外
不明	大和国起义	要求减免租税	取得胜利
1441年	京都大起义	京都附近农民要求废除取消债务命令	打败幕府军队
1485年	山城国大名混战	人民发起反抗	大名撤离，人民组成36人议会进行自治
1488年	加贺国一向宗起义	在布教机构“讲”的组织下起义	打败大名军队，加贺国成为一向宗势力范围

F 自治城市

战乱削弱了集权的束缚，割据局面使各种“自治”有了生存空间。在农村，被称为“惣”的自治团体组织农民反抗；商人和手工业者有“座”；教徒们则成立布教组织“讲”。山城国、加贺国先后出现自治时期，而最著名的城市“堺”则因长时期的有效自治而被称为“东方威尼斯”。但这只是个别现象，整体上的人民自治运动依然处于萌芽状态。

06 战国时代的文化

关键词:华丽/辉煌

战国时期最突出的文化时代即安土、桃山时代。其显著文化特点是：佛教对文化影响力转弱，世俗性、平民化、现实化凸显。这一时期，平民反抗力增强、商人地位提高等。同时，织田信长、丰臣秀吉等霸主的不可一世又让这一期的文化增添浓厚的奢靡之风与夺目的华丽灿烂，堪称金碧辉煌。同时，自东南亚来到日本的葡萄牙人、西班牙人所带来的西方文化，即日本人眼中的“南蛮文化”对此时日本文化的影响也是不容小觑的。

安土、桃山时期文化 A

领域	内容	
建筑	城郭建筑 B	安土城 C
		姬路城 D
		大阪城
		桃山城 E
雕刻	透雕	
	浮雕	
	整雕	
绘画	狩野画派 F G H I	
工艺	甲胄 J K L M N O P	
	武器 Q R	
	制陶	
茶道	为武士阶级接受 S T	
新文化	西方文化的初次接触 U V W X Y	

A 文化转折的原因

图示为《真如堂缘起绘卷》中描绘应仁之乱的部分。应仁之乱开启了战国乱世，安土、桃山则是这一乱世中最具特色的时代，它是日本文化的又一个转折期。没有旧文化束缚的掌权武士、逐渐发达的城市、商人竞起加上同西方世界的交往成为安土、桃山转折期的形成条件。

B 城郭建筑

安土、桃山时期建筑的最显著代表为城郭式建筑。这一建筑是根植在武家割据的政治基础上。战国时期，战乱频起，各地领主们为保护地盘，便在将自己的宅邸纷纷修建为坚固而华丽的防御性城堡。这些城堡外都有若干重的城郭，中间则是核心部分天守阁，往往是最高点。天守阁外部华美，内部则可以居住。

C 初生的安土城

安土城为织田信长于1576年所建，图示部分为其中心建筑，也是城郭建筑的制高点天守阁。这是日本最早的天守阁，可惜后来被焚毁。安土城北临琵琶湖，西至京都，周边是丰臣秀吉与明智光秀的城池，联系方便，地理位置优越。被织田信长作为自己的大本营。

D 最美的姬路城

姬路城位于日本兵库县姬路市内，又名白鹭城，是日本三大名城之一。姬路城保存完好，可谓今日日本的第一名城。姬路城在历史上曾被多次建造、修缮，其外墙被涂成雪白色，外观经过精雕细琢，远远望去，宛若展翅白鹭。其中心天守阁布置精巧，构造复杂，是一栋集合了美与智慧、巧夺天工的建筑。

E 末代桃山城

桃山城又称为伏见城，是丰臣秀吉时期所建，为秀吉晚年居住的城市，是当时的政治、军事中心、对朝战争的大本营。桃山城由大天守阁和一座小天守阁共同组成，凝聚了安土、桃山时期文化之精髓。桃山城曾毁于地震，但之后又被重建。

F 狩野画派的绚烂

人物	生活时代	狩野画派传承关系	作品
狩野元信	战国	第二代	《鞍马寺缘起》
			《潇湘八景》
			《清凉寺缘起绘卷》
狩野松荣	战国	第三代	不明
狩野永德	安土、桃山时代	第四代	《唐狮子屏风》
			《桧图屏风》
			《洛中洛外图屏风》

I 行走于“黄金”上的市井

图示为京中京外图，作者不详，但其金底色的风格显露出安土桃山时代的风韵。这幅图选取了京都的下京地区，描绘出杂乱无章的街道、纷杂的人群，灵动的人物表情，包括人们身上的服饰都清晰逼真，这不仅是一副精致的画卷，同时也是研究历史的直观史料。

G 金碧辉煌的京都

安土、桃山时代画坛以狩野画派为主，其显著特点为画卷给人以金碧辉煌感。这一时期绘画艺术的集大成者狩野永德主要绘制屏障画和壁画。这些画卷都被绘制在金底上，用色绚烂，构图宏大，即便是花鸟和人物画也依然华丽富贵。图示为狩野永德所绘制的《京都内外图》。

H 华丽的松鹰

图示为狩野永德绘制的松鹰图，属于花鸟图的一种。整个画面以传统的写意风格为主，但鹰鸟却用工笔描绘，细致而栩栩如生，金色的底子更是衬托出华丽、富贵的风度。这种隐喻着霸主们野心勃勃的辉煌风度正是安土、桃山时期画卷的最大特色。

J 安土·桃山时代的甲胄

战乱时期，最重要的就是行军打仗所用的器具，包括甲胄、武器、马匹等。频繁的战争促进了武器行业的发展，而安土桃山时代可谓集前代之大成者，各种武具制作精良且极具美感。图示为一件甲胄，从上至下，各部分都有自己的功能，合在一起便成为一件坚固的铠甲。

K 遗存甲胄一览

名称	使用者
银伊予札白系威胴丸具足	丰臣秀吉
黑系威革包畦目缀二枚胴具足	细川忠兴
茶系威最上胴丸具足	稻叶良通
黑系威缝延胴具足	立花宗茂
金陀美具足	
白檀涂具足	德川家康
南蛮胴具足	
黑系威二枚胴具足	本多忠胜
金箔置色威伊予札胴丸具足	森兰丸
铁黑漆涂五枚胴具足	伊达政宗
色威胴丸具足	酒井忠次

L 森兰丸的胴丸具足

图示为战国名将森兰丸的一件具足。“具足”即铠甲；“胴丸”即一种铠甲式样；胴丸由小甲片（札）编织而成，其编织方式的专有称呼为“威”，“威”分为板札、伊予札、切付札、本小札等；编织所用的绳带为“系”，可用不同颜色。

M 头盔——兜

日本古代的头盔称为兜，兜的种类相当多，分为星兜、头形兜、桃形兜、南蛮形兜等多种样式。兜的外观或华丽精美、或奇诡大胆，即具有装饰性、实用性，同时还有恐吓性与使用者的个性。图示是森兰丸的兜，造型总体较为规矩，有一定南蛮（即西欧）因素的影响。

N 面具

面具是日本甲胄中最为特殊的一部分，极具日本民族特色，它遮挡使用者的面部，通过面具的造型对敌人起到威吓作用。面具分为三类：遮挡脸部一半的半首、遮挡眼部以下的面颊以及遮挡整个面部的总面。每一类别中都细分了许多小款式。图示为两幅面颊。

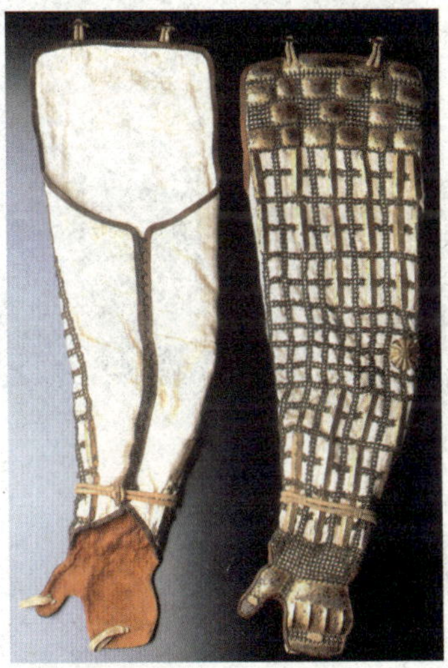

O 笼手

图示为森兰丸的笼手。笼手最初指的是手臂上的铠甲，在古坟时期就已存在。至镰仓时代后，因手臂需要承担拉弓等任务，若笼手上装有甲片则十分笨拙不便，故而笼手逐渐改为用布匹制作而成的袖子。左右手一般都装有笼手。

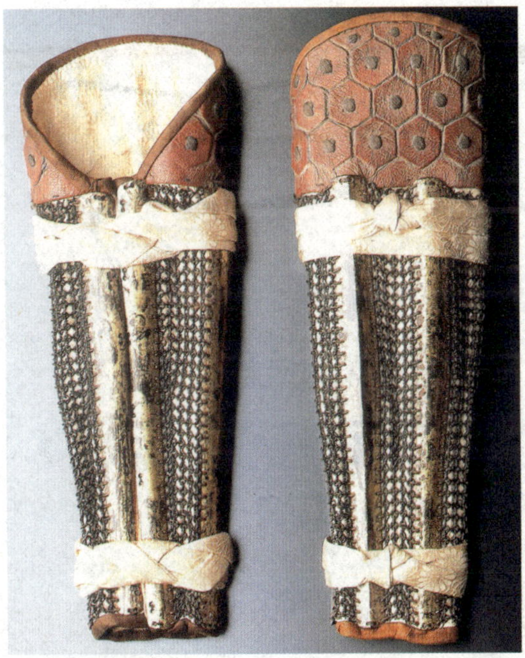

P 臑当

图示为森兰丸甲胄中的臑当，这一部件又称为胫当，是专门保护小腿的护甲。南北朝政权对峙时期的臑当又添加了一部分半圆形结构，使其保护范围由小腿扩展到膝盖。臑当用两条绳子固定在方形布料上，种类包括筒臑当和筱臑当两种。

Q 日本武器——刀的划分

时代	形状	用途	地域	流派
上古刀	太刀	节刀	大和	天国
古刀	小太刀	仪刀	山城	古备前
新刀	短刀	打刀	河内	千手院
现代刀	肋差	守刀	美浓	丰前锻冶
昭和刀	忍者刀	兵库锁太刀	上野	菊地锻冶

R 打刀

图示为一柄丰臣秀吉所用的打刀，是日本武士刀的一种，可以说是最具代表性的日本刀。打刀的刀身呈现弯曲状，即“京反”式样。刀身的中间部位是最具有弧度的地方，这种设计是为了便于拔刀。打刀在佩戴时，刀刃向上，插于腰带。拔刀时大都反手拔。

U 西洋与东洋的接触

领域		内容
宗教		基督教
外来语（葡萄牙语为主）	服饰	斗篷、汗衫、纽扣
	织物	呢绒、天鹅绒、印花布
	器皿	玻璃、长颈杯
	食物	糖豆、蛋糕、圆点心
科学	活字印刷机	
美术	西欧油画	

S 茶道与武士

茶道看似属于上流贵族社会的产物，但在战国时期依然成为不可忽视的流行风潮。武士们虽然是新文化的创造者，但是对茶道这种闲淡、安逸的旧式贵族文化一样充满兴趣。正如很多守护大名都会出家取法号一样，他们对于茶道也有一种心灵上的追求，即在刀光剑影、血雨腥风中寻找一份心底的安静。与旧贵族的隐士们不同，武士更喜欢炫耀权威，所以他们会制造、收藏各种名贵而华丽的茶具，丰臣秀吉还曾创建过富丽堂皇的黄金茶室。当然这其中炫耀的风气与茶道本身所提倡的闲散风格背道而驰了。

T 陶器发展与茶具

安土、桃山时代的日本制陶业也有比较显著的发展，尤其是在对朝战争中俘获诸多朝鲜陶工，更促进了制陶业的进步，萨摩烧、有田烧等都是十分有名的烧造流派。图示为桃山时代的一件白乐茶碗，属于日本国宝级陶瓷茶具，造型朴素，用于茶道中可透露出安然的古拙之风。

V 欧洲人登陆

战国时代，欧洲人和他们的文化通过大航海运动，跨国大西洋和太平洋，来到了日本诸岛，这是东方和西方在海洋领域内的接触，具有划时代的历史意义。梦寐以求地追寻从海洋来到东亚地区的欧洲人踏上日本的领土，最初是葡萄牙人，后来西班牙人、荷兰人也接踵而至。他们带来了欧洲的科技与文明，枪炮、基督教、油画、西方的糕点，均影响了当时日本的政治、经济、社会、文化及历史进程。

W 南蛮人交易图

因为欧洲人都是通过东南亚再航行至东亚，对日本人而言，他们都是从南部而来，故而称其为“南蛮人”。图示为南蛮人交易图屏风，是一幅上佳之作。栩栩如生地描绘了满载货物的欧洲人船队驶向日本，准备进行贸易、文化间交流的情景，画面上还绘制了数名基督教的传教士。

X 基督教传入

传教士	方济各
	维莱拉
主要传教区域	鹿儿岛
	山口
	府内
最早洗礼的大名	肥前国·大村纯忠

Y 枪炮与战争

虽然明朝已拥有专使火器的神机营并运用到作战中，但日本的火器主要是从西方传来。1543年，一艘漂流到日本种子岛的葡萄牙船带来了枪支，日本人称为“种子岛铳”。当时的枪炮威力远不能与后世相比。丰臣秀吉时曾大规模培养使用枪炮的部队，并运用在对朝战争中，图示为几名使用枪炮的日本武士。

07 武士道

关键词:绝对服从/忠君

武士道伴随着武家政权而生，是日本武士的行为准则以及品格要求，是武士们所追求的一种精神境界。其基本要求即绝对臣服并效忠于主君，奉献个人的一切，包括生命。当主君下命令的时候、当需要为主君牺牲的时候，武士们必须做到毫不犹豫、毫不顾忌、毫无留念，要绝对的、立即的执行。武士道的渊源是多方的，有神道教、佛教，还有中国的儒学思想。武士道忠实君臣等级关系，效忠是永恒的、绝对的真理。这种绝对化理论既是武士道强大的地方，但也是其消极的一面。

窥看武士道 A		
	渊源 B	神道教
		佛教
		儒家思想
	本质	看透死亡
	典型行为	切腹自尽 C
	经典	《叶隐》 D
	优点	培养武士的品德，磨炼其精神 E
	缺点	过分极端导致残忍、残酷 F
	绝对要求	忠
	基本要求	仁、义、礼、诚、勇、名誉、忠义 G

A 武士道与樱花

单个樱花并不稀罕，连成一片却美得醉人。武士道精神也是如此。武士们团结在主君身边，效忠主君，才能发挥出最大力量。同时，樱花总在最美丽的时候全部凋谢殆尽，在人们看来，这正是在象征武士们毫不留恋的切腹自尽的精神。

B 神道教渊源

图示为神道教的一座神宫。武士道渊源很多，除了中国儒家思想以及佛教外，还吸收了大量的神道教思想理论。与儒家思想不同，武士道更注重忠诚而非孝义，所以他们可以随时随地为主君而切腹。神道教带给武士道的消极影响即过分极端化。

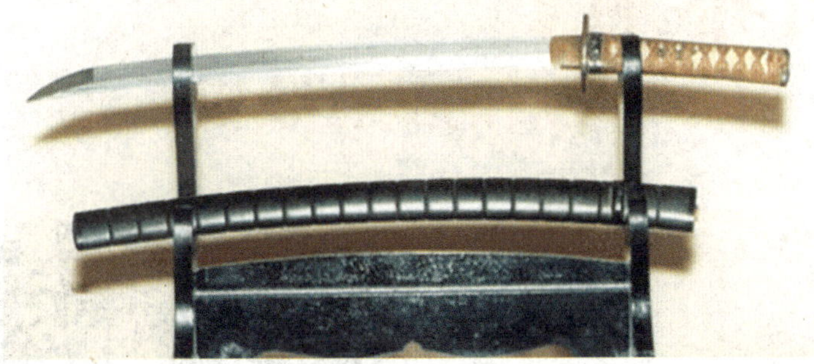

C 切腹

切腹是武士道中的光荣行为。切腹原因很多，如免于被俘、承担责任、死谏主君、保全名誉、在主君死亡前先死、悔恨而死、对冤枉表达愤怒而死以及专门赐予武士的切腹之刑罚。主君下令切腹，武士必须遵从。切腹对武士而言也是最体面的死法。图示为一把专用于切腹的日本刀——肋差。

D 叶隐

《叶隐》是日本武士道的经典，所谓“叶隐”，即“在主君看不到的地方也要尽忠”。这本书由江户时期佐贺藩的山本常朝、田代陈基根据传说编撰而成，于18世纪完成书的写作。其主要内容是讲述武士忠君的事迹，核心即提倡武士毫不犹豫地死，绝不可恋生，只有不要自己的命，才能要别人的命。这是武士道强势的一点，同时也是其失去道义而最终失败的地方。

E 品格与毅力

一个真正严格遵守武士道的武士，会具有正直、忠诚、坚毅、勇敢等品德。他们敢于牺牲，不畏酷刑，誓死效忠，拼搏到底，这样的精神可以保证他们所在的集体发挥出最大的力量，并且不怕死的意志通常会在战场上得到敌人的尊重。图示为龙造寺隆信（1529—1584）的画像。

F 残忍而冷漠

武士道也有负面作用。极端的要求忠诚并且不在乎生死的理论容易养成一个人冷漠、残忍、固执的个性，一个不珍爱自己生命的人，也往往会忽视他人的生存权利。纵观日本武士历史，骨肉相残、虐杀对手的血腥事迹比比皆是。图示为号称战国第一猛将的本多忠胜（1548—1610）的画像。

G 武士道要求的品德

仁	宽容、怜悯
义	遵守道德与大义
礼	具有风度
勇	高强武艺、勇敢果决
诚	杜绝金钱的诱惑
名誉	为名誉付出一切
忠诚	至高无上的准则，必须忠诚于主君

第九章 德川幕府：最后的武士政权

1615 ▶ 1868年

德川幕府，又名江户幕府，武家时代第三个也是最后一个政权，始于德川家康，终于德川庆喜。这个最强盛、也最具规模的武家政权却是生不逢时，终究消逝于明治维新与近代化的浪潮中。武士们的刀剑折断在子弹与炮火中；最矫健的马匹也抵挡不过船舰的强势；冷兵器时代的呐喊声被吞没在工厂机器的轰鸣中。德川幕府是一个强盛却悲剧的存在，是人类历史发展进程中不可避免的牺牲品。尽管如此，它依然创造了辉煌成就，德川幕府的二百年为日本留下了宝贵财富，闻名海内外的浮世绘就是这一时期文化的典型代表。德川幕府的政治制度和经济结构中，都孕育了向近代化变革的种子。

如图所示为喜多川歌麿绘制的浮世绘，华丽中带着世俗与平民的气息。

1593年　1600年

01 “五大老”理政

关键词:钩心斗角

所谓“五大老”，即丰臣秀吉晚年时所指定的职务，他任命了自己旗下最忠心且最有实力五个大名担任这一职位。其目的是在他过世后，“五大老”能辅佐自己年幼的儿子丰臣秀赖，并且通过五大老集体决议的制度来制约与面和心不和的德川家康，保住丰臣家族的事业。在丰臣秀吉去世后，五大老是日本的实际掌控者。但丰臣秀吉的事业最终落入了德川家康的手中，五大老也各有各的结局。

五大老辅佐制 A B C

姓名	身份
前田利家 D E	大纳言，北陆三国大名
宇喜多秀家	秀吉养子，备前、美作大名
毛利辉元	关西10国大名
小早川隆景	越前、筑后大名
上杉景胜	替补小早川隆景，越后国大名
德川家康 F	关东大名

B 五大老“诞生”

图示为五大老之一毛利辉元的阵羽织。1593年，年事已高的丰臣秀吉盼来继承人丰臣秀赖的诞生。惊喜之余他也深深担忧当自己去世之后，孩子羽翼未丰，大权落入他人之手。于是设置五大老职位，选取最有能力的五位大名，以便日后辅佐幼主，同时以集体合议制约束德川家康。

A 丰臣秀吉的身后

1598年，日本第二次侵朝战争时期，战争的发起者、一代霸主丰臣秀吉骤然去世，陷入困境的侵朝将领就势回国，开始夺权之争。丰臣秀吉虽是战争发动者，但也是日本战国一大霸主，为日后德川幕府的统一奠定基础。日本人对其依旧尊重，图示为丰臣秀吉去世7周年的祭礼。

C 五大老班子中的玄机

姓名	特点
前田利家	忠诚、能力强，能与德川家康对抗
宇喜多秀家	过于年轻，资格浅
毛利辉元	资质平庸
小早川隆景	1597年去世
上杉景胜	封地偏远
德川家康	资格老，实力雄厚，可与秀吉争锋

D 微妙平衡

前田利家本为织田信长的家臣，后跟随丰臣秀吉，被封为北陆三国大名。他是五大老中唯一可与德川家康对抗之人。秀吉死后，拥有前田利家和德川家康的五大老班子保持了微妙平衡，五人一起决策，处理好了从朝鲜撤兵等善后事宜。图示为前田利家的阵羽织。

E 无力回天

1599年，本来运行良好的五大老辅政制度遭到前所未有的挫折——前田利家积劳成疾而逝世了。五大老之间的势力平衡点消失，接替前田利家的前田利长远不及其父果敢有为，德川家康轻松地令其离开都城，回到封地，而家康本人则掌握了政权。图示为前田利家的铠甲。

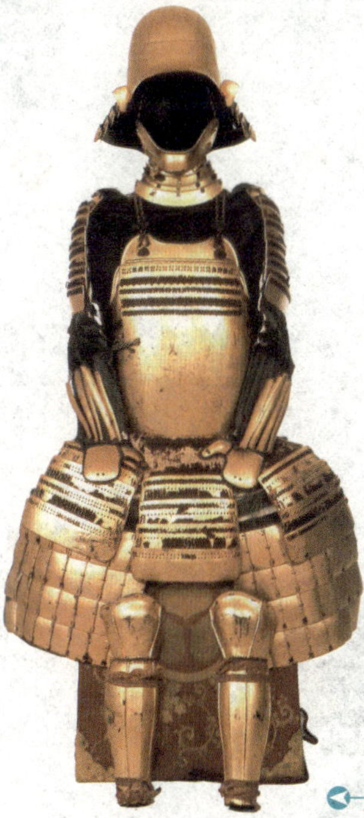

F 蛰伏的家康

德川家康在织田信长时代就已赫赫威名，后虽臣服秀吉，但其麾下人才济济，势力强大，与秀吉面和心不和。秀吉去世后，家康一直在等待时机。1599年，唯一能制约其的前田利家去世，家康趁机掌握所有政务，让五大老班子成了他一人舞台。图示为家康的铠甲。

1600年 1603年

02 关原之战与德川幕府

关键词:德川幕府/建立

1599年前田利家的去世成为之后一系列事件的前奏，德川家康终于等来东山再起的时机。他骗走前田利家的继任者利长回到封地，自己则把持一切政务，本该由五大老决定的事全都由家康独自决策。其余几位辅政者的利益受损，不满激增。1600年，德川家康借口上杉景胜谋反，发动了决定日本政治格局的关原之战。战后，胜利的家康开创德川幕府，日本进入江户时代。

<table>
<tr><td rowspan="14">关原合战</td><td rowspan="2">背景</td><td colspan="2">自朝鲜返回的丰臣部将对五奉行不满 A</td></tr>
<tr><td colspan="2">德川家康破坏五大老制度</td></tr>
<tr><td rowspan="3">导火索</td><td colspan="2">七将袭击三成 B</td></tr>
<tr><td colspan="2">刺杀德川家康 C</td></tr>
<tr><td colspan="2">直江状 D</td></tr>
<tr><td rowspan="8">过程</td><td colspan="2">德川家康以上杉景胜谋反为由起兵讨伐</td></tr>
<tr><td colspan="2">石田三成以家康违反私自战斗令为由讨伐家康</td></tr>
<tr><td rowspan="2">双方布阵</td><td>东军：德川家康</td></tr>
<tr><td>西军：石田三成</td></tr>
<tr><td colspan="2">家康进军会津</td></tr>
<tr><td colspan="2">三成包围伏见城</td></tr>
<tr><td colspan="2">岐阜之战</td></tr>
<tr><td colspan="2">关原决战 E</td></tr>
<tr><td>结果</td><td colspan="2">德川家康大获全胜 F</td></tr>
</table>

A 五奉行

五奉行是丰臣秀吉晚年设置的职位，负责政务运行，与五大老制度并立。五奉行分别是石田三成、浅野长政、前田玄以、长束正家和增田长盛。其中石田三成逐渐掌握了五奉行的大权，其为秀吉部将，能文能武，是德川家康的对手。图示为石田三成塑像。

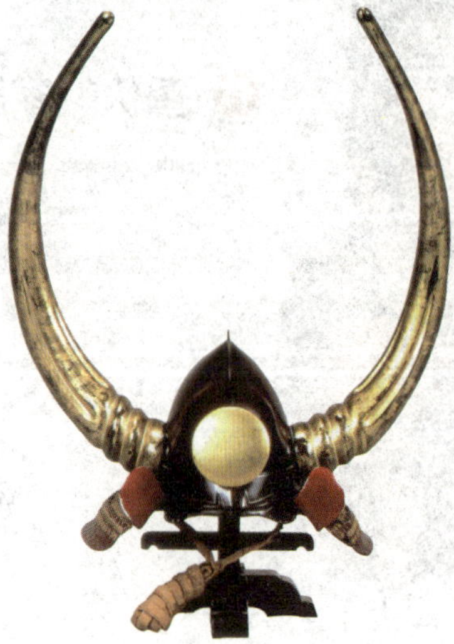

B 七将刺三成

从侵朝战场上归国的不少将领不满石田三成。前田利家这个平衡点失去后，加藤清正、黑田长政、藤堂高虎、加藤嘉明、浅野幸长、细川忠兴、福岛正则预谋刺杀石田三成，因被其察觉而失败。德川家康趁机夺取三成的权力，愈发独大。图示为七将之一黑田长政的头盔。

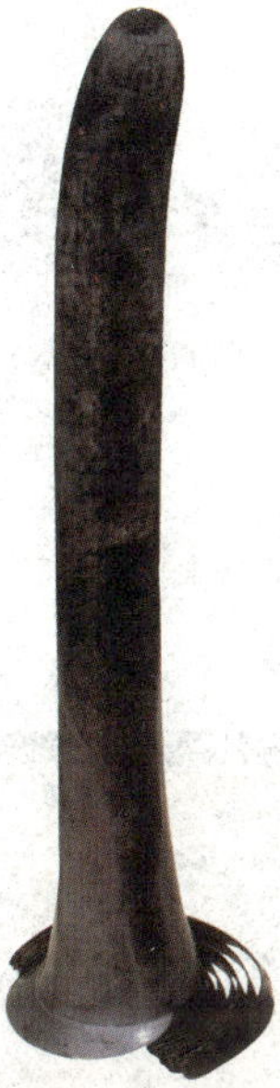

C 刺杀德川家康

1599年，前田利长、浅野长政等人策划谋杀德川家康，阴谋被增田长盛、长束正家等人告发，德川家康趁机将此事严重化，对嫌疑人大加惩处，趁机削弱对手们的力量。图示为主谋者之一前田利长所用头盔。

D 导火索——直江状

1599年，上杉景胜修筑城池，此事被密报给德川家康。同年，上杉景胜的家臣因与其不合，对外抱怨。德川家康要求景胜解释，上杉景胜的其他家臣对家康来信作出逐条反驳，家康阅后勃然大怒，以丰臣秀赖的名义召集大名，宣布讨伐上杉景胜。图示为上杉景胜的铠甲。

E 关原合战的意义

关原合战发生在美浓国关原地区，双方动员总兵力超过10万之众，几乎所有大名都加入了这场混战。这是应仁之乱以来日本爆发的最大规模的内战，更是德川家康与石田三成的对决，这场战斗的胜负关系到日本权力到底落入谁的手中，所以又称“决定天下的战争”。

F 幕府定基

关原合战后，获胜的德川家康进行了战后处理，他处死了石田三成及其部将，削弱毛利氏、上杉氏等实力派大名的力量，同时将收回的领土分封给自己的属下。至此，日本国所有大名的封地事务，尽在家康掌握之中。1603年，德川家康就任征夷大将军，在江户设立幕府。于是，在室町幕府灭亡30年后，一个全新的、强有力的幕府诞生了。日本再次进入统一状态。

1614年前　　1615年前

03 大坂之役定霸业

关键词:斩草除根

大坂之战发生在江户幕府初期，与之前的战争相比，这是一场不折不扣的斩草除根收尾战。对决双方是幕府与丰臣家，最重要的战役有大坂冬之阵与大坂夏之阵，所以又名大坂之阵。江户幕府建立后，以丰臣秀赖为代表的丰臣家族虽然不足为惧，但依然是怀璧其罪，不能让德川家康放心，他千方百计削弱丰臣家实力，并挑动丰臣氏反抗，使得幕府可以名正言顺剿灭丰臣家族。丰臣家族灭亡后，江户幕府彻底扎稳根基。

大坂之战		
	背景	德川家康担心丰臣家族东山再起
	导火索	1614年，德川家康认定丰臣家所建寺庙的金钟铭文是在诅咒自己
	过程	大坂冬之阵 A
		木津村之战
		鸣野之战
		今福之战
		博劳渊之战
		野田福岛之战
		真田丸攻防战
		大坂夏之阵 B
		愠井之战
		道明寺之战
		八尾、若江之战
		天王寺、冈山之战
	结局	1615年，丰臣家族灭

B 夏之阵

图示为大坂夏之阵图屏风。1615年，德川家康率军对丰臣家族的大本营大坂城再度包围并发起攻击。双方交锋激烈，丰臣方主力全军覆没，德川幕府军大获全胜。大坂城破，淀姬、丰臣秀赖母子在天守阁自尽，秀赖的幼子国松被杀，丰臣家族灭。德川幕府扫荡了最后的心腹之患。

A 冬之阵

图示为大坂冬之阵图屏风。大坂冬之阵是大坂之阵中的重要一环。丰臣秀吉去世后，丰臣家族对各地大名已无号召力，这次对阵德川家康，所能召集的军队竟是以落魄的无主武士——浪人为主。德川军约二十万大军包围大坂城，丰臣方进行了守城之战，最后双方议和。

04 德川幕府的稳固统治

关键词:有效统治

1616年，德川家康病逝，但其子德川秀忠已坐稳将军宝座，幕府的统治越来越稳固。至第三代将军德川家光时，江户幕府已经稳如磐石。这时武家政治的特点被发挥到极致，幕府用武力震慑并控制了守护大名、朝廷和平民。在巩固政权、治理国家上，德川幕府的前几任将军充分发挥了他们的才干，所制定的政策不仅让政务有效运行，同时压制住了各方势力，使他们为幕府效力。

幕府的制度	
对大名 A	交替参觐制 B
	重新安置 C
	武家法度13条 D E
	强征大名财富 F
对朝廷	公家法度17条 G
对人民	严格的等级身份制度 H
	经济上的严重剥削 I
	生活上的干涉 J
对宗教	禁绝基督教并迫害教徒 K L M
对外	闭关锁国 N
内政	承继战国遗风，朴素实用 O P Q R

A 大名的等级

图示为德川家康的铠甲。德川幕府对家臣们进行了等级划分以便于巩固统治基础。家臣们按照与德川将军关系的亲疏远近被分为：一门、谱代、外样三种。一门大都出自德川宗族；谱代是侍奉德川家族的家臣及后裔；外样为关原合战后才投降德川家族的武士们，外样大名基本不被信赖。

B 交替参觐制

图示为《加贺藩大名行列图》屏风。为了控制各藩地的守护大名，幕府采取“参觐交代制”，即大名在江户设居所，需在藩地和江户轮流居住。当大名回到藩居地时，必须把妻、子留在江户的居所为人质。这样就加强了对各地大名的控制，保证了幕藩体制下德川幕府统治的稳定。

C 重置领地

图示为德川幕府时代，分布在日本全国各地的大名封地图。从图上可以看出，幕府为了巩固自己的统治，已经将各个大名的领地重新划分，以确保新生及旧有的各种势力能为己所用，不会再现战国时代的乱世。

1417年各地大名分布

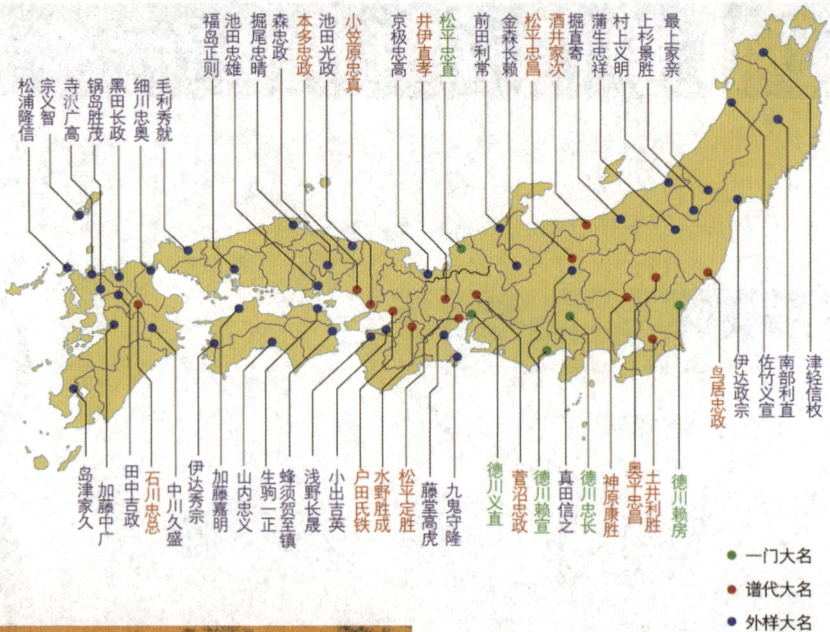

D 束缚武家

为了进一步加强对武士们的控制，德川幕府又颁布了武家诸法度。1615年，丰臣家族被灭后，德川家康颁布《一国一城令》，同年又制定《武家诸法度》，对交替参觐制度作出详细规定，1635年由德川家光修订后趋于完备。图示为德川家康（1543—1616）画像。

E 武家诸法度

修习文武之道	衣裳之品，不可混杂。大名居城，虽为修补，亦当呈报，又不许擅建新城
禁止群饮游玩，不得造五百石以上大船	诸国诸侍应节俭，耽溺于女色，耽于赌博，亡国之源也
各大名、小名及诸给人，各养士卒，有人告其为叛逆杀人犯，应速逐出	自今以后国人不得交他国，以本藩秘事告之于他藩或以他藩秘事告之于本藩
大名参觐定例，不得二十骑以上集体行进	不可私缔婚姻，以姻成党者，是奸谋之源
不得设关所、津宿	严禁耶稣教，惩罚不孝之人

F 限制钱财

图示为《江户图》屏风。德川幕府为了限制大名力量，几乎做到了算无遗漏的地步。不仅从封地、经济、等级、规则等诸多领域进行规范，同时采取“疲软”的计策，不许大名私自建造工程。但幕府却常常建造寺庙宫廷，大兴土木，然后要求大名们慷慨解囊，其目的就是为了榨取大名们手头的金钱。

G 约束公家

德川幕府不仅对武家不放心，对以天皇为首的公家同样存在警惕之心，从一开始就对皇族公家们进行了各种限制，这种大逆不道的行为在幕府的强势下竟然也执行了下去。不过德川幕府在礼教文化指导下，也给予天皇家族最大的尊重。这样，武家和公家就维系在稳定平衡之中，保证了德川幕府前期的辉煌繁荣。

H 身份等级制

士	武士	将军·大名，大名的家臣们
农	农民	负责农耕
工	职人	手工业者
商	商人	做买卖

I 对农民的剥削

图示为《农耕图》屏风。德川幕府采取的是幕藩体制，将军和武士都拥有封地，依靠剥削封地上的农民而生活。幕府对农民的剥削十分残酷，颁布禁止土地买卖令，强迫种植水稻，不断加重赋税。

J 对人民生活的干涉

图示为《鰯之地引网渔》。德川幕府不仅在政治上监控人民，经济上剥削人民，甚至对人民的日常生活也加以粗暴干涉。如不许人民随意吃大米，不许买酒、茶，甚至有夫妻间若有喝茶过分或者游山玩水者，必须离婚这样离谱的规定。

K 基督教的传播

16世纪时，基督教伴随着葡萄牙传教士的脚步进入日本列岛，但在丰臣秀吉时代遭到禁绝。在德川家康掌权时代，一度废止过对基督教的禁绝，并恢复对外贸易。但随着贸易的展开，矛盾的增加，幕府对基督教的传播感到不安，终于决定再次禁止基督教的传播。1612年，幕府正式颁布基督教禁令，驱逐传教士，由此上演一场残酷迫害不听号令的教徒的悲剧。

M 元和大殉教

1622年，日本基督教历史上最残酷的一次镇压发生了。在长崎地区，传教士与信徒共计55人遭到火刑处决，史称“元和大殉教”。这次惨剧中，包括一名来自墨西哥的神父在内的所有死难者都被梵蒂冈教廷追封为圣徒。经历多次残酷迫害，基督教在日本沉寂下来。图示为《元和大殉教图》。

L 基督教与岛原之乱

1634年，岛原、天草地区的农民在天灾人祸的背景下发动起义，由于领袖天草四郎接受了基督教思想，故而这次起义带有教徒反抗幕府的性质。起义的教民们竖立十字架，将圣像画在旗帜上，与幕府交战，但这次起义最终被镇压。图示为《岛原之乱图屏风》。

N 闭关锁国

幕府一面打压基督教，一面终结对外贸易，颁布《锁国令》。规定除特许船只外，其余船只严禁驶离日本，除特许人员外，日本人一律不得出国。锁国令下达后，日本只保留长崎一处与中国、荷兰通商。图示为江户时期的日本船只，闭关锁国后，这些船只就再无意义了。

O 江户幕府的官制

中央	地方
大老：统领一切政务	京都所司代：负责京都警卫，监视关西大名
老中：辅佐政务	大坂城代：负责大阪城防，监视关西大名
御用人：将军近侍	骏府城代：幕府驻骏府长官
若年寄：管理将军直属家臣	町奉行：负责一般町政和司法
奏老番：掌管典礼仪式	奉行：负责区域民政和司法
町奉行：掌管江户城下町	藩国大名：驻扎各地

P 中央官

德川幕府的官制设置还是比较简单、朴素的。中央官主要任务基本上为辅佐将军治理国家或者管理国家重要地区事务。另有一些官员是负责礼乐制度和监察的。图示为《京中京外图》中描绘的江户城——德川幕府的政治中心。

R 朴素的幕府政治

德川幕府的政治机构简单朴素，是最具有武家文化意义的政权。镰仓幕府带有浓重的公家贵族色彩，室町幕府虚弱式微，而德川幕府沿袭了战国时期各地大名们的统治方式，形成武士+农民的体制，官员也没有文武之分，同时军政合一，需要打仗的时候，平日的官员可以直接变为武将。德川幕府的政治结构，简单而实用。

Q 地方大名

德川幕府采取的是幕藩体制，幕府和各藩地均有自己的直辖范围。地方行政中，除了守护大名们的封地外，其余地区均由幕府派遣官员管理。地方官员大体上有“城代”、“町奉行”和“奉行”三种，他们分管自己辖区内的部分事务。图示主管志摩的山田奉行纪念馆。

05 经济的发展

关键词:繁荣/商品经济

德川幕府统治的稳固为日本国内带来了经济发展的契机。统一的局面保证了市场的完整，避免分立割据时期的关卡林立、商品交流不便的情况；和平与稳定则保证人民安居乐业，能够生产出足够进入市场销售的剩余农产品及手工业制品。于是在德川幕府统治时期，出现交通发达、商业繁荣、城市兴旺的良好经济局面。而商业的发展也在一步步冲击着传统的自然经济，在德川幕府后期，资本主义萌芽已经诞生在日本的土地上。

农业	农具	脱粒机、选谷筛、舂米法
	肥料	鳁鱼渣、青鱼渣、油渣
	农作物	稻、黍、稷、麦、菽 新增：甘蔗、甘薯、马铃薯、烟草、玉米、番瓜、西瓜、油菜籽、豆角、落花生
	垦殖	开垦新田面积大幅度增加
	水产	渔业兴盛 A
手工业	处在家庭手工业阶段，传统手工业部门继续发展 B C	
商业	商品及货币流通活跃 D	
	专业商人数量增加 E F	
	出现投机交易 G	
城市	城下町发展迅速 H	
交通	便利 I	
外贸	闭关锁国后只在长崎同中国、荷兰做生意 J	

A 水产业的发展

德川幕府时期的水产业很发达，渔民们通常捕捞鳁鱼、鲸鱼、金枪鱼、鲑鱼等，年捕捞量接近30万两。捕捞工具中除了传统的渔叉外，还有大型渔网等。繁荣的局面促进了市场发展，通过经营渔业而富有起来的人越来越多。图示为纪伊地区出海垂钓的渔船。

B 著名手工业制品

领域	产地	名号
丝织业	京都	丝织品
麻织业	奈良	奈良布
	近江	蚊帐
印染业	京都	友禅染
	尾张	有松绞
陶瓷业	肥前	有田烧
		伊万里烧
	加贺	九谷烧
	尾张	濑户烧
	京都	清水烧
		栗田烧
漆器	京都	漆器
	能代	春庆涂
	奥州	会津涂
	能登	轮岛涂
造纸业	越前	奉书纸
		岛子纸

E 专业商人的分类

商人	批发商	将货主的货物卖给经纪人
		批发商集团：十组问屋、二十四组问屋
	经纪人	介于批发商和零售商之间买卖商品的人
	零售商	内部存在雇佣关系和主从关系
	小贩	进入农村，异常活跃

D 活跃的商品经济

图示为德川幕府时代的货币。日本发展到这一阶段，在历史的推动下，商品经济已经在自然经济的包围中逐渐成长起来。这时期的日本商业格外活跃，出现各种便于商业发展的行业，例如负责转销的“藏元”，负责贷款的“挂屋”等，这些行业的出现都是商业繁荣的反映。

C 陶瓷的进步

侵朝战争中，日本俘获大量朝鲜工匠，其中有不少是陶瓷名手，他们将朝鲜先进的制瓷技巧传入日本。因而在德川幕府时期，日本的陶瓷业水平又一次依靠着邻国而发展起来。很多地区都形成了烧瓷品牌，譬如京都清水烧等。图示为著名的伊万里烧所出品的青花鸟纹盘。

F 零售商

零售商是日本商业发展史上不容忽视的一类商人，他们在江户时期大量增加。零售商内部既存在商品经济下的雇佣关系，也存在严格的封建等级制度，经营者、伙计之间有明显的分界。一般而言，伙计从学徒做起，从事各种劳动，成年后成为掌柜的助手，管理经营活动，20年后才可以另立门户。

G 投机大米

商品经济下的投机行为愈演愈烈。由于大米是关系每一个人生活的基本物资，所以米价涨落在农耕国家中都是不容忽视的问题。伴随米价起伏而逐渐活跃起来的就是投机商，他们掌握了大笔资金，低买高卖，引得市场动荡，民不聊生。图示中的日本的农民在田中辛勤耕作。

H 城下町的活跃

江户时期的城下町格外发达。由于一国一城令的颁发，城下町被固定起来。几乎所有的武士团都被强制住在这里，他们的日常生活需要以及对奢华品的需求都要通过商业解决，消费规模庞大，这就带动了城下町内经济的繁荣。图示为描绘江户城的《京中京外图》，一派繁华旖旎。

I 便利的交通

东海道	驿站100人、马100匹
中山道	驿站50人、马50匹
日光道	驿站25人、马25匹
奥州道	
甲州街道	

J 朱印船与外贸

图示为茶船屋的朱印船的航行绘卷。朱印船制度是1592年制定的，幕府将朱印状交给具有资格的商船。携带朱印的船只甚至可以航行海外，对日本的贸易往来起了很大作用。但随着闭关锁国令的下达，日本只保留长崎一处通商港口，日本的外贸发展就此落后。

06 江户时期的人民生活

关键词:丰富/娱乐

江户时期，因为国家统一、政权稳固、经济增长且商业活跃、城市繁荣，故而日本虽然处在闭关锁国的状态下，但人民的日常生活比之前代，却有了格外丰富的发展。日本人民不仅在传统节日举办各种特别的庆祝活动，在日常生活中也可以选择各种文娱活动进行消遣。

有趣的娱乐活动		
	祭祀	追忆祭
		宗教祭
		习俗祭 A B
	节日庆典	2月：初午 C
		4月：灌佛、花见 D E
		5月：端午 F
		8月：船游 G
		11月：七五三 H
		12月：师走 I
	日常文娱 J	歌舞伎
		人形净琉璃
		能乐

A 祇园祭

园祭是京都八坂神社有着千年历史的传统祭祀活动。公元869年，日本遭遇瘟疫，当时包括京都在内的日本全国都被瘟疫困扰。有传言声称，是牛头天王在作祟，于是百姓在京都二条城以南的神泉苑竖起了66根鉾（鉾指古代兵器中的枪或矛），祭祀祇园神，并在城中巡游祈求祛除瘟疫。当时这项活动被称为祇园御灵会，流传至今成为了享誉世界的“祇园祭”。

B 日吉山王祭祀

图示为日吉山王祭祀图。在日本，日吉大社负责定期进行山王祭祀，其目的是祈祷粮食大丰收。这项祭祀活动年代悠久，起源于坂本的居民向日吉大社献祭。对日吉大社的献祭活动从每年3月开始，一直持续到4月。

C 初午

日本2月里最初的午日叫“初午”，这是稻荷祭日。人们会向稻荷神，即五谷神敬献炸豆腐，同庆佳节。同时，日本的农民也要在此时祭祀田神，祈求丰收并开始春耕。因此，稻荷信仰所具有的农业神因素便与民间节庆结合起来了。图示为初午节的画卷。

D 灌佛会

灌佛会是为了庆祝释迦牟尼诞生而举办的法事。在日本，一般为每年4月8日举行。日本人在这个节日里，一般会用各种花草制作花佛堂，在里面摆放灌佛桶，装满土常山叶泡的茶，在中间摆放诞生佛的像，再用长把勺子舀茶水浇在佛像上。图示为灌佛会的场景。

E 花见

“花见”即赏花，是日本重要而独有的一项娱乐活动。一般是在春暖花开的4月举行。日本人会在这一天，与亲朋好友们聚在一起，一边饮酒作乐，一边赏花，在敬酒和品尝美食中欣赏花的美丽。这样的活动往往规模庞大，是人们欢庆、娱乐的场所。图为“花见”的场景。

F 端午

众所周知，“端午节”起源自中国古代，作为一种文化逐渐传播海外，在朝鲜半岛、日本都有端午节的存在。与中国按照传统阴历过端午不同，日本的端午节固定在阳历5月5日，这一天是日本男孩的节日。有男孩的家庭会在这一天挂起鲤鱼旗，食用日本粽和柏饼。

G 船游

在日本，“船游”的日期一般是在8月，这是江户时期的一项传统，人们会在这一天乘船泛舟，观赏河两岸的美景。在现代，船游日往往会有沿河大型的烟火表演。图示为船游的场景。

H 七五三

七五三是日本一个极其独特而重要的节日，也是一种祭祀日。所谓七五三，即男孩的三岁和五岁，女孩的三岁和七岁，都要举行祝贺仪式。每年的11月15日是庆祝七五三的日子，每逢七五三日，家里有3岁或5岁的男孩或者3岁和7岁的女孩的，都会带着孩子到神社祭拜，祈求平安。

I 师走

严格来讲，“师走”不算什么节日，只是一种民间现象。“师走”一般出现在12月，即年底。人们都忙于结清旧年账目，妥妥当当地迎接新年，就连平日最威严的老师都会忙着奔波还钱，久而久之，就产生了“师走”这样一个现象。图示为“师走”的场面。

J 丰富的文娱活动

综上所述，德川幕府时期的日本人民有着非常丰富的社会娱乐活动。从一年的开始一直持续到年末，几乎每个月都有一项值得庆祝的节日或者祭祀日。伴随节祭日的是各种内容丰富的庆祝或者是纪念活动。人们可以在这些日子里或欢庆，或祈愿，或欣赏美景，或诚心礼拜，通过文娱活动，人们得到的不仅是美食与美酒，更多的是精神上的慰藉与愉悦。

07 江户时期的文化发展

关键词:璀璨/平民/新元素

德川幕府时期，日本文化有了进一步的新发展。这一期的文化分为前后两个阶段，在第一个阶段，日本文化依然根植在旧有的基础上，与前两个幕府时代不同，德川幕府重视礼教文化，重新确立了礼乐制度，此时的日本学术趋向独立，文艺则更加贴近平民；在后一个阶段，以荷兰为代表的西方文化传入日本，同时日本自身的学术，即非中国传来的学问也开始抽芽成长。

<table>
<tr><td rowspan="11">江户时期的文化</td><td rowspan="6">前期</td><td rowspan="3">礼教文化</td><td>执政者好学</td></tr>
<tr><td>幕府体制和礼仪健全 A</td></tr>
<tr><td>尊崇皇室 B</td></tr>
<tr><td>学问</td><td>独立化 C D E F</td></tr>
<tr><td>文艺</td><td>大众化 G H I J K</td></tr>
<tr><td>美术</td><td>摆脱宗教，与市民阶级相结合 L M N O P</td></tr>
<tr><td rowspan="4">后期</td><td>学问</td><td>各派竞起，日本固有国学与荷兰西学流入 Q R S T</td></tr>
<tr><td>文艺</td><td>各类文学、艺术形式百花齐放 U V W</td></tr>
<tr><td>美术</td><td>绘画上有创新，建筑、雕刻没有过多发展 X Y Z</td></tr>
<tr><td>书法</td><td>各种书法体流行</td></tr>
</table>

A 制定礼仪

德川幕府重视礼教，健全幕府制度并制定礼仪。将军模仿公家的服饰，仿照京都风格修葺建筑。同时尊敬皇室，虽然限制天皇权力，但给予其精神上的尊重。礼教文化的实施溶化了武士的杀戮之风，缓和了社会矛盾。图示为新井白石，著名学者，亦是礼教文化的提倡者。

B 尊敬皇族

虽然制定公家法度来严格控制皇室贵族，但在礼教文化政治的指导下，德川幕府给予天皇更多的尊重。他们在面对天皇使者的时候都力求恭敬，以示诚意。同时积极修缮、维护皇陵。这些措施很好的缓解了长期以来公家与武家的矛盾。图示为明帝天皇即位典礼，华丽而盛大。

C 学术和史学

类别	学派/方式	人物	著作
儒学	京学	藤原惺窝	
		林罗山	
	南学	南村梅轩	
		闇斋	
	朱子学	贝原益轩	
	阳明学	中江藤树	
	古学	山鹿素行	
史学	官方修撰		《宽永诸家系图传》
			《大日本史》
	私人编撰	山鹿素行	《武家事纪》
		松下见林	《异称日本传》
		新井白石	《古史通》
			《古史通或问》
			《藩翰谱》
			《读史余论》

D 文学与科学

文学研究	北村季吟	打下注释、汇总古典文学的基础
	户田茂睡	《万叶集》注释书：《万叶代匠记》
	贝原益轩	《日本释名》
	新井白石	《东雅》、《东音谱》
科学	涩川春海	自制历法
	稻生若水	《庶物类纂》
	新井白石	《采览异言》
	西川如见	《华夷通考》
	贝原益轩	《大和本草》

E 一代学者新井白石

新井白石（1657—1725）是日本朱子学派的著名儒学家，精通儒学、史学、地理学、宗教、文学、语言学等，所编书籍甚多，是江户时期日本学术界的著名学者。同时，他也积极参与仕途，推动礼教文化政治实施，而且他还是最早在日本宣传西洋学术的学者之一。图示为新井白石的肖像。

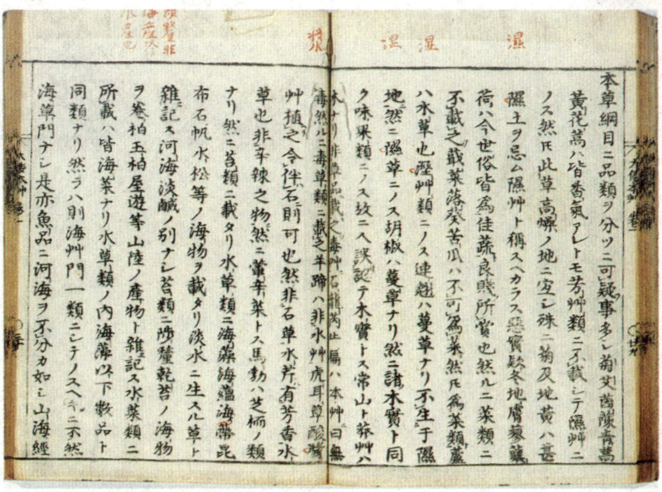

F 大和本草

贝原益轩是德川幕府初期的儒学家，早年传授朱子学说，晚年的思想则接近于唯物主义。他还是一个平民教育家和博物学家，是日本本草学的创始人，所编著的《大和本草》对日本药物学的发展做了很大贡献。图示为《大和本草》。

H “俳圣”松尾芭蕉

松尾芭蕉（1644—1694）是德川幕府前期最著名的俳谐诗人，以写作俳句连歌而著称，与近松门左卫门、井原西鹤并称为“元禄三大文豪”。松尾芭蕉将原本诙谐的喜剧性诗句定格为一种正式的诗体，即俳句。将俳句与禅意结合，通过寥寥几笔，即能烘托出悠长、空灵的美妙气氛。

I “好色”的浮世草子

井原西鹤本是俳句诗人，后投身到小说创作中，写出著名的艳情小说《好色一代男》，广受好评，开创了日本社会小说，即“浮世草子”的时代，更是日本现实主义市民文学创作的起点。井原西鹤一生写作20多部小说，大都以商人生活为题材，囊括许多社会民情。图示为浮世绘中的美人。

J 净琉璃巨匠

近松门左卫门是德川幕府时代前期最著名的净琉璃和歌舞伎的戏曲作家。他出身没落的武士家庭，有感于仕途艰难而投身于演戏以及戏剧本子的创作中。他的一生都献给了日本戏剧事业，共创作110多部净琉璃木偶戏的剧本，以及28部歌舞伎的剧本，亦是日本的一代文豪。图示为歌舞伎中的艺人。

G 文艺大众化

统治阶级的文艺	和歌	墨守成规，无创新发展	
	连歌		
	能乐		
民间艺术	俳句	松永贞德推广并制定式目	
		西山宗因从庶民中寻找素材	
		松尾芭蕉将其发展到极致	
	小说（浮世草子）	井原西鹤	好色小说
			武家小说
			町人小说
	净琉璃	近卫门左卫门	
	歌舞伎	江户市川团十郎：武打戏	
		京都坂田藤十郎：爱情戏	

K 美艳歌舞伎

歌舞伎是日本民间的表演艺术，起源于江户时代。歌舞伎的始祖阿国为修建神社而女扮男装，在街头进行说唱形式的歌舞表演，引起轰动。如图所示，为喜多川歌麿的浮世绘作品《西国艺妓》。歌舞伎最初也是由这样的艺妓担任，但幕府以有伤风化为名，禁止女性表演，于是歌舞伎的演员都成了男性。

L 美术的新风

狩野派	狩野探幽
土佐派	住吉如庆、住吉具庆
装饰画	本阿弥光悦、俵屋宗达、尾形光琳
浮世绘	菱川师宣

M 狩野探幽与狩野画派

狩野画派流行于日本15—17世纪，属于中国式绘画。狩野探幽为其第三代代表，日本德川幕府最具有影响力的画家。他的作品色调柔和，是后代狩野派画家的模范。他的画风迎合了幕府将军的趣味，被幕府奉为座上宾，为许多宫殿和城堡绘制过壁画。图示为狩野探幽的作品《松鹰图》。

N 土佐派

土佐派活跃于14世纪至19世纪的日本画坛，由土佐家族世袭。其画风较为保守，忠诚传承大和绘的传统题材和绘画技巧，是大和绘的典型代表，与传承中国式绘画的狩野派共同成为日本画坛双雄。

P 浮世绘始祖——菱川师宣

菱川师宣是浮世绘的始祖，他对版画作品进行的改革直接奠定了浮世绘美术的基础。图示为浮世绘开山祖师菱川师宣的画作《小伙子与姑娘》。大胆的描绘反映出浮世绘的本质，即绘制芸芸众生的平凡生活。

O 浮世绘开启

浮世绘不仅是江户时代的出色文化成就，同时也是日本画坛最受瞩目、影响极为深远的美术成果。浮世绘是版画的一种，从题材上看，它是日本的市井风俗画，以民情为题材，风格烂漫，用色绚丽大胆，曾启发了欧洲古典主义和印象主义等绘画流派，艺术价值很高。图示为浮世绘名家歌川国贞的作品。

Q 江户幕府后期学问的发展

类别	流派/内容	代表
儒学	折中学派	片山兼山
		井上金峨
	朱子学	紫野栗山
		古贺精里
	阳明学	佐藤一斋
	独自学风	三浦梅园
		广濑淡窗
私学馆	即寺子屋，平民初等教育场所	
国学	荷田春满	
	本居宣长	
兰学	学习荷兰语，翻译荷兰书	
科学	医学	古派注重实践
	天文学	宽政改历
	地理学	绘制万国全图
	物理学	《气海观澜》
	植物学	《草木图说》

R 本居宣长的“物哀”论

本居宣长是日本国学大师，“物哀”论的提出者。这一理论是作为一种文学概念而诞生的，但也是一种世界观，即人心接触外部世界时的真情流露，或喜或悲，或恐或敬，一切都应建立在真实的感受与心情之上。图示为一只七寸的彩绘雪山水纹盘，构图中充满淡淡伤悲，充分体现“物哀”之情。

S 天文的进步

图示为反射望远镜，是伴随着兰学一并传入的科技成果。除了天文领域外，日本在这一时期也通过兰学引入了一批西方科学知识。医学领域，日本人对西医的精准性产生兴趣；物理学领域，则有一批西学物理学著作被翻译，甚至连电子实验都在日本普及。

T 日本国学和西方兰学

在日本国学诞生之前，日本学术界基本都是在研究来自中国的学问，譬如儒家思想等。就算有所创新，也大多是建筑在中国学术的基础之上。但是在这一时期，日本知识分子开始注重发展本民族自己独特的学术，于是日本国学应运而生。与此同时，由于日本一直保持与荷兰的通商，许多西方文明通过荷兰人传入日本，让日本人倍感新奇，并称其为“兰学”。

U 江户幕府后期的文学

和歌	得到复兴
俳句	松尾芭蕉后日趋衰落
狂歌	以粗俗简练的笑话模拟古歌，讥讽世事
川柳	俳句的一种改进文体，揭露人情世故与社会矛盾
浮世草子	井原西鹤所开辟的小说形式
诙谐本	写实小说
读本	画册

V 人形净琉璃木偶戏

图示为人形净琉璃中各种不同木偶的头部。净琉璃是日本一种建筑在说唱艺术之上的木偶戏。净琉璃最初指这种艺术的曲调，后来指戏剧的剧本。净琉璃戏剧逐渐发展为木偶净琉璃戏，并在江户时期压倒歌舞伎而成为人们最喜爱的民间艺术。

W 盛极而衰的歌舞伎

图示为歌川丰春的浮世绘作品《花街新吉原包宴图》，画面描绘出一片歌舞酒宴的景象。歌舞伎在江户中后期趋于没落，本来是由美丽的艺妓为主角的歌舞伎，随着幕府的禁令而变为以男演员为主的歌舞伎。

X 写生画

这个时候，日本画坛受中国的影响，再生新风：文人画和写生画竞起。文人画不讲究技巧和色彩，只重精神。写生画也不需画帖，只贯彻写生的真谛。著名画师有丹山应举、松村英春等，图示为写生画《牡丹孔雀图》。

Y 浮生浮世

图示为浮世绘画家歌川国贞的作品。浮世绘艺术贯穿整个江户时代，至今仍有不小的影响。这种绘画根植在平民生活中，平易近人，以艳丽的艺妓为主角，着重描写她们的内心世界和日常生活，不仅具有很高的艺术价值，同时具有一定的社会价值、民俗价值以及一种暖暖的人文关怀感。

Z 西洋画

随着西学东渐势头的逐步深入，日本虽然处在闭关锁国的状态中，但因与荷兰保持了商贸往来关系，故而不仅在学问上有兰学的异军突起，美术上，日本画家们也受到西方绘画风格和技巧的影响。图示为日本人所画的西洋夫人图，从用色到技巧无不凸显西方风格，几乎看不出是日本人所绘。

08 幕末危机

关键词:危机

封建社会的矛盾发展是人类历史的必然规律，无论德川幕府采取怎样的措施都难以避免衰退的到来。随着时间的推移，幕府的种种弊端开始显露。越来越多的武士们变得贫穷，而农民们再也忍受不了剥削和压迫，起义不断。进入资本主义阶段的西方国家已经敲开中国、印度等古老东方国家的大门，他们也不会容忍日本继续保持锁国状态。就这样在内外形势的压迫下，幕府也被迫开始了部分的转变，进行了一些改革，试图缓解矛盾。

幕府政治变迁		
	吉宗	享保之治
	田沼意次	安永、松明年代
	松平定信	宽政改革ABC
	家齐	文政、天保年代
	水野忠邦	天保改革DEF
	特点：	张弛交错

B 宽政改革

1787年，德川家齐成为幕府第11代将军，白河藩主松平定信（1758—1829）就任“老中”，图片就是松平定信。新的幕阁为了平息动乱，挽救幕藩体制，一反重商主义政策，实行以抑商重农政策为中心的幕政改革，史称“宽政改革”。1793年，改革以失败告终。

A 改革的背景

18世纪中期以来，商品经济在日本发展，但是此时沉重的年贡和高利贷盘剥驱使农民弃地，而土地荒芜导致领主经济破产，下级武士日益贫困。幕政腐败，大饥荒又饿死百万人。市民暴动和农民起义接连不断，进一步动摇了幕藩体制。图示为人民起义。

C 宽政改革的内容

1 重建幕府老中协议体制

2 实行重农抑商政策

3 奖励种植粮食作物，限制种植经济作物

4 取缔私娼与艺妓，禁止色情文学和男女混浴

5 废除御家人的债务

6 整理财政，严肃等级制度

D 天保改革的背景

德川幕府在享保、宽政年间进行了两次幕政改革，但均未能从根本上缓和严重的社会矛盾，至天保年间，社会矛盾更加尖锐。1832年—1837年，天灾接连不断，再度导致全国性大饥荒，农民起义频繁发生。为维护幕府统治，首席老中水野忠邦再次实行改革。

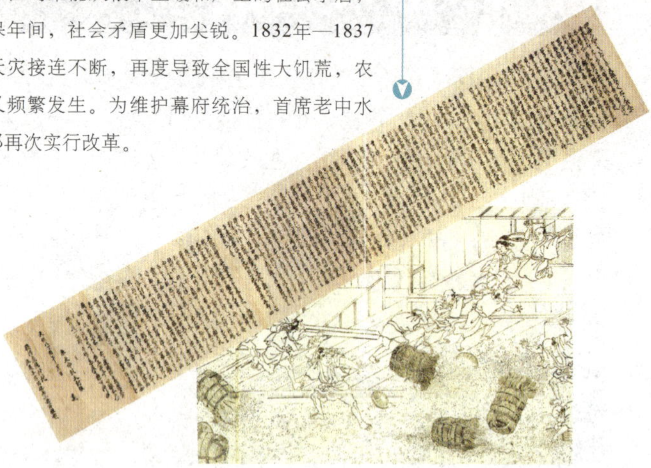

E 天保改革的措施

1 限制农村人口流入城市，强迫外流农民返乡

2 抑制物价上涨

3 稳定财政收入，征收大名领地作为幕府直辖地

4 开始给外国船只供应燃料、淡水和食品

5 加强对战略要地的警备，巩固海防

F 天保改革的结果

德川幕府这一次的改革着力点依然是抑制商品经济发展，重视自然经济下的农业生产，维护幕府体制和领主所有制。但是这种与历史发展趋势背道而驰的政策自然无法缓解尖锐的社会矛盾，经济更加混乱，各阶级都相当不满。1843年，这次改革失败。图示为天保年间的浮世绘。

1853年　1854年

09 “黑船”事件——舰船叩关

关键词:外辱/开关

1853年，美国总统任命马修·佩里为东印度舰队司令，率领四艘军舰驶抵日本，武力威胁，要求日本结束闭关锁国的状态，立刻开国通商。因为这一组舰队都是黑色军舰，故而这次叩关被称为“黑船事件”。与以往日本所使用的船舰不同，佩里带来的军舰都是近代蒸汽船，是日本人前所未见的，故而又敬又怕，同时也感受到日本与外界的巨大差距。幕府在美国的恐吓下正式开国，签订一系列不平等条约，日本陷入被列强分割的危机中。

锁国的结束

1844年 A	荷兰国王致幕府将军亲笔信	陈述世界格局，奉劝日本开国，幕府拒绝
1846年	美国提督比德尔率军舰来访	交涉通商事宜，遭到拒绝
1848年	美国与墨西哥开战	美国迫切需要日本开国，以此为中转站 B
1852年	美国总统任命佩里前往日本	交涉日本开国问题
1853年	佩里率军舰抵达日本 C	商量开国事宜 D E
1854年	佩里二次抵达日本	再议开国一事，日本被迫同意 F G H I J

A 列强走近的脚步声

日本被要求停止锁国状态不是偶然的。早在美国黑船叩关之前，日本已经接到许多开关的警告。1844年，荷兰国王亲笔给日本将军写信，阐述世界形势，奉劝开关，但幕府顽固不听。不仅荷兰，很多国家都试探过日本，希望其主动打开国门，但都失败了。图示为日本人所描绘的英吉利人。

B 黑船来访的前因

1848年，美国同邻国墨西哥开战，领土扩展到太平洋沿岸。这样的地缘政治催促着美国开发太平洋地区。美国很希望日本开国，以便将其作为中转站和避难所，但日本一再拒绝。图示为马修·佩里的照片。

C 佩里的要求

1852年，美国总统派遣马修·佩里率军舰驶向日本，佩里于1853年抵达日本，幕府被这样的情形吓坏了。佩里代表美国向日本提出了“打开国门”、“接受国书”等种种要求，总之是希望日本人立刻开国通商。图示为日本人所绘制的《黑船的来航》。

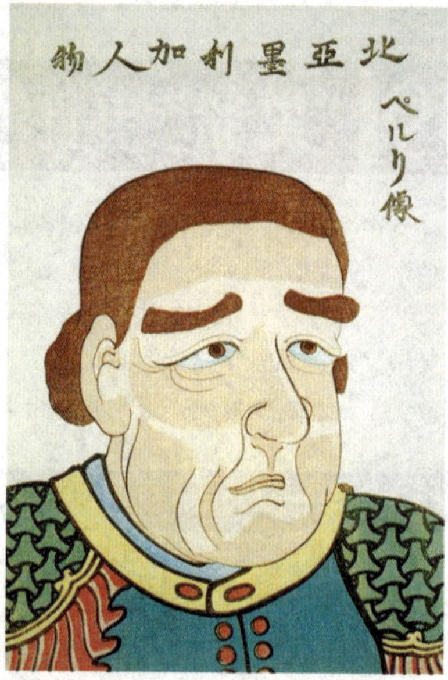

D 幕府的反应

面对突然出现在日本沿海地区的黑色军舰，冥顽不灵的幕府几乎被吓得魂飞魄散。美国使用的蒸汽发动的先进军舰以及随船而来的各种近代文明的产物让日本人打开眼界，同时也心生畏惧。幕府不愿开国，但又惧怕美国的武力，故而以开国必须由天皇批准为由，商议在次年解决。图示为日本人眼中的马修·佩里。

E 纷至沓来

美国的佩里来访后不久，北方庞大的沙皇俄国也不甘示弱，他们之前曾与日本有过接触，但被幕府拒绝。此次更是不失时机地派遣了使节普提雅廷率领四艘军舰驶抵日本。普提雅廷来到日本长崎与日方商量划定北方边界和开港通商的事情。日本的答复是：迅速开国虽然不切实际，但若日本同意与其他国家达成贸易协定，一定给予俄国同等待遇。

F 佩里再访

俄国的使者普提雅廷虽然暂时离开日本，但沙皇俄国的这一举动无疑大大刺激了美国，他们害怕在日本的权益会让俄国占据，于是更加迫切地希望日本迅速开关。在这种背景下，佩里在1854年再度率军舰来到日本，向德川幕府施加更强大的压力。图示为日本当年的出版物《黑船来了》。

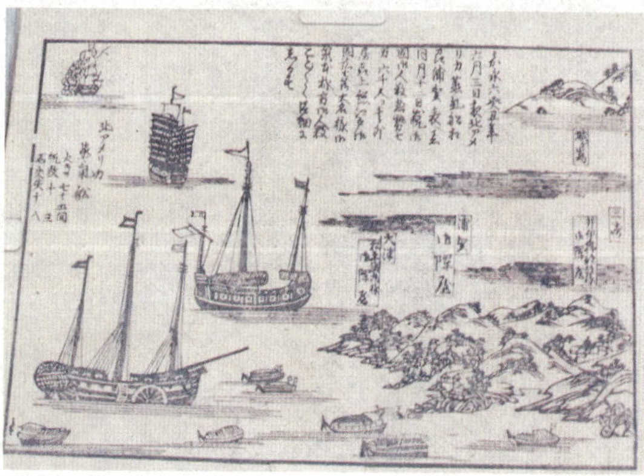

G 不平等条约

时间	条约名称	内容
1854年	《日美亲善条约》	美国船只可在下田、箱馆两港停泊 日本向途经开放口岸的美国船舰提供所需物资 给予美国最惠国待遇
1856年	《下田条约》	扩大侨居日本的美国人的权利
1858年	《日美友好通商条约》	开放神奈川、长崎等港口，在开放港口划定外侨居住地，规定了领事裁判权
1858年	《安政五国条约》	荷兰、法国、英国、俄国仿照《日美友好通商条约》，强迫日本签订类似条约

H 美国人力量的渗透

1854年，日本被迫与美国签订不平等条约，正式打开国门，结束闭关锁国的状态。此后，美国人迅速将他们的势力渗透进日本，通过领事裁判权、片面最惠国待遇等条款从日本夺取利益。图示为日本人所绘制的《亚墨利加使节登城之图》，即美国人来到日本的绘图。

J 日本开埠

在美国的威逼下，日本终于打开国门，结束闭关状态，重新接触外面的世界。此刻世界格局呈现西方强而东方没落的趋势，中国处于晚清，鸦片战争后接连受辱，而日本也被拖入到列强宰割的境地。打开国门的同时，日本也开始新一轮的向先进文明的学习。图示为开埠后繁华的横滨。

I 各国涌入

美国在日本的成功引起列强国家的嫉妒，就像他们曾经协同在一起对付中国那样，现在这些国家也援引条例中利益均沾的项目，纷纷来到日本，逼迫日本给予他们各种待遇。图示为日本人所绘制的法兰西人图画。

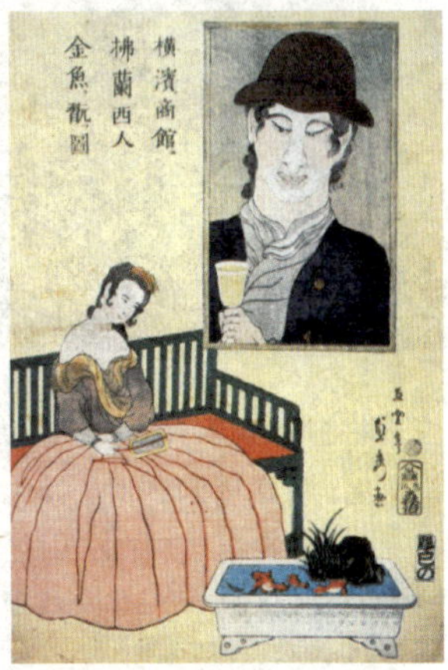

1858年　　1867年

10 倒幕运动

关键词:步步惊心/齐心救国

一面目睹昔日的强国中国沦入列强手中，任凭宰割；一面发现本国也身陷囹圄，国家主权遭到侵犯。软弱的幕府拿不出半点计策，只是一边签订丧权辱国的条约，一边大搞内讧，争夺将军之位。国家的日益沦亡点燃爱国人士心中的怒火与救国的激情，知识分子们跃跃欲试，各种新式思想层出不穷，下层武士们也已无法忍受贫苦而无权的现状，反抗运动此起彼伏，德川幕府在一片讨伐声中，与武家政权、封建社会一并退下日本历史的舞台。

A 尊王攘夷论的兴起

幕末，列强入侵，幕府元老不经天皇允许而出卖国家利益，激起诸多藩主和志士们的愤慨。“尊王攘夷”的思潮兴起，抱持这一态度的人希望恢复天皇大权，通过天皇来改革日本政治，驱逐列强。图中的日本人民踊跃的参拜象征着天皇的伊势神宫。

B 安政大狱

尊王攘夷运动	19世纪中后期	尊王攘夷论兴起 A
	1858—1859年	幕府搜捕尊王攘夷派志士，制造安政大狱 B
	1860年	樱田门外之变 C
	1863年	萨英战争 D E
	1864年	禁门之变，长洲藩对幕府屈服 F
倒幕运动	1865年	尊王攘夷运动向倒幕运动转变 G
	1866年	长洲藩、萨摩藩两派武士结成同盟 H
	1867年	明治天皇继位 I
		倒幕派发动政变，推翻幕府统治 J K L

面对各地兴起的尊王攘夷思潮，惊恐的德川幕府着手镇压此次运动。1858至1859年，幕府在京都、江户等地区大肆逮捕尊王攘夷派成员，领袖吉田松阴、桥本左内等8人被处死，100多人受到株连，史称“安政大狱”。图示为吉田松阴（1830—1859）。

C 樱田门外之变

“安政大狱”令尊王攘夷派损失惨重，但也激起了更多怀抱救国思想的志士们的愤慨。由于“安政大狱”的幕后策划者是幕府元老井伊直弼，故而尊王攘夷派成员将矛头对准了他。经过周密的策划，1860年，尊王攘夷派成员成功刺杀井伊直弼，史称“樱田门之变”。图示为樱田门事变图。

E 战争的始末

时间	过程
1862年9月	英国商人因不知日本等级规定，见到武士没有退让，遭到砍杀
1863年5月—6月	英国从日本幕府手中获得10万赔偿金
8月	英国向萨摩藩提出惩罚犯人和再度赔偿的要求，萨摩藩拒绝
	英国炮击萨摩藩，双方短暂交战
11月	英国与萨摩藩议和，萨摩藩答应支付赔偿费用并搜捕凶犯

D 萨英战争

早在19世纪50年代，萨摩藩就开始推行藩营事业，建立洋式军备，建设近代化工厂，改革派在萨摩藩茁壮成长。虽然在幕府末期，萨摩藩更倾向于联合朝廷与幕府一起改革的“公武合体”论，以“激进”为理由压制了尊王攘夷运动，但在萨英战争之后，萨摩藩成为讨幕基地。图示为手持武器的西洋人。

F 禁门之变

1864年，长洲藩因为本藩藩士被幕府杀害而异常愤慨，在尊王攘夷派成员久坂玄瑞（1840—1864）的带领下，长洲藩藩兵前往京都，准备从幕府手中夺回天皇。8月，藩兵与幕府军展开激战，最终长洲藩惨败。史称“禁门之变”。图示为久坂玄瑞。

G 尊王攘夷运动的转变

日本诸藩中最开明的萨摩藩遭遇英国的羞辱，长洲藩被幕府讨伐，心底的不满加剧。尊王攘夷运动逐步向激烈的倒幕运动转化。最初提倡武装倒幕的是提出“草莽崛起”论的吉田松阴，主张依靠豪农豪商、浪人和下级武士，推翻幕府。而后他的学生久坂玄瑞提出“草莽横断结合”，即联合倒幕的主张。武装倒幕的思想逐渐为日本中下层社会接受。

H 两藩结盟

1865年，长洲藩尊王攘夷派代表人物高衫晋作提出“开港讨幕”的主张，即不再“攘夷”，而只是“倒幕”。1866年，长洲藩与萨摩藩的武士们联合在一起，结成了秘密军事同盟。此时在远东地区有重要利益的是英国，但它的兴趣集中在市场潜力大、资源更加丰富的中国身上，加上倒幕派又放弃了排外思想，转而大力支持日本开国，由此获得英国的支持。

J 武装倒幕开始

1867年，明治天皇即位，对倒幕派富有同情之心的官员们秘密影响着新天皇的政治态度。11月，明治天皇下达了讨伐幕府的密令。同月，感到大事不妙的幕府将军德川庆喜奏请“奉还大政”，同时集结兵力，准备反叛。

I 明治天皇

倒幕运动承继了尊王攘夷派的思想核心，即让天皇掌握大权，通过天皇来实现改革。1867年，就在倒幕运动开展之时，明治天皇睦仁继位，而倒幕派思想已经影响了这个年轻而野心勃勃的新天皇。图示为年轻时代的明治天皇（1852—1912）。

K 倒幕过程

时间	过程
1867年	倒幕势力结盟举兵
11月8日	明治天皇下达讨伐密令
11月9日	德川庆喜奏请“奉还大权”
1868年1月3日	天皇宣布“王政复古”，废除幕府
1月8日—10日	德川庆喜在大阪宣布“王政复古”为非法
1月27日	萨摩、长洲两藩与幕府军激战
	幕府军失败
1868年5月3日	德川庆喜被迫交出江户城
11月	平定东北地区叛乱
1869年	天皇军队攻灭幕府残余势力的最后据点，战争结束

L 幕府崩溃

1869年，随着讨幕战争的结束，德川幕府末代将军德川庆喜彻底失去权力，而伴随着幕府一起灭亡的，是长达数百年之久的武家专权时代以及漫长的封建社会。日本的历史从此翻开了近代的新篇章。图示为德川幕府也是武家政治时代的末代将军德川庆喜（1838—1913）。

第三篇 维新与扩张：军人主导的近代

（1868—1945年）

按照历史规律，走上近代化道路就意味着民主与自由的实现，这条规律成功作用在英、美、法等国，却并未实现于日本。毋庸置疑，终结了代表专制与落后生产力的幕府制度，“明治维新”这场著名改革将日本送上强国之路：废藩置县铲除滋生地方混乱的土壤；四等级制的废除鼓舞了人民建设强大国家的士气；金禄公债的实施让政府摆脱了巨大的财政浪费；土地改革铸就一个带有新兴资本主义性质又效忠天皇的地主集团；新军制的实行加强了日本军队的统一性；成功平定士族叛乱更为国家的发展铺平道路。在明治三大建国政策的正确指导下，日本很快乘上工业革命的顺风船，汲取先进的西方文化营养，迅速崛起于亚洲。

但是这场革新并没有给予日本西方式政党制度下的民主自由：旧贵族摇身一变为华族，嗜战的武士将效忠对象由藩主换成天皇，新兴工业资本家迫切需要扩大市场以获取更多利润，形形色色的阶层无一不以家族为核心去争夺财富权势，维系民主制度、倡导自由权利的政党还只是一株脆弱的萌芽，头顶着世袭财团与世袭议员的巨石艰难破土。进步的科学知识与人权思潮并未改变日本人骨子里根深蒂固的认知，他们擅长使用外来先进文化，却珍藏内心旧有秩序。臣服强者、效忠上级的传统观念与资本主义原始积累时期的急切需求双管齐下，催生出一个不同于英、美、法等国的“资本主义”集权国家。它具备封建主义与资本主义的双重性：对土地渴望、对通商重视、对利权向往。这种建立在先天不足制度上的国家注定走向后天畸形，而在地缘政治的作用下，这枚畸形苦果将被强送入那些无辜邻国的口中。

1868年明治维新，征韩论和征台论先后兴起；1871年借台湾高山族误杀琉球人事件对华挑衅，1874年迫使软弱的清政府签署《北京专约》，埋下吞并琉球的伏笔；1875年挑衅尚属清朝藩属国的朝鲜，制造江华岛事件，往后逐年深入势力，连连逼迫朝鲜签署不平等条约，大肆排挤清廷宗主权力；1879年正式吞并琉球王国，剑指台湾；1894年挑起中日甲午之战，陆海两路进攻，击垮软弱无能的清政府，一纸《马关条约》，侵朝鲜而吞台湾，势力深入中国腹地并攫取巨额财富，国力大发展。

日本的脚步没有停下。“三国干涉还辽”之耻以及对广阔土地和权力的渴望刺激着日本以沙皇俄国为敌，积蓄军事力量，在1904年至1905年的日俄战争中获得胜利，成为近代第一个完胜白种人的黄种人国家，四海震动。1914年至1918年的第一次世界大战中，日本声东击西，对德宣战，却派兵将原属德国势力范围的中国山东吞并，战后的凡尔赛—华盛顿体系更是进一步提升其国际地位。这个时候，已完成两次工业革命并转为垄断资本主义国家的“一战”战胜国日本作为唯一的非西方国家，正式位列帝国主义世界强国阵营之中。

当对外扩张进行得风生水起之时，日本国内也开始步履维艰的政治改革。新式的专制集权上层建筑难以压住蓬勃发展的资本主义经济基础，旧贵族势力依然蠢蠢欲动，旧瓶装新酒只会令瓶子和酒水都不满意，两股力量相互推动，在19世纪末期，于天皇脚下展开轰轰烈烈“自由民权运动”，不仅是对日本民众的一次启蒙，更推动了日本政党的发展。虽然运动走向失败，但1889年出台的《大日本帝国宪法》使日本成为一个表面上的立宪国家。尽管这部宪法带着浓厚的封建专制保守色彩，但无可辩驳的是，这是东亚国家的第一部宪法，也是亚洲范围内第一部真正得到实施的宪法。而这一切都在昭示着一个新时代的到来，不仅是全人类跨入20世纪，也不仅是日本成为一个世界强国，而且还有日本政治和社会春天的到来。

1912年至1926年大正天皇在位时，各路思潮并起，自由味道浓厚，民主化深入，左翼势力抬头，城市发展加快，中产阶级增多，妇女地位显著提高，文艺全面繁荣，外交方针日渐和缓，日本国内一片欣欣向荣。然而盛世下隐藏着危机，正如中国资本主义发展过程中的“短暂春天”一样，建筑在掠夺和趁火打劫基础上的日本畸形经济也随着“一战”的结束、欧美经济的复苏而走向衰败。关东大地震、“米骚动”使民主运动持续高涨，政党内阁昙花一现。当20世纪30年代资本主义世界经济大危机横扫日本之时，长期跛足前行的日本经济面对危机不堪重负。军需通货膨胀与“军财抱合”现象日益普遍，社会不满加剧，极端思想泛滥，刺杀和暴动接连不断，这一切都在加速着这个渴望“重返大陆”的帝国主义国家走上军事法西斯道路。协调外交破产，侵略被提上议事日程：1931年在中国制造9·18事件，次年制造1·28事件以掩护伪满洲国的成立，1935年再度策动华北自治运动。随着国内政党内阁的消失，法西斯主义的确立，远东战争策源地在日本国形成，与德、意法西斯的结盟使它也成为第二次世界大战的发动国之一。

1937年7月7日，中国大地上响起枪声，8年未停。日本对华展开全面侵略，释放着它们的傲慢、野心和残忍。巨大的国力落差前，中国人没有像那些同病相怜的欧洲国家一样白旗招展，爱国主义凝聚起来的强大斗志使日本深陷泥沼。它不得不让战火一路燃烧到东南亚以求打破僵局，过长的战线反而拖垮了它的国力，恶性循环的果实在珍珠港收获，铤而走险招致的是更大的灾难。再发达的科技、再顽固的思想也抵挡不过公理和正义，“一亿玉碎”在原子弹的威慑面前退让。

1945年8月15日，日本天皇走下神坛，军部法西斯化作泡影，崛起于近代亚洲的帝国主义国家日本正式宣布无条件投降。

第十章 明治·维新：

日本近代文明的开端

1862 ▶ 1912年

明治维新是日本历史中最为重大的一场变革，其意义甚至超过了大化改新。古代的大化改新让日本融入到东亚格局中，幕末的明治维新却让日本走上世界舞台，甚至奠定了今天的日本国家综合实力以及国际地位之基础。明治维新推翻了虚弱的幕府，将武家政权和日本封建时代一同结束，打开国门，沐浴在近代化、工业化的阳光下，擅长学习的日本人又一次将外国的样板化作适合自己发展的桥梁。明治维新后，日本不仅各方面实力大幅度提升，更重要的一点是日本正式走入现代社会的发展阶段，日本的历史开启了新的篇章。图示是1890年，在日本鹿鸣馆举行的西洋式演奏会，身处日本的日本人开办西洋演奏会，穿洋装，吃西洋的食物，恰恰是明治时期的真实写照。

01 明治维新

关键词:改革/变化

德川幕府被推翻后，末代将军德川庆喜将大权交还给明治天皇。此后在明治政府的主导下，各项取消封建制度、有利于资本主义发展的政策陆续推出。在这些政策的推动下，日本逐步迈入资本主义社会，实现富国强兵，人们将这一系列改革活动称之为“明治维新”。在日本历史上，明治维新有着和大化改新一样的重要地位，对日本近现代社会具有最直接、最深远的影响。可以说，是“明治维新”成就了近现代以来日本的强大国力。

A 迁都还政

明治维新时的东京因位于京都之东的关东平原而得名。从平安末期至镰仓时期为豪族江户氏住所。德川家康在此任征夷大将军后，这里成为全国政治中心。1868年，末代将军德川庆喜交出该城。明治政府占有此地，改称东京。图示为明治天皇收回权力后从京都迁往东京的场景。

B 明治天皇

明治天皇名睦仁，1860年被定为储君，继承皇位后启用倒幕派人士，成功终结武家统治，收回旁落数百年的天皇大权。而后推动维新改革，制定一系列新政策，使日本迅速走上强国行列。图示为明治天皇的肖像。

明治维新的内容

年份	内容
1867年	王政复古 A
	改年号“明治” B
	《五条誓文》 C
1868年	实行太政官制 D
	开始土地改革 E F
	奉还版籍 G
1869年	废除原有等级制度 H
	废藩置县 I J
1871年	考察西方 K L
1872年	重定身份制度，实现名义上的“四民平等” M N

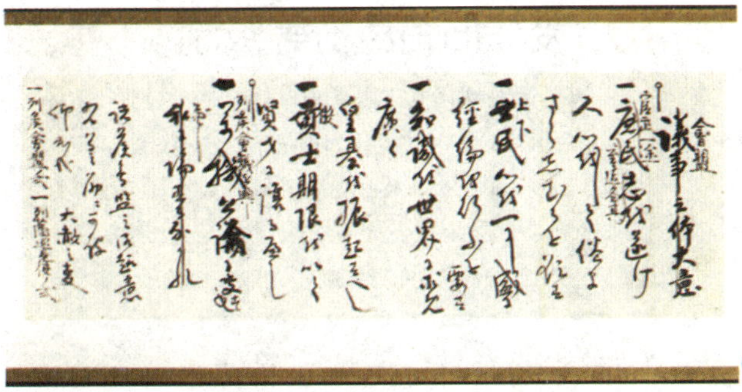

C 五条誓文

《五条誓文》是明治维新时期明治天皇颁布的，是推翻幕府统治后，明治政府一段时期内的施政纲领。其内容较为泛泛，实质性政策很少，核心为对外学习，强国御辱。该纲领具有浓厚的封建思想和军国主义色彩。图示为《五条誓文》。

D 太政官制改革

1871年，明治政府进行官制改革。明确规定天皇总理国家大事，重订宗教政策，并将太政官分为正、左、右三院：正院为执行机构，由太政大臣、纳言、参议组成；左院为立法机构，实质只是正院的咨询机构；右院是各长官、次官的协商机构，为内阁前身。这次官制改革让公卿诸侯全部离职，由各藩藩士接任。1873年又在太政官中设置内阁，加强体制。

E 土地与赋税制度的改革

1868年	各村地面均应作为农民占用之土地	
1872年	废止幕府颁布的永久禁止土地买卖的禁令，允许土地买卖	
	在全国范围内丈量土地	
	改革赋税	由实际耕种者缴纳
		新税率为地价的3%
		征收附加税，以货币形式缴纳

F 土地改革的内容

土地改革的本质为废除幕藩封建领主的土地所有制，自耕农和新地主成为合法的土地所有者，大体确立适应资本主义发展的近代土地所有制。土地税制也属于近代税制，地税额虽不下于封建时代的贡租，但却成为明治政府初期资本原始积累的重要来源。图示为明治时期的货币。

G 版籍奉还

1869年时明治政府实行的一项中央集权政策即“奉还版籍”。各藩大名向天皇交还领土和户籍。这一措施加强了中央对地方的管控，开天皇政府干涉藩政的先河。此后各藩藩主陆续被改任为知藩事。图示碑文显示出古河藩在明治维新时期版籍奉还的过程。

H 废除旧有身份等级制

德川幕府时期制定了四民等级制度。分别为士、农、工、商。其中只有占人口不过10%的“士”是统治阶级，即武士。剩下的三个等级占据人口的绝大部分，都被或多或少的剥夺一定权利。这个等级制度在明治维新时期被废除。图示为江户时代的等级制度——士农工商制。

I 废藩置县的过程

背景	集权政府建立，但幕藩体制依然存在
原因	彻底废除藩国，解除地方割据隐患，实现中央集权
过程	1868年：制定统一藩地官制，政府开始干涉藩政
	1869年：版籍奉还，藩主成为知藩事
	1870年：废藩置县，确立府县制
结果	各藩丧失独立性，大权收归明治政府

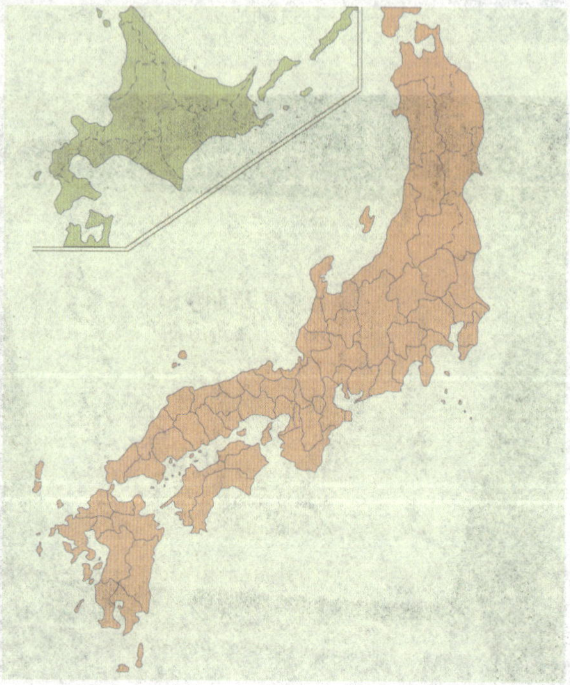

J 废藩置县解析

明治政府虽然推翻幕府统治，但各地藩国势力仍存，时时刻刻威胁着中央的集权，同时也不利于日本资本主义的发展，图片为日本各藩图。因此，明治政府在“版籍奉还”后，逐步推行“废藩置县”。从1871年开始废除全国各藩，统一为受中央管辖的府县。原为旧藩主的藩知事保留华族身份和俸禄。

K 考察世界

为了更好的向西方学习、寻求更加先进的文化、思想，早日使日本向近代社会转型，1871年，明治政府派出以右大臣岩仓具视为首的、百余人的代表团奔赴欧美进行全方位的考察，这个考察团内也有不少留学生随行。图示为这个考察团的大臣之一伊藤博文（1841—1909）。

L 向西方学习

从古至今，日本就是一个擅长并习惯于向外界学习的国家。古代的它一直向中国、朝鲜等陆地国家学习；进入近代后，没落的东方已不再是它的榜样，先进的欧美国家成为它积极效仿的对象。“全盘西化”逐渐占据日本社会舆论主流。图示为日本考察团中的全权代表岩仓具视（1825—1883）。

N 取消武士特权

1869年	奉还版籍，藩主变为知藩事
	废除原有等级制度
1871年	废藩置县
	废刀令
1872年	确定皇族、华族、士族、平民身份制
	实行征兵制，取消武士的垄断军职特权
1876年	金禄公债，废除武士封建财产特权

M 形式上的“四民平等”

明治政府用新的等级制度取代旧有的制度，将日本人分为皇族、华族、士族和平民四个阶级。旧贵族为华族，旧武士为士族，原有的农民、商人和手工业者依然为平民。所谓“四民平等”只是表面文章。图示为旧公家的贵族毛利元德（1839—1896）。

02 明治三大政策

关键词:自强

明治三大政策是明治维新的主干，其余各项维新政策都是其枝叶。三大政策分别是殖产兴业、文明开化、富国强兵。若以主体两翼论之，则富国强兵为主体，殖产兴业和文明开化为其两翼，三方相辅相成。殖产兴业为引进西方先进科学技术，文明开化为引入西方丰富的思想精神，其最终目的即为提高生产力、提高人民素质，富国强兵。明治维新成就了日本近代大发展，明治三大政策成就了明治维新。

A 发展工业

所谓殖产兴业，即以国家政权的力量为主导，以政府的各种政策为杠杆，以国家的资金为助力，加速日本资本的原始积累过程。实质为以国营的军事工业为主，以政府的力量来扶持日本资本主义快速成长。图示为一组和近代军事息息相关的小火车。

B 殖产兴业近代化

1870年至1873年，日本政府先后成立了工部省和内务省，相互配合，推行殖产兴业政策。引入西方先进的生产技术与机器设备，兴建铁路、近代化工厂，创立各种官办企业。1880年又通过“官业下放令”将官营企业转让给予政府密切相关的特权大资本家。图示为近代化社会的跨海大桥。

明治三大政策		
	殖产兴业	推行工业化，创办近代产业 A B
	文明开化	学习西方文明，全盘西化 C D E F
	富国强兵	以富国强兵为最终目的，殖产兴业与文明开化为实现其的各项措施 G H I J

D 拥抱西方文明

“文明开化”政策是日本“脱亚入欧”行动的指向标。此前日本都是向东方国家学习，明治维新时则全方位地向西方看齐。推行洋式建筑、穿洋服、吃西餐等。图中所示的博览会场景，无论从哪个角度看都是华丽的西方风，但这却是一场在日本举办的、有诸多日本人参加的博览会。

C 全盘西化的内容

1 建立西式学校
2 大量翻译西方书籍
3 穿洋服
4 吃西餐
5 欣赏西方舞乐及绘画作品
6 讲英语，与西方人通婚

E 西化下的种种极端

明治三大政策制定后，长达两年的考察让日本人大开眼界。他们目睹了西方文明的先进，又惊又迷恋，迫不及待地决定学习西方以促进日本本国的进步。19世纪80年代是日本“全盘西化”的时期，这时的日本人完全否定并排斥日本的文化传统，甚至出现“日本人都该说英语”、“与西方人通婚以改善人种”等极端说法。

F “矫枉”不能“过正”

如图中所示，画面上既有穿着近代西式服装的人，亦有穿着传统和服的女子。全盘欧化的潮流引起大臣伊藤博文的警觉，他虽然是欧化政策的倡导者，但在发现欧化潮流有矫枉过正之嫌后便压制肤浅庸俗的西化倾向，恢复传统。于是在日本出现西服与和服并存、酒吧与茶室同处的现象。

G 歌舞升平的繁华

明治三大政策有条不紊的推行，明治维新时期的其余各种政策亦推广的井井有条。日本开始扭转积贫积弱、动荡不安的局面，打开国门，积极学习，引入西方先进的物质和精神文明，逐渐富强起来。图示为明治天皇观看西方马戏表演的画面，一派繁荣景象。

H 最终的目的——扩张

明治三大政策中，殖产兴业和文明开化其实都是最后一条“富国强兵”的两翼。富国强兵是这一政策的主体，甚至可以说，富国强兵才是明治维新的最终目的。千百年来，作为孤悬海外的岛国，日本民族内心中一直充满不安。向海外进发似乎根植在日本人的心灵中。日本历史中，每当获得一次国家大进步后，所伴随的几乎都是一场对外的侵略。

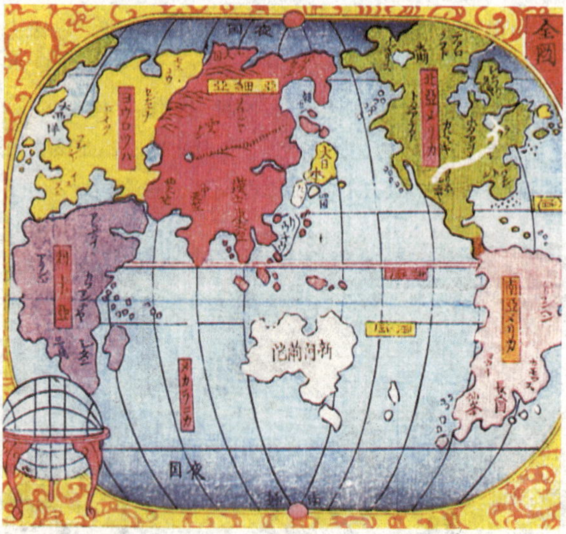

I 放眼世界

明治维新后，日本积极与欧美等西方国家往来，如饥似渴地学习态度令世界刮目相看。日本从来都是这样一个擅长学习的国家。而他们的目的不仅仅在于“学习”，更在于学习后的“强大”。他们的目光充满了好奇。图示为一张近代日本人绘制的世界地图。

J 野心蛰伏

明治三大政策的实施使日本国力提升、人民素质提高，开始由封闭的封建社会向开放的近代社会转型。欧美先进技术与思想潮水般涌入日本，却填不饱他们的肚皮。图示为一个日本传统的相扑手，而他身前站立的，是一个西方人。相扑手不善地盯着西方人，似乎随时都会出手。

1877年

03 西南战争

关键词:叛乱/反抗

明治维新也并非一帆风顺，期间经历过颇多的艰辛和周折。西南战争与武士反叛就是其中规模最大的一次对抗事件。任何一场变革都不会是一蹴而就，明治维新亦然。虽然推翻幕府，建立以天皇为核心的集权政府，但传统的幕藩体制依然残留巨大的势力，天皇名义上收归大权，实际上却处处受制于各藩领主。维新事业的成败仅系在各藩对政府的支持上，这自然不能令天皇满意。一步步推行收回大权的政策必然激怒武士阶级，这就是西南战争的历史必然性。

西南战争		
背景	尚未形成中央集权体制，各藩仍有独立军队 A B C	
背景	不同阵营之间的矛盾日益激烈 D E F	
导火索	废刀令颁布 G	
过程	1877年2月	萨摩藩士族叛乱 H
过程	3月	熊本城争夺战 I
过程	4月	政府军解除熊本危机
过程	5月	政府军追击萨摩军
过程	9月	萨摩军失败
结果	叛乱领导人西乡隆盛请心腹为己介错 J	
结果	反叛政府的士族均被清洗 K	
意义	西南战争的结束意味着日本资本主义革命终结，由天皇主导的中央集权制资本主义日本国建立 L	

A 冲突中的武士

明治维新虽然成立了以天皇为最高首领的中央集权式政府，但中央对地方的控制却并没有在朝夕间实现。传统上的幕藩体制依然有着强大的影响，他们对维新政府的态度，时时刻刻都左右着维新的效果。日本政府财政负担加剧，各藩争权夺利，矛盾被不停激化，图示为局部冲突中的武士。

B 松平容保

会津藩藩主松平容保（1836—1893）是幕府的支持者，他的藩兵曾和倒幕军队展开激战，同时他还配置新选组，维持江户治安。以他为代表的对明治政府不利的藩主们手握重兵，这令新政府深感不安。

C 各怀心思

明治维新后的政府并没有强大的直辖武装力量，他们所依靠的仅仅是支持维新事业的几个藩地的兵马，图片是支持维新的萨摩藩实际领导者岛津久光（1817—1887）。一旦政府和各藩出现矛盾纠纷，藩地撤回支持，维新事业就岌岌可危了。而各藩领主也并非齐心协力，在他们眼里，明治维新只不过是国家名义上的领导人彰显自己存在感的表现手段。

D 矛盾迭生

矛盾一	开国政策：维新政府推行开国策略，求知识于世界
	攘夷派：敌视开国，斥责政府违背天皇意愿
矛盾二	征兵制：编制政府常备军，解散各藩军队，实行军队国家化，藩兵被迫退伍
	秩禄：金禄公债的实施废除了士族世代继承的俸禄，生活水平急转直下
	士族危机：士族们的目光移向海外，提出的征韩论却失败

E 不同的矛盾

明治维新的政策执行受到了很大的阻力，攘夷派敌视西方，认为开国政策有违天皇本意。反抗最激烈的是武士阶级，他们不再拥有军事和经济特权，生活水平一落千丈，提出的征韩论又没被通过，心中的不满在集聚。图示为维新三杰之一木户孝允（1833—1877），他站在明治政府一侧而被叛乱武士们所敌视。

F “征韩论”的失败

出于地理因素和历史渊源，幕府时期就有学者歪曲历史，声称日本可以随意控制朝鲜。明治维新后，为了加速资本积累，不少人提出对朝鲜用兵，政府内部形成西乡隆盛的征韩派和大久保利通的内治派。前者认为必须立刻发动对朝战争，后者认为待日本国力增强后再对朝鲜用兵。天皇推翻西乡隆盛的征韩论，成为西南战争的引线。

G 导火索——废刀令

征韩论失败后，西乡隆盛不满地离开政府回到藩地。而此时政府又颁布“废刀令”，对武士们而言，武士刀就是他们的尊严和生命。图片是一幅武士挥刀图，废刀对他们而言是最大的羞辱，忍无可忍的武士们终于发动了西南战争。

H 兵起萨摩藩

废刀令颁布后，各地陆陆续续出现武士叛乱现象。士族们的不满喷薄而出。而被迫下野的西乡隆盛也一直在等待时机。终于在1877年，旧萨摩藩的藩士们推举西乡隆盛为首领，正式发动武装叛乱，他们带领3万余人，开始向政府进攻。图示为萨摩藩西南战争死亡武士纪念碑。

I 熊本城的危机

萨摩军队的首要目标是位于北九州的熊本城，他们制定了强攻熊本城，控制九州的战略。政府军看穿这一企图，派大军直扑熊本地区。双方爆发遭遇战，各有胜负。政府军固守熊本，萨摩军久攻不下，双方进入僵持状态。图示为熊本城。

J 败亡·介错

“介错”是指将切腹者斩首，使其迅速死亡、免除痛苦的人。西南战争中，政府军解熊本之围后反攻，萨摩军一溃千里，西乡隆盛见大势已去，由亲信别府晋介为自己介错，结束生命。图示为歌川丰国的浮世绘，一位役人扮演带刀武士，刀对武士有重要的象征意义，用处非常大。

K 零落成泥

图示为一件贴有金箔的武士头盔。武士们曾经有过数百年的辉煌，但这一切都随着西南战争的失败而去。明治政府对反政府士族进行了彻底清算，有数千人被判刑，斩首22人，其余皆得到不同刑罚。此后士族彻底失势，明治政府掌控全国。

L 西南战争失败的本质

西南战争是倒幕运动的结局，日本资产阶级革命的余波。倒幕派中的大、中资产阶级，贵族，封建地主陆续对中央集权政府妥协，资本主义势力最强大的西南诸藩代表了下级士族和小生产者、小资产阶级的利益，他们主张发展资本主义，反对集权制度。他们失败后，日本成为一个真正的由天皇控制的、带有浓厚封建性质的畸形资本主义军国。

1874年 1890年

04 自由民权运动与宪法

关键词:斗争/权利

19世纪70年代以来，开眼看世界的日本人领略了西方民主政治的风采，对日本国内中央集权的现状愈发不满。他们通过各种渠道表达出意愿，要求政府开设民选议会、实行君主立宪制、减轻赋税、废除与西方签订的种种不平等条约，由此在日本社会掀起一场声势浩大的运动，即自由民权运动。其本质为明治维新的发展，其目标是催促日本由中央集权转变为真正的资本主义宪政制度。

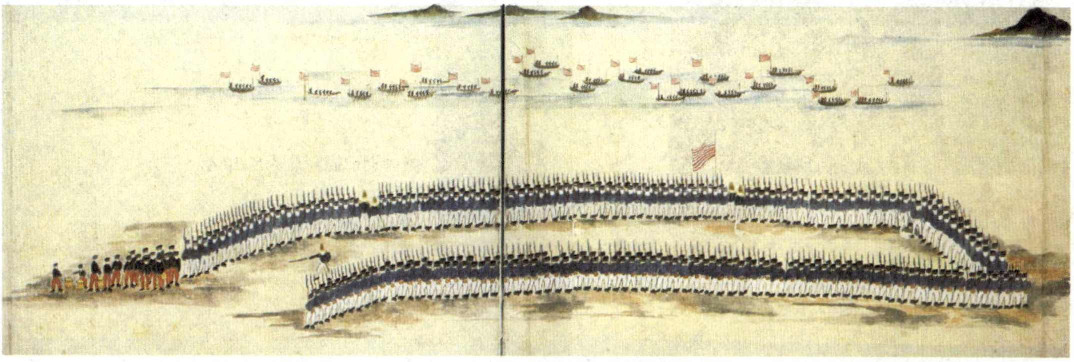

A 运动的背景

维新虽然成功，但各种弊端也显露出来。赋税沉重，人民的政治权力近乎全无，有识之士希望结束天皇专制的中央集权制，开设西方式的民选议会，给予人民合法政治权力。同时，不平等条约依然制约着日本。图示为日本人所绘的外国军队，这时的日本还处在强弱之间。

自由民权运动 A

时间	事件
1874年	板垣退助等人组建爱国公党 B
1875年	自由民权派统一组织爱国社建立 C
1877年	自由民权派向天皇呈书，要求开国会 D
1880年	爱国社改名国会期成同盟，再递开国会请愿书
1882年	福岛事件 E
1884年	加波山事件 F
1886年	大同团结运动 G H
1889年	《大日本帝国宪法》出台 I J
1890年	帝国议会开设
	自由民权运动失败 K

B 运动的开始

1873年，因征韩论失败而下野的板垣退助与后藤象二郎、江藤新平等人在1874年成立爱国公党以及立志社，并向政府递交建立议院的请愿书。成立政党的举动成为日本政党制的开端，递交请愿书则掀开了自由民权运动。图示为板垣退助（1837—1919）的照片。

C 统一阵营

1875年，自由民权派人士成立爱国社，后因资金问题而解散。1878年，爱国社重建。1880年，爱国社第4次大会上成立国会期成同盟。各路自由民权派人士团结在一起，共同向政府施加压力，要求开设议会，改革赋税制度，运动开始在全国蔓延。图示为自由民权派成员江藤新平（1834—1874）。

D 自由民权运动详解

1874年	爱国公党成立
	立志社成立
1875年	爱国社成立
1877年	向天皇呈书
1880年	国会期成同盟成立
	向政府递交请愿书
1881年	天皇承诺在10年后开议会
	国会期成同盟改为自由党
1882年	下野的政府人士大隈重信创立立宪改进党

E 镇压——福岛事件

改组后的自由党相当激进。他们与农民运动相配合，进行反对专制政府的斗争。1882年，在自由党领导下，福岛发生起义，起义者打着“自由万岁”的旗帜同政府军斗争。明治政府对民权运动开始采取镇压以及收买等瓦解手段。图示为树立在高知公园的板垣退助雕像。

F 激进的自由党——加波山事件

加波山事件是自由党制造的另一起反抗事件，发生在茨城县。福岛事件后，三岛通庸被任命为福岛县令，和县会、县民产生对立。自由党激进派企图暗杀三岛并在加波山起事，3天后即被镇压，图示为加波山神社。

G 团结运动的推动

1887年，后藤象二郎（1838—1897）号召各民权派代表团结起来，开展大同团结运动。团结对象有财主、绅士、旧士族，并提出减税、修约等口号。活动目的依然是催促议会成立，并在立宪政府中争夺席位。图示为大同团结运动的中坚分子后藤象二郎。

H 民权派知识分子的呼吁

自由民权运动的许多理论基础都是由这一时期的日本学者们完成，他们也投入到运动中，从学术角度进行论证并支持运动的开展。图示为日本近代著名学者、民权派知识分子福泽谕吉（1835—1901）。他是明治时期最著名的日本学者、教育家，对传播西方资本主义文明起到极大的推动作用。

I 大日本帝国宪法

图示为日本第一部宪法《大日本帝国宪法》颁布仪式图。这部宪法于1889年颁布，1890年实行。是东亚范围内的首部宪法，亦是亚洲范围内实行的第一部近代宪法。这部宪法规定了日本政治的分权制度，但其实质依然是以天皇为中心的中央集权制。

J 大日本帝国宪法重要条款

天皇	神圣不可侵犯
	皇位由男性继承
	天皇为国家元首，拥有立法权，可召集议会，任免官员
	拥有军权，统帅军队
臣民	遵守法律
	根据法律担任官职、服兵役、交纳赋税

K 自由民权运动的消亡

轰轰烈烈的大同团结运动可谓是自由民权运动上演的最后一幕。明治政府在保持天皇大权在握的原则基础上做出一些退让，1889年制定首部宪法，1890年进行国会选举，开设帝国议会。从此，政府与政党之间的矛盾被带入议会解决。但是这部宪法依然顽固地维护天皇高高在上的地位，而臣民得到的权利都被视作是天皇的恩赐，日本的民主改革依然任重道远。

05 日本的工业革命

关键词:腾飞

19世纪中后期，随着电力应用取代蒸汽动力在世界范围内被推广，第二次工业革命的浪潮席卷全球。主要资本主义国家都纷纷加入进来，美国、德国利用工业革命成为后起之秀，力压老牌资本主义国家英法。而日本也搭乘着工业革命的顺风船，站在世界已有工业文明的基础上，更上一层楼。在第二次工业革命中，日本政府扶持一大批民族工业、企业。日本经济力量跃上新的台阶，日本的综合国力因此而大幅度提升。

B 吸收西方文明

幕府被推翻后，明治维新为日本打开了国门。日本如饥似渴地吸取着西方的物质和精神文明。也就在同时，电力的应用开启了第二次工业革命的大门，而正处在改革之中的日本刚好搭上了这班顺风船。如图，近代新文明已进入日本。

A 蒸汽时代

图示为正在改进蒸汽机的瓦特。蒸汽机在18世纪从英国开始被广泛应用，很快传遍主要资本主义国家。新动力的使用大大加速了人类社会生产力的发展。为人类历史的继续进步提供了条件。

日本与工业革命	
第一次工业革命	日本处在闭关锁国状态，对日本无直接影响 A
第二次工业革命	日本结束闭关锁国，积极吸收西方工业文明 B
	以政府为主导，投入资金，大力扶持日本民族工业、企业 C D
	垄断资本主义在日本形成 E
	日本崛起 F

C 日本开始工业革命

第一次工业革命展开的时候，日本还处在与世隔绝状态，并没有享受到蒸汽的福利。但是后发制人也是常有的事。当第二次工业革命展开之时，日本刚好完成了制度上的调整，为迎接新文明打下良好基础。在日本，两次工业革命就被合并在一起进行，这就大大节省了发展工业的历史进程。图示为工业文明下的日本。

D 政府引导

日本的工业革命具有如下几个特点：通过制度创造环境，国家主导资本的投入；始终以军事工业为主；扶持与政府关系密切的大财阀，支持私人垄断资本的发展；在产业技术的引进和资金需求上则具有严重的对外依赖性；在市场方面则变本加厉打击弱者，掠夺原材料和市场。总之就是以政府为主导、以军工为根本，让日本在最短时间内成为军事工业强国。

E 垄断资本主义

垄断形式	代表国家
卡特尔	德国
辛迪加	俄国
托拉斯	美国
康采恩	日本

F 日本崛起

第二次工业革命的完成让日本的经济实力大增，一批近代工业、企业如雨后春笋般在政府的大力扶持下成长起来。日本的综合国力大增，民族自信心也得到提高。如图所示，一位传统的日本相扑手翻倒了一个西洋人，这幅图清晰的反映出国力增强后，日本的对外野心。

第十一章 初露爪牙：对周边国家的扩张

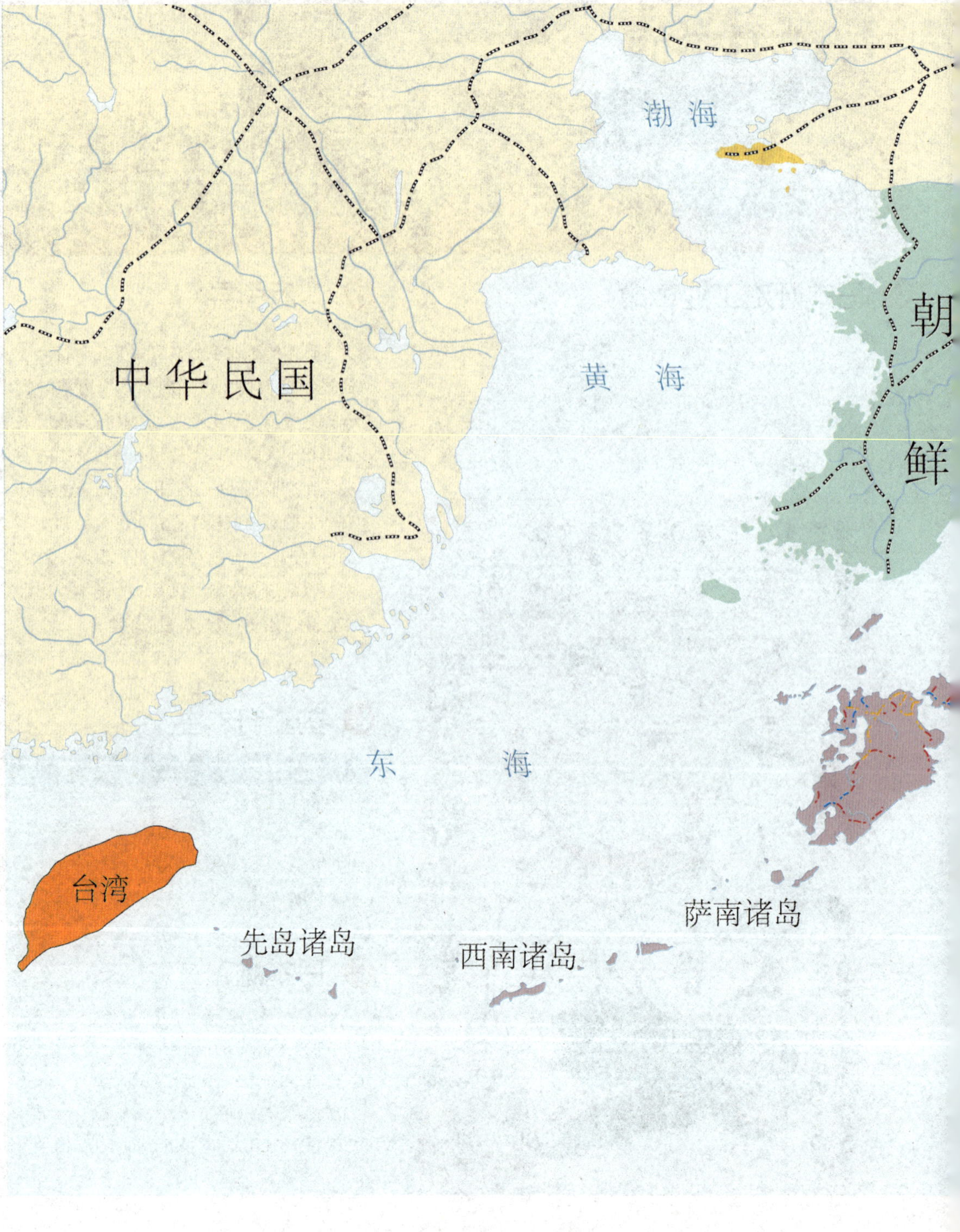

1868 ▶ 1918年

明治维新后，日本近乎贪婪的学习和应用西方先进的科学技术、机械设备、管理制度等，其工业化、近代化进程加速。明治三大政策的正确制定和稳步实施、中央集权的有效保障以及有识之士们的团结奋进，使得日本在短短几十年内便增强了国力，提高劳动力素质，由一个积贫积弱的东方小国一跃而成东方的“小西方”。富国强兵的现状激起日本千百年来埋藏在内心深处的、对外领土的野心。图示为一幅十九世纪中期以后的日本修建铁路路线图。图中所示琉球王国已成为日本的冲绳县；中国台湾在1895年时被日本夺取，旅顺、大连地区在1905年被日本强行租借，而朝鲜全国更是在1910年被日本强行吞并。

1871年　　1890年

01 初步扩张——琉球、中国台湾、朝鲜

关键词:步步紧逼

从地理位置考虑，日本国位于东亚地区，若迈出国门，以当时日本的国力和世界远洋航海能力而言，它不可能窥伺东亚之外的遥远地区。因此，东亚几个国家和地区成为日本扩张武力的首选。南方的琉球王国、西方的朝鲜王朝乃至中国的台湾地区都成为日本窥伺的对象。从19世纪70年代以来，日本通过一系列措施，将上述国家和地区收入囊中。

B 明治维新后的日本

明治维新后，日本国力蒸蒸日上，民众素质节节提升，先进技术的引入以及劳动力素质的增强推动日本国工业文明和资本主义经济的发展。由于明治三大政策中制定了以军工为主导的殖产兴业策略，故而日本的军事工业发展很迅速，社会也呈现繁荣局面。图示为开国后的横滨。

<table>
<tr><td rowspan="3">前因</td><td colspan="3">扩张的野心 A</td></tr>
<tr><td colspan="3">明治维新的进步 B C</td></tr>
<tr><td colspan="3">征韩论的提出 D E F G</td></tr>
<tr><td rowspan="4">过程</td><td>琉球王国 H</td><td>1871—1879年 I J K</td><td>废藩置县 L</td></tr>
<tr><td rowspan="2">中国台湾 M</td><td rowspan="2">1895年</td><td>中日甲午海战 N O P Q</td></tr>
<tr><td>《马关条约》 R S T U</td></tr>
<tr><td>朝鲜王国 V</td><td>1876—1910年 W X</td><td>《日韩合并条约》 Y</td></tr>
</table>

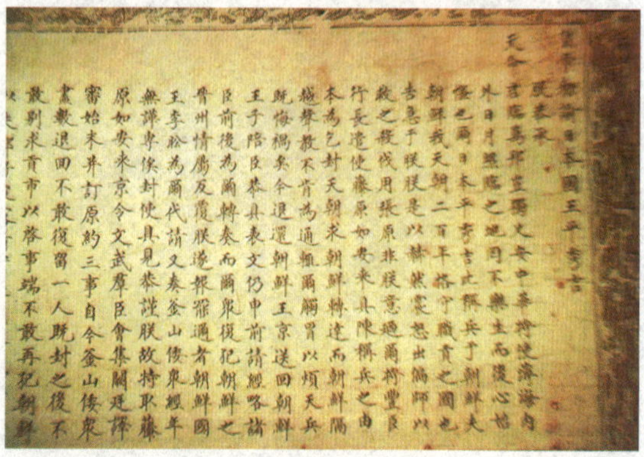

A 侵略野心的渊源

日本素有侵略之野心。大和政权初期时，日本控制朝鲜半岛南部的部分地区，推古朝、战国时代均进行过侵朝战争并与其文明的恩师中国交手。虽然它的野心一直没有实现，但其意欲跳出岛国、走入大陆之心从未消亡。图示为丰臣秀吉第二次发兵侵朝前万历皇帝颁布于其的诏书。

C 日本的飞速进步

如图示，这种带有浓浓西洋风格的建筑在明治维新后风靡日本。优雅的园林，先进的建筑水准，这一切都彰显此刻日本国的繁荣昌盛。这时的日本摆脱了幕府末期时对西洋物质文明盲目无知、大加排斥或惊恐万分的状态，积极而明智地吸收西方文明使其成为亚洲诸国中进步最快的国家。

D 一脉传承的征韩论

“征韩论”在日本有很深的历史渊源。从地理因素来看，日本若要走出岛国、进入大陆、开疆扩土，第一个落脚点就是朝鲜半岛；若从历史传承来看，古代日本对朝鲜曾有三次侵略，并一度控制过朝鲜部分地区，加上文化、人种上的亲近关系，使得日本内心对朝鲜一直觊觎、窥伺，甚至有理所当然的占有之心。

E 征韩论的“右翼”

图示为西乡隆盛（1828—1877），明治维新的功臣之一，征韩论的激进代表，世人所认为的“最后一个武士”。西乡隆盛认为征服朝鲜半岛，宜早不宜晚，宜速不宜慢，主张立刻遣使并展开对朝作战。但是在征韩论的朝议中，西乡隆盛失败并被迫下野，这也是日后西南战争的导火索之一。

F 征韩论的“左翼”

图示为大保久利通（1830—1878），亦是明治维新的功臣，征韩论温和派的代表，也可将其视为内治派。他也同意日本必须走出国门、征服韩半岛，但是他主张先打理内政，治理好国家，待日本国力更加强盛，准备更加充分的时候，再攻入朝鲜。明治政府最后采用了大久保利通的征韩论。

G 此时的朝鲜

此时的朝鲜，经济上，自然经济占据首位，资本主义发展缓慢；政治上，高宗李熙之父大院君与闵妃两派争斗不休；文化上依然闭塞，西方文明虽有渗透，但没有广泛影响。此刻的朝鲜依然是一个落后的封建国家。图示为朝鲜国王之父大院君参政图。

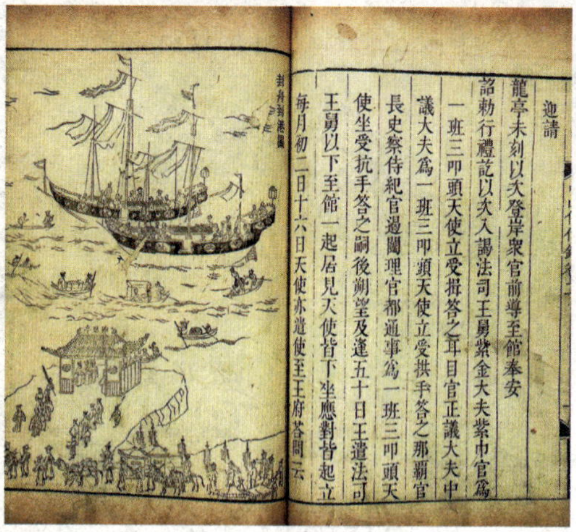

H 琉球王国

琉球国位于琉球群岛，处在日本与中国台湾之间，历史上曾成立南山、中山、山北三个国家，后统一为琉球国，历经第一、第二尚氏王朝。它向中国明、清两朝进贡并成为藩属国，曾多次遭遇日本萨摩藩的入侵。此地转运贸易发达，是东南亚与东亚商贸中转站。文化习俗上接近中国大陆，用汉字，服汉服。首都首里城。

I 明清的藩属国

历史上的琉球王国是中国明朝的藩属国。明朝覆灭后，1654年，琉球再度遣使至清朝请求册封，清帝顺治封琉球统治者尚质为琉球王，琉球再度成为中国的藩属国。图示为《中山传信录》所记载的清朝使者至琉球王国册封其国王尚敬的场景。

J 琉球文化

琉球王国以汉字为官方文字，服饰与汉服近似，有自己的语言，但受福州官话影响甚深，崇尚汉学，曾派遣大批留学生至中国学习。琉球也有自己独具一格的民族文化，他们的乐器有三味线，舞蹈有琉球舞，琉球人喜欢在屋顶放置石狮子像，喜喝泡了青蛇的白酒。图示为琉球人行列图。

K 吞并过程

1871年	琉球船民遇风暴漂至中国台湾，被台湾原居民误杀，幸存者逃走后受到清政府保护
1872年	日本声称琉球受日本保护，野蛮干涉此事，并宣称琉球为日本领土
	设置琉球藩，封琉球国王尚泰为藩王，侵占琉球
1874年	软弱的清政府向日本妥协，签订《北京专条》，条文中埋下放弃对琉球宗主权的伏笔
1875年	日本强迫琉球停止向清朝纳贡
1875年	琉球被迫断绝与清政府的关系
1876年	琉球国史停止修撰
1879年	日本宣布琉球藩为冲绳县，琉球国灭亡

L 废藩置县

1879年，日本国将琉球王国最后一位国王尚泰及其子强行迁至东京居住，同年取消琉球藩，改为冲绳县，这段历史被日本称为“琉球处分”。就这样，拥有悠久历史及民族文化的琉球王国灭亡。直至今日，冲绳县仍然被日本管理。图示为琉球人风俗画卷。

O 中日甲午海战

时间	事件
1894年	朝鲜爆发农民战争，请求清政府派兵协助镇压
	清政府派叶志超、聂士诚领兵赴朝，屯驻牙山
	日本派兵入朝，占据朝鲜王城附近战略要地
6月	起义平息，清军准备撤离，日军拒绝撤离
7月25日	日军在丰岛海面向中国运兵船“高升”号发动突袭
	日本陆军向驻扎在牙山的中国军队发动攻击
9月15日—21日	平壤之战：清军将领左宝贵牺牲，主将叶志超逃亡，平壤陷落
9月17日	黄海海战：北洋舰队受创严重，但依然有战斗力
10月24日—26日	鸭绿江防之战：日军占领九连城及丹东，清军防线崩溃
10月24日—11月22日	金旅之战：旅顺口陷落
1895年	威海卫之战：北洋舰队全军覆没

M 台湾

三国时期，吴国孙权派官兵抵达夷州，台湾被载入史册；隋唐时台湾称之为“流求”，大陆人民开始移居澎湖地区；宋时澎湖地区被划归福建管辖；元、明、清三代，台湾都被纳入中国版图中，受到有效管辖。大量的大陆子民也移居到台湾，与台湾原居民共同开发这片土地。图片是美丽的日月潭风光。

N 日本的窥伺

元朝时，台湾被正式纳入中国版图。明末，西班牙人、荷兰人趁火打劫，占据台湾，后被明臣郑成功收复。清时再次将台湾纳入中国。但在清末之际，日本人的目光又投向台湾。从地理方位来看，台湾距离日本、琉球很近，利于往来，且位于太平洋西侧，南临东南亚，位置优越，物产丰富，这样的宝地自然引来日本的觊觎。在琉球国被日本吞并后，台湾就成为日本下一个目标。

P 黄海之战

1894年，中国北洋舰队与日本联合舰队在黄海激烈交战，双方均投入主力船舰。战斗中，北洋舰队超勇舰管带黄建勋、致远舰管带邓世昌、扬威舰管带林履中、经远舰管带林永升等牺牲，北洋舰队损失惨重，但犹存战斗力。图示为日本绘制的黄海战役场景。

Q 威海卫海战

1895年，决定性战役在威海卫打响。北洋舰队尚存战斗力，但陆路战争的失败导致海军基地门户大开，提督丁汝昌孤守刘公岛作战，日军占据优势。定远舰管带刘步蟾、北洋水师提督丁汝昌先后殉国，北洋舰队全军覆没，中日甲午海战落幕。图示为日本人绘制的进攻威海卫的场面。

S 黑旗军的反抗

清廷在《马关条约》中割让了台湾及附属岛屿，台湾民众誓死反抗，组织义军与前来接管台湾的日本军队进行百次交战，其中以刘永福率领的黑旗军最为著名。台湾抗日战争最终失败，台湾被列入日本领土。图示为黑旗军将领刘永福发给台湾人民的告示。

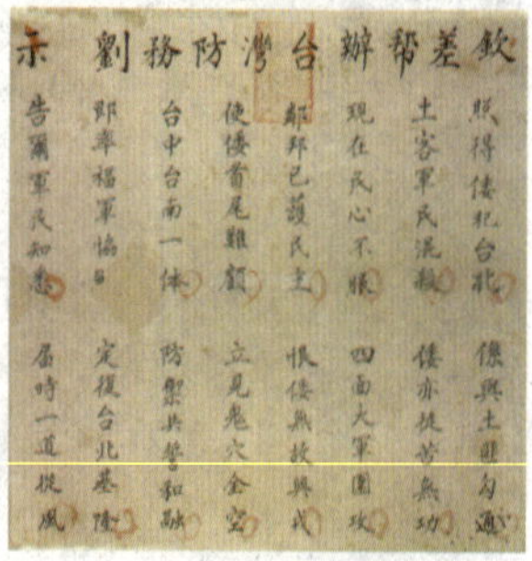

R 《马关条约》

清政府在甲午战争中失利，迫不得已对日求和。1895年，清廷以李鸿章为和谈代表赴日谈判，最终签署丧权辱国的《马关条约》。该条约大大加深中国半殖民地半封建化，而日本则从条约中夺取巨大利益，对其近代化发展起到极其关键的作用。图示为条约签订现场。

U “甲午”的意义

甲午战争对整个东亚局势有决定性意义。中日之间的大型战争几乎都因争夺朝鲜而起。此前交战均以中方胜利告终。而这一次日本战胜，朝鲜随之脱离与中国的藩属关系，落入日本势力范围内。《马关条约》对中国的尊严和利益是一个重重的打击，巨额赔款、优惠的通商条款和割让的土地使日本进入快速发展阶段。

T 吞并台湾

1895年，继琉球国后，中国台湾也落入日本手中。占领台湾意味着日本收获更多的资源和劳动力，最重要的是获得了台湾岛的军事价值。此后，日本的势力若要继续向南深入东南亚地区，将更加便捷，东亚政治格局亦为之改写。图示为日本占领时期的台湾地图。

X 吞并朝鲜

措施	时间	内容
《江华条约》	1876年	朝鲜打开国门，给予日本贸易、关税、居留、勘测等特权
《济物浦条约》	1882年	在朝驻军，扩大开港范围
《汉城条约》	1884年	向朝鲜勒索赔款并在汉城驻兵
《天津条约》	1885年	日本在朝鲜获得了与清政府同等的宗主地位
甲午农民战争	1894年	日本趁机派兵
中日甲午海战	1894—1895年	清政府战败，丧失对朝鲜宗主权
《日俄和约》	1904年	俄国承认日本对朝鲜的控制
《日韩合并条约》	1910年	朝鲜半岛被日本吞并

V 内讧的朝鲜

19世纪中后期，朝鲜高宗李熙继位，其父兴宣大院君摄政，采取闭关锁国政策，李熙王妃闵氏鼓励开化政策，双方势力争斗，导致朝鲜王国动荡。经济和文化上朝鲜故步自封，军事上更是远远落后于时代，朝鲜陷入没落危机中。图示为高宗李熙。

W 与清朝争夺朝鲜半岛

宗主国为父母之国，不会直接干涉藩属国内政，但藩属国须向宗主国称臣纳贡，国君的即位、太子册立都需宗主国确认。李氏朝鲜曾是明、清两代藩属国。19世纪中后期，清政府丧权辱国，但对朝鲜的宗主权却一直存在。日本欲向大陆扩张，必吞朝鲜，若要吞并朝鲜，首要条件就是切断清朝和朝鲜的宗藩关系，将朝鲜纳入日本的单独控制下。

Y 朝鲜沦为殖民地

甲午海战后，中国丧失对朝鲜的宗主权，朝鲜被日本掌握。1897年，朝鲜改国号为“大韩帝国”。1910年，“大韩帝国”总理李完用与日本代表寺内正毅签署《日韩合并条约》，朝鲜半岛被日本侵吞。图示为被日本人杀害的朝鲜王妃闵妃，后被追封为明成皇后。

02 日俄战争

关键词:奠定地位

中国东北濒临沙俄远东西伯利亚地区，这一带因濒临太平洋和北冰洋而具有高度战略意义，是沙皇俄国势在必得之地。但日本在崛起后，野心扩张，渴望以朝鲜为跳板，征服大陆。中国东北地区成为继朝鲜后，日本下一个争夺目标。这就意味着在远东地区，沙俄与日本出现了不可调和的矛盾冲突。

背景	日本	夺取朝鲜半岛后，迫切希望在中国东北拥有势力范围
	俄国	将中国东北地区视作本国势力范围
前因	《马关条约》要求中国割让辽东半岛，俄国联合法、德迫使日本放弃 A	
	《中俄密约》令俄国在东北地区获取更多利益	
	20世纪后，日俄两国对中国东北的争夺日趋激烈 B	
开战	1904年：日本与俄国断交，随后宣战 C	
过程	1904年	日军在辽东登陆
		辽阳会战
	1905年 D	旅顺落入日军手中
		奉天大会战
		对马海战 E
结果	1905年	日俄《朴茨茅斯和约》签订 F G

B 争夺势力范围

图示为一位相扑手与一个西方人对阵，隐喻着崛起后的日本开始与传统西方国家争夺势力范围。日本在控制朝鲜后，下一个目标就是比邻朝鲜的中国东北地区。而沙皇俄国在这一地带也有传统的利益，故而双方之间的矛盾越来越大。终于在1904年，双方在中国东北地区正式开战。

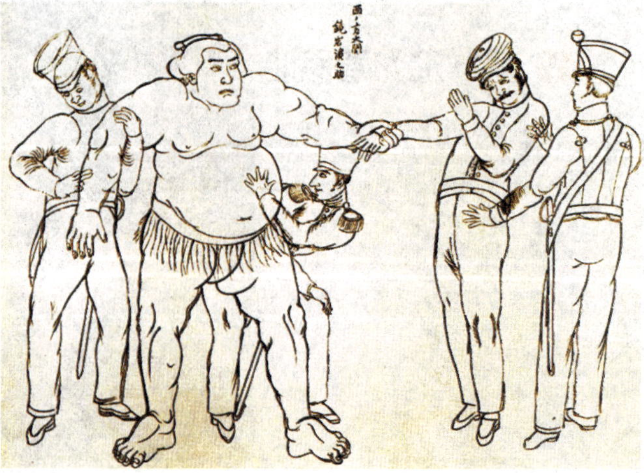

A 辽东“受辱”

《马关条约》中要求中国割让辽东半岛，激怒在此地有特殊利益的俄国，其遂联合法、德两国迫使日本归还辽东。此事令日本感到屈辱。图片中，西方人拉着相扑手肆意打量，相扑手的神情反映出日本面对西方时的自卑与不满，既匍匐在西方之下，又时刻想着将西方踩在脚下。

D 日军占据主动

日俄战争打响后，俄国骄傲轻敌，内部矛盾激烈，故而在战争中局势相当被动。日本则准备充足，加上有英国支持，局面大好。图示为日本绘制的日军临时医院。图中不断渲染日军的“正义”，但实际上这是一场帝国主义间的不义战争。两国在中国东北交战，使当地人民遭受巨大灾难。

C 日俄开战

时间	战役
1904年	日军突袭旅顺口，俄军依旧掌握旅顺口海域主动权
	日军在辽东半岛登陆，占领金州、大连，向旅顺口进军
	日军放弃迅速攻占旅顺的计划，进行长久围困
	辽阳大会战
	沙河攻守战
1905年	日军攻陷旅顺，获得制海权
	奉天大会战中双方伤亡惨重
	对马大海战中，日军胜

F 日俄和约

1905年，日本与俄国在美国签订和约。俄国承认日本对朝鲜的宗主权，俄国在中国旅顺、大连租借地及附属权益均转让给日本。图示为和约签订场景。日本打败沙俄，在当时震惊了全世界。深受列强欺凌的中国倍感振奋，但却很快发现，日本并非“导师”，而是新的“强盗”。

E 对马定胜负

日俄战争从1904年持续到1905年，双方交战多次，最有决定意义的是对马海战。在这场战争中，俄军内讧，顾此失彼，草率轻敌，而日军早已赌上国运，精心准备，最终俄军多艘舰艇覆灭。此战基本决定了日俄战争的结局。图中人物均为参加日俄战争的日本将领。

G 日俄战争的结局分析

俄国失败原因有如下几条：第一，传统封建国家，虽然经过改革，但依旧以沙皇专制和剥削农奴为主，近代化程度十分低；第二，骄傲轻敌，未进行认真准备；第三，进入到20世纪的俄国内部阶级矛盾激化，资产阶级酝酿革命，农民不断反抗，严重削弱了俄国力量。而日本由于国力增强、准备充足，加上有英国为后盾，故而取得胜利。

19世纪末　20世纪初

03 日本的外交

关键词:英日同盟/国际地位/提升

明治维新后，日本各方面都有了天翻地覆的变化，外交也不例外。不同于幕府时期的闭关锁国，也不同于幕末对外国势力的投降与奉承，明治时期的日本以国家实力上升为基础，用“西化”做表面文章，笼络各西方国家，通过外交手段达成不少目的。琉球就是通过外交方式最终被日本吞并的。甲午海战后，国际地位上升的日本在外交领域既有被迫归还辽东半岛的挫折，亦有与英国结成同盟的胜利。

A 远东利益

俄国、日本、英国、法国、德国等国在中国均有重要利益，美国也觊觎着中国。此时此刻，任何国家在中国进行任何举动，其余国家都无法做到熟视无睹。如图，外国人聚集在日本横滨的一家店内进餐，似乎在隐喻此时的世界已是牵一发而动全身。

B 外交“受辱”

《马关条约》要求中国割让辽东半岛，侵犯了俄国在远东地区的利益。在微妙的国家关系的作用下，俄国联合法国、德国向日本进行武力威胁，迫使日本放弃吞并辽东半岛，另向清政府勒索大笔“赎辽费”。“三国干涉换辽”是日本外交的重大挫折。图示为各国人在日本。

19世纪末20世纪初日本的外交概况

时间	内容
1895年	三国干涉还辽 A B
1900年	参与八国联军侵华
1902年	英日同盟 C D E
1904—1905年	日俄战争
1905年、1911年	两度再续盟约 F G

D 英日结盟

所谓英日同盟，其要旨在反对俄国在远东扩张。20世纪初期，英国希望加强本国在远东的地位，日本控制朝鲜后更加急于侵占中国东北并扫荡俄国在此地的势力，故而两国一拍即合。1902年，英国外交大臣与日本驻英大使林董签订《英日同盟条约》。图示为英日结盟后，双方公民的一次友好会面。

C 英国与日本结盟之本质

20世纪后，世界成为一个整体，任何地区的变革都会波及到与此地有相关利益的其他国家。国际政治更加微妙、复杂。在东亚地区，中国陷入诸列强共同瓜分的境地，争夺在华利益也成为帝国主义国家之间的矛盾之一。英国素来推行大陆均衡政策，对俄国的扩张保持警惕，而日本则与俄国在中国东北有利益冲突，共同的利益推动这两个国家接近。

E 协约主要内容

1. 缔约国互相承认有权保护自己在中国和朝鲜的利益
2. 英国在中国、日本在中国和朝鲜的特殊利益遭到威胁时，缔约国有权干涉
3. 缔约国一方为保护上述利益而与第三方作战时，缔约另一方严守中立
4. 若缔约国一方遭到两个或两个以上国家进攻，另一方应予以军事援助

F 双方的友好

日本与英国的结盟对日本而言是最大的外交胜利。因为它不仅借此得到关税自主等权力，摆脱幕末时代不平等条约加诸给它的耻辱，同时与当时的世界第一流强国英国结盟，无疑提高了日本的国际地位。此后日英两国在国际舞台上互帮互助，图中所示为日本女子为英国人表演舞乐。

G 王室的互动

图中所示为明治天皇会见来自英国的王室成员。日本与英国建立了全方位的交流平台，无疑增进两国各阶级之间的亲密感。这个同盟为双方都带来好处：日俄战争期间，英日同盟使俄国的盟友法国不敢参战助俄；第一次世界大战中，日本加入英国一方。

1914年　1918年

04 第一次世界大战

关键词:声东击西/趁火打劫

第一次世界大战中，日本加入了英、法、俄三国组成的协约国一方阵营，对抗以德、奥地利为主的同盟国。日本的加盟一方面是出于对盟友英国的帮助，另一方面则是希望借此浑水摸鱼，通过对德宣战来夺取德国在华利益。就这样，日本虽然宣布参加一战并加入到协约国阵营中，但是欧洲主要战事基本没有参加。它的兵力都冲向了德国在中国的势力范围——山东。

A 大国崛起

经历明治维新、侵吞琉球、甲午海战、日俄战争并结成英日同盟后，日本作为一个大国迅速崛起于欧亚大陆最东部。它的经济实力、军事力量和国际地位均在上升，世界上发生的各种大事似乎都已与日本脱不开关系。图示为日俄战争场景，正是这场战争的胜利让日本奠定了大国地位。

第一次世界大战中的日本

时间	事件
1914年4月	日本通过英日联盟及自身实力，实现关税自主和治法权上的平等 A
6月	第一次世界大战爆发，日本政界弹冠相庆 B
8月4日	日本表示“严守中立”
8月23日	日本对德国宣战，其真正目标为德国在中国的势力范围 C
9月2日	日军在中国山东半岛登陆 D
10月	占领中国济南
	占领一系列德属群岛
11月7日	占领中国胶州湾
1915年	炮制灭亡中国的“二十一条” E
	加入《伦敦宣言》
1916年	干涉中国内政，秘密策动“满蒙独立”失败
1917年	与美国签订《兰辛—石井协定》 F
	俄国发生十月革命，退出“一战”
1918年	在欧美国家策动下，日军登陆苏俄远东西伯利亚地区

C 舞剑之意在山东

1897年，德国占据中国的胶州湾，次年强迫清政府订立条约，侵占胶州湾，将租借地重新命名为青岛，同时获得在山东境内修筑两条铁路并吞并铁路周边矿产的利权。这些都令日本羡慕不已。在第一次世界大战中，日本加入协约国，向德国宣战，其军队随后将矛头指向德国在华的势力范围山东地区，攻占青岛和胶济铁路全线。

B “一战”春风

图示为日本政坛元老级人物井上馨（1836—1915）。1914年，当第一次世界大战打响时，他写信给当时的日本首相大限重信和另一位元老山县有朋：“这次欧洲之大乱，对日本国运之发展，乃大正时代之天佑，日本国必须立即举国一致，享受此上天之佑”。第一次世界大战给了日本扩张势力的好借口。

D 强占胶州湾

1914年8月，日本要求德国将胶州湾无条件交出，德国忙于欧洲战场而无暇答复，日本随后对德国宣战。11月，日本强占青岛和胶济铁路沿线。为了使这次抢夺来的利益合法化，日本随后炮制“二十一条”，利诱袁世凯政府接受。图示为“一战”中的日军。

E “二十一条”的部分条款

第一号	德国在山东之权益转让日本
第二号	日本国在南满洲和东蒙古地区享有特权
第三号	汉冶萍公司作为两国合办事业
第四号	中国沿岸港湾及岛屿不得租让他国
第五号	中国中央政府必须聘用日本人充当财政、军事顾问

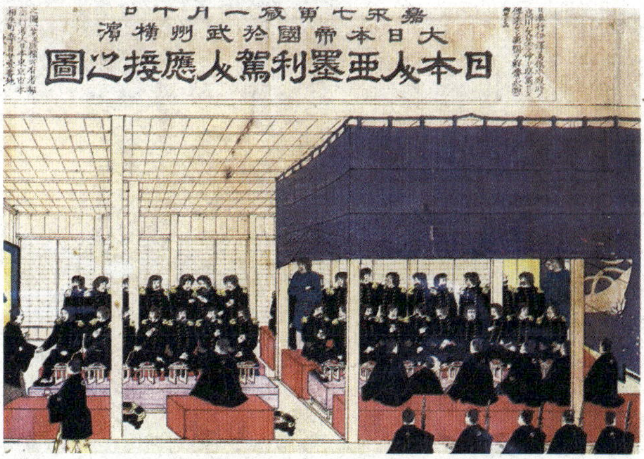

F 与美国的关系——兰辛—石井

图中所示场景是1855年美国使者来访日本的场景，那时日本还处在幕府统治下。进入20世纪，美日之间依然保持良好关系。1917年，美国国务卿兰辛和日本使团团长石井菊次郎签订协定。其主要内容为：美国承认日本在中国的“特殊利益”，日本遵守美国提出的“门户开放”政策。

第十二章 一战后初期的日本

1919 ▶ 1929年

第一次世界大战结束后，日本社会进入一个短暂发展和安定的时期。作为一战的战胜国，日本在凡尔赛—华盛顿体系中军备扩张虽然一定程度上遭到限制，但却获得与资本主义世界强国平起平坐的待遇，美国、英国不得不对日本有所退让。日本基本实现了明治维新以来脱亚入欧、富国强兵的梦想。一战结束后，日本尚处大正民主运动时代，民主思潮不仅进一步解放了妇女，为民众争取一些权利，同时还冲击出日本第一个正式的政党政府，具有划时代的意义。只是在欣欣向荣的景象中，经济危机的隐患也悄悄埋下，为20世纪30年代后，日本逐渐的坠入战争的深渊埋下了伏笔。图示为20世纪20年代初，日本雨后街头，此时的日本近代化气息已十分明显。

1919年　1927年

01 凡尔赛-华盛顿体系

关键词:外交得失

第一次世界大战结束后，主要战胜国于1919年在法国巴黎举行和会，签订抑制德国的《凡尔赛和约》。因中国山东问题并未解决，再加上这次和会后，帝国主义国家在远东争夺激烈，引发大规模海军军备竞赛风潮，世界为之不安。故而为平息各方争端，1921—1922年，各国又在美国华盛顿再次举行会议，解决山东问题并制定海军军备规章，诸国之间对远东局势达成所谓的“谅解”。这两次会议所形成的体系，即主宰一战后国际局势的凡尔赛—华盛顿体系。

凡尔赛·华盛顿体系	巴黎和会 A B C	对德国等战败国的处置
		中国山东半岛问题的争议 D E F
	华盛顿会议 G H I	《四国条约》 J
		《五国海军军备条约》 K L
		《九国公约》 M N
		山东问题的解决 O

A 巴黎和会

1919年，第一次世界大战的战胜国和战败国在法国巴黎凡尔赛宫召开的和平会议。这次会议号称要让世界得到永久的和平。实际上这是帝国主义战胜国分配战争“赃物”的会议。在会上，诸多弱国、小国利益被出卖。图示为中华民国十年出版的《巴黎和会秘史》。

B 日本出席和会

由于英日同盟和自身利益、战略部署等关系，日本在第一次世界大战中加入协约国阵营，对德宣战，并且趁火打劫般地非法侵吞德国在中国原有的势力范围，强占青岛和胶济铁路沿线。战后，日本以战胜国身份参加巴黎和会。图示为日本出席巴黎和会的主要代表西园寺公望（1849—1940）。

E 日本窃取山东利益

1919年巴黎和会上，日本要求将其夺取的中国山东利权合法化，而中国代表则提出收回山东利权的要求。双方争执，英法支持日本要求，美国为了让日本参加国联，亦支持日本的请求。最终，巴黎和会作出把德国在山东利益转让给日本的决定。图示为一战中的日本兵。

D 中国山东问题的由来

19世纪末，德国侵占胶州湾，并获得在山东境内修建两条铁路等利权。第一次世界大战时，日本夺取德国在山东的利权。但这种强占需要表面上的合法来予以承认。故而日本向当时的中国袁世凯政府提出“二十一条”，其中涉及中国承认日本继承德国在山东权益的条款。袁世凯倒台后，“二十一条”不被承认，但这依然成为日本在巴黎和会上索要山东利权的理由。

C 日本在和会上的筹谋

日本参加巴黎和会并非无足轻重，他们派出的使节团肩负着重大任务。这次日本出席和会，一是为了彰显本国的声望与实力，进一步提升国际地位；二是为了将从中国非法窃取的山东利益合法化。图示为日本代表团的成员之一吉田茂。

F 中国代表拒绝签字

巴黎和会上中国外交失败，本属于中国的领土和、权利再度被帝国主义国家转让。这样屈辱的消息传回国内，立刻引爆了轰轰烈烈的五四爱国运动。学生罢课、工人罢工、商人罢市。在爱国运动的巨大压力下，巴黎和会的中国代表团拒绝在条约上签字。图示为中国首席代表顾维钧。

H 海军军备竞赛

远东太平洋地区情况的复杂使得在该地区有重大利益的帝国主义国家纷纷警惕起来。为了以备不时之需，各国加紧武装装备，重点集中在海军军备上。他们大造舰艇，增加主力舰吨位。这样的行为一方面增强了各国自身的信心，但另一方面却加剧局部地区的紧张化。图示为日本航舰。

G 远东利益纠纷

巴黎和会建立的凡尔赛体系只是暂时调整了帝国主义战胜国在西方地区的关系，但在远东太平洋地区，这些国家的矛盾却越来越尖锐。日本进一步扩展势力，美国也在发展远东太平洋地区的势力，同时对英日同盟抱有警惕之心。于是美日矛盾激化，各国海军军备竞赛加剧，在这样的背景下，美国总统哈定提议召开会议解决。

I 华盛顿会议召开

由于海军军备竞赛的加剧，刚刚走出战争的世界又陷入动荡中。军力扩充是新一轮大战的前奏，如此紧张的局势对战后各国恢复重建起到了十分消极的作用。美国在凡尔赛体系中并没有得到好处，于是提议召开华盛顿会议以解决远东太平洋地区的问题。图中拱门是为华盛顿会议而建。

J 英日同盟解散

英日同盟无疑是日本在远东地区横行霸道的护身符。美国有意在该地区扩展势力，故而对日本及其背后的英国极为不满。1921年，在华盛顿会议上，美国、英国、法国、日本签订《四国条约》，相当于解散了英日同盟。图示为当年促成英日同盟的林董（1850—1913）。

K 《五国海军条约》

条约有效时间	1922年—1936年
内容	美、英、日、法、意五国战列舰总吨位为：5:5:3:1.75:1.75
影响	英国承认与美国海军实力对等，英国海上优势终结
	日本扩军计划受阻，但获得与西方大国的对等地位
	美国的外交胜利

O “解决”山东问题

1922年2月4日，中日两国在华盛顿会议上签订《解决山东问题悬案条约》及《附约》，其中规定：日军撤出山东省，胶州湾德国租借地和青岛海关的主权归还中国，胶济铁路由中国以5300万马克的代价赎回，前德属煤矿由中日合办。

L 军备条约的深意

1922年，美、英、法、意和日本五国签订《五国海军条约》，对主力舰总吨位进行了约束。这份条约是美国的外交胜利，英国被迫承认美国与英国海军实力的对等。美国还达到了限制日本海军力量的目的。日本虽被限制，却获得与四个大国的对等地位。图示为华盛顿会议的场面。

N 九国公约的内涵

《九国公约》规定：“尊重中国之主权与独立及领土与行政之完整”。实质上是要挟中国政府执行“门户开放”、“机会均等”原则。图示为华盛顿会议会场的全景。

M 《九国公约》

中国问题是华盛顿会议的中心议题。1922年2月6日，美、英、法、意、日、荷、比、葡、中九国在华盛顿会议上签订了《九国关于中国事件适用各原则及政策之条约》，通称为《九国公约》。图示为九个国家的首席会议代表。

02 日本政治的变迁

关键词:政党内阁

第一次世界大战后，资本主义世界开始恢复、重建工作，同时在政治、经济上都做出一定调整，以使上层建筑能适应不断变化的经济基础和民众的需求，稳固自身地位。日本也不例外。“一战”后初期的日本正处在大正民主运动时期，政坛上有多个要求尊重宪法选举规程的政党，他们所组成的护宪三派与人民大众自发的反抗行动给日本当局施加强大的压力，终于催生出日本政治史上第一个具有实际意义的政党内阁。

战后初期日本内阁一览

时间	内阁·首相
1916—1918年	寺内内阁·寺内正毅 A B
1918—1921年	原敬内阁·原敬 C D E
1921—1922年	高桥内阁·高桥是清 F
1922—1923年	加藤内阁·加藤友三郎 G
1923—1924年	山本内阁·山本权兵卫
1924年	清浦内阁·清浦奎吾
1924—1926年	加藤内阁·加藤高明 H
1926—1927年	若槻内阁·若槻礼次郎 I J
1927—1929年	田中内阁·田中义一 K L

A 米骚动事件

1918年，日本爆发了全国性大起义，源头从渔村妇女抢米开始，尔后各地也都以抢米的形式展开起义。日本史学界称其为“米骚动”。这场骚动从人民群众的抢米运动发展到后来发展成与日本政府、大资产阶级、大地主对抗的政治斗争。图示为米骚动绘卷。

B 寺内倒台

米骚动事件愈演愈烈，日本当局拿不出应对办法。起义的人们喊出“打倒寺内”的口号。寺内正毅（1852—1919）正是当时日本内阁的首相。在轰轰烈烈的人民运动推动下，日本政坛上一直要求遵守宪法、组建政党内阁的护宪三派趁机向内阁施加巨大压力，寺内正毅被迫辞职。图示为寺内正毅。

D 原敬内阁

米骚动事件一发不可收拾，在巨大的朝野内外压力下，寺内正毅宣布辞职，他本人也于次年逝世。代替寺内正毅上台组阁的是原敬（1856—1921）所组建的内阁。原敬是立宪政友会成员，日本第一位平民首相，组建的也是日本第一个政党内阁。图示为原敬首相。

E 第一位遇刺的首相

1918年成立的原敬内阁是日本历史上第一个由在议会中占据多数席位的政党上台所组的内阁，因此被称为政党内阁。它的组建开辟了日本政党政治的新天地。但因为政界黑暗等各种不可告人的因素，原敬首相在1921年任期内遇刺身亡，也成为1885年以来日本第一个被暗杀的在职首相。

G 首相的党派

姓名	党派
寺内正毅	军人
原敬	立宪政友会
高桥是清	
加藤友三郎	军人
山本权兵卫	
清浦奎吾	立宪政友会
加藤高明	宪政会
若槻礼次郎	立宪民政党
田中义一	立宪政友会

F 高桥内阁的政绩

原敬身亡后，内田康哉临时代理首相，同年11月重新选举，成立了立宪政友会为主导的高桥是清内阁。华盛顿会议上的《四国条约》、《五国海军条约》、《九国公约》以及与中国解决山东悬案问题都是在他的任期内完成的。图示为高桥是清（1854—1936）。

C 立宪政友会与护宪运动

立宪政友会的历史可追溯到1900年，伊藤博文创立了这个集团，并得到三井财阀的支持。1912年，日本军部利用特权弄垮立宪政友会组建的内阁，推动军部内阁上台。这种违背宪法选举程序的举动激起诸多党派和人民的不满，造成了第一次护宪运动爆发，这次运动为政党在日本政府中扩充势力，为真正的政党政治实现提供了条件。

H 加藤高明

加藤高明（1860—1926）出身宪政会，他能够上台得益护宪三派的支持，因此他与立宪政友会、革新俱乐部组成联合政府，这是日本政治史上第一次以选举出身的第一大党为中心、联合其余党派所组建的内阁。加藤在任时期最严峻的考验就是关东大地震的灾后处理。图示为加藤高明。

I 若槻礼次郎

1926年，加藤高明在任期内去世，宪政会成员若槻礼次郎（1866—1949）上台组阁。他的重要课题是制定应对金融风暴的对策并处理震灾支票问题。但是这些课题他处理得并不理想，最终在1927年选择辞职，日本经济形势也开始恶化。图示为若槻礼次郎。

J 新天皇即位

1926年，大正天皇病逝，皇太子裕仁（1901—1989）即位，年号昭和。裕仁自幼被灌输尚武和军国主义的思想，年轻时曾周游欧洲进行考察，1924年娶贵族女子良子为妻。两年后，裕仁成为日本第124代天皇，开始了他的统治时期。图示为昭和天皇。

K 田中内阁

1927年，若槻礼次郎辞职后，立宪政友会的田中义一（1864—1929）组阁。田中在任时并未处理好金融恐慌问题，在对华问题上则召开制定侵华政策的东方会议，发表臭名昭著的《田中奏折》，提出“唯欲征服中国，必先征服满蒙；如欲征服世界，必先征服中国”的论断。图示为田中义一。

L 田中内阁的政策

田中内阁成立时，日本深陷金融恐慌之中，而田中政府对此并没有拿出实际有效的良策。在国内政治问题上，田中义一推动了立宪政友会和宪政会的合并，成立民政党，并获得三菱财阀的支持；在对外问题上，田中内阁表面上尊重华盛顿体系下所要求的“尊重中国主权，不干涉中国内政”等要求，实际却召开东方会议，制定征服中国乃至世界的步骤。

1914年 1929年

03 日本经济的发展

关键词:短暂繁荣/持续萧条

第一次世界大战时期，因欧美国家关注欧洲战场，无暇东顾，这就给了日本经济发展的可趁之机，日本商界一度出现“战争景气”：贸易出口额激增、海运繁荣、工业产量飞涨。战争结束后，经历了半年萧条，第二年又出现持续繁荣。但是从1920年开始，日本经济便进入危机时代。除了1921年间歇的缓和期外，经济繁荣再也没光临这一时期的日本。

A 畸形繁荣

第一次世界大战给日本经济带来了“畸形繁荣”。欧美国家顾不上东方市场，同时又因战争问题而需要大笔订单，这些就成为日本经济的强心剂。日本从入超国变为出超国，农业国变为工业国，一大批新财阀出现，垄断资本主义进一步发展。图片就是在此阶段刚刚崛起的第一劝银正在新建办公楼。

B 短暂增长

“一战”结束后，日本出现半年之久的经济萧条，但在第二年又出现了比战时还要繁荣的经济大发展时期，图片就是1919年东京圆扇店老板正在赶制订单。然而，这样的繁荣只是短暂的，随着欧洲经济恢复，加上日本本国基础远不如老牌资本主义国家那样稳固，很多弊端逐渐显露出来。

从短暂繁荣到持续萧条

时间	经济
1914—1918年	“一战”时期，经济畸形繁荣 A
1918—1919年	战后初期，得到美国订单，欧洲国家尚未复苏，经济持续繁荣 B
1920—1921年 C	工业总产量持续下降
	国际收支逆差达数亿日元
	外汇储备急剧减少
	欧美货物大量涌入，日本货节节败退
1921—1929年	农业陷入绝境 D
	关东大地震的打击 E F
	高额外债
	本国金融危机爆发 G

C 昭和经济危机

从1920年起，日本经济出现真正意义上的战后危机。其具体表现为股价暴跌、企业倒闭、经济发展停滞等。日本政府虽然做出一些努力，譬如发放救济金，大量贷款，一度让危机得到缓和。但经济繁荣却再也没有出现，日本经济开始缓慢爬行，历届政府都拿不出良策。在此期间，战前著名财阀铃木商店破产，图片是铃木商店分店大楼，在当时称得上是规模宏大。

D 农业危机

民以食为天。在经济危机中受影响最明显的常常是农业。这场危机前，日本农业处在地主和垄断资本主义的压榨下，发展缓慢。危机对农业的冲击格外剧烈，大米和蚕茧价格的急速下跌令农民血本无归，不断出现农业大丰收农民却依然无钱养家的悲惨现象。图片摄于1926年日本农村，当时已是初冬，但是农妇和两个幼子都无御寒之鞋。

E 关东大地震

1923年，日本发生里氏7.9级的关东大地震。这次强烈地震对日本而言是沉重的打击，造成约25万人伤亡、12万间房屋倒塌、300亿美元的经济损失。地震中，大量工厂厂房被毁，金融股票机构和商品交易陷入瘫痪，日本经济雪上加霜。

G 日本爆发金融危机

1923年的关东大地震对日本经济而言无疑是雪上加霜，其最为深远的影响当属“救灾票据”。为了安抚民心，政府通过银行贷款给受灾民众进行直接补贴并发给灾区支票，这项政策导致日本银行背负沉重的经济包袱。而此问题在日后几任政府中都没能得到有效处理，遂成1927年金融大危机的直接导火索。而1929年世界经济危机的爆发更是沉重打击了日本。

F 地震造成的全面危机

危机领域	表现
人民	死亡：99331人
	失踪：43476人
	受伤：103733人
房屋	损毁128266间
火灾	东京被烧毁38.3平方公里
	横滨被烧毁9.5平方公里
经济	许多厂房、机关毁坏，经济交易一度瘫痪
	救济金令银行背负沉重贷款

04 日本的外交策略

关键词:地位提高/协调外交

第一次世界大战后，日本的国家地位得到进一步的提高。但是与传统欧美强国相比，身处东方的日本依然自惭形秽，在许多国家大事上处在心有余而力不足的状态。而此时日本国内政治动荡、经济萧条，其环境不利于日本对外采取攻势，故而日本选择了“协调外交”，即保住在凡尔赛—华盛顿体系下日本所获得的一切利益，与英美友好，甚至与苏联恢复正常关系。但是在东亚，日本依然打着不干涉的旗帜，行干涉之事。

战后初期日本的外交		
国际地位提高	巴黎和会的“胜利”A	
	华盛顿会议上有得有失BC	
协调外交	外相	币原喜重郎D
	内容	向英美寻求缓和与妥协，保持华盛顿体系内日本谋求的利益EF
东亚事务	声称不干涉，实际密切关注并暗中干涉G	

A 巴黎和会上的“胜利”

巴黎和会上日本所要解决的最重要的问题就是山东权益归属问题。非法的强占尚未得到国际上的承认，日本需要从法理上将这一抢夺而来的果实固定下来。通过各种外交手段，日本取得了英美法等国的支持，和会最后将德国在山东的利权转让给日本。图示为一战中的日军。

B 解决山东问题

巴黎和会对山东权益归属的判决激起中国人民的愤慨。民众发起五四运动进行强烈抗议，代表团拒绝在条约上签字。山东问题被搁置到1922年，在华盛顿会议上才得到解决，最终中国通过赎买方式将山东权利拿回。图示为中日双方出席华盛顿会议的代表，共同协商解决山东悬案。

G 表面的“尊重”

图示为日本代表团（右2）抵达华盛顿会议现场。在这场会议上，日本签署了《九国公约》，声称将尊重中国主权，不干涉内政。但一到必要时刻，日本就会撕下不干涉的面具，譬如中国军阀混战时，为保护既得利益并扶持在华代理人，日本曾出兵干涉。

C 日本与华盛顿体系

华盛顿会议对日本更为重要。《四国条约》取代了英日同盟，但日本获得与英法美等国对等的外交地位；《五国海军条约》虽然遏制日本海军力量，却使其主力舰总吨位超过法、意。图示为美国总统哈定，他离开白宫准备前往签字现场。

D 战后外交策略

图示为日本多届内阁共同的外相币原喜重郎（1872—1951），协调外交的推行者。“一战”后初期，通过两次会议而形成的凡尔赛—华盛顿体系让日本有失有得，但总体而言，日本是一名受益者。英法虽然衰弱但底气犹在，美国更是迅速崛起，这种形式使日本决定采用“协调外交”政策。

E 协调外交的内容

1. 对英美友好，鉴定维护日、英、美之间的关系
2. 对华反对使用武力，代之以经济渗透方式扩大日本在华利益
3. 签订日苏条约，建立日本与苏联的外交关系

F 协调外交的本质

币原喜重郎的协调外交即“巩固凡尔赛—华盛顿体系下日本取得的一切利益”，保持现有利益不丧失，以平和而缓慢的方式开拓新利益。这与当时的世界局势和日本国内情况是相符合的，也成为“一战”后初期日本外交主流。通过协调外交政策，日本在取得既得利益的前提下为自己争取到有利的国际环境以应对国内的社会动荡。

1919年 1928年

05 一战后初期的日本社会

关键词:繁荣/进步/隐患/灾难

一战后初期的日本处在大正天皇所统治的大正时代。这一时期，世界生产力大发展，各种方便人们工作、学习和生活的事物被发明推广，人类生活水平得到前所未有的大提高。深处这股潮流中的日本亦不例外，作为一个新崛起的国家，日本逐渐强大的国力和对新事物的推崇使得日本社会出现更大规模的改变。人们的生活越来越方便了，物质享受和精神娱乐也越来越多了，但是在表现繁荣中，依然深埋不少隐患。

大正时代的社会生活			
积极	衣	男性	西服 A
			军装 B
			和服 C
		女性	洋装 D
			和服 E
	食	西餐 F	
		日式料理 G	
	住 H	洋楼	
		传统建筑	
	行	新式交通工具 I J K	
	用	电话、电报、电灯 L	
	文化	丰富多彩 M N	
消极	关东大地震 O		
	不景气的经济状况 P		

A 西服

明治维新以来，善于模仿的日本人很快就接受了西方近代化的服饰装扮。在鹿鸣馆时代，日本更是掀起全盘西化的风潮。人们纷纷剃发并改穿西装。至大正时代时，日本的男性在平日里基本都穿着现代装束。图示为日本政坛元老大偎重信身着西装拍下的照片。

B 军装

图示为首相清浦圭吾的军装照片。古代那些沉重的武士铠甲一去不复返，明治维新后的日本选择了更适应与现代热兵器战争环境下的制服式军装，更加贴身、轻便，适合作战。从明治维新时代起，日本军队就已抛弃原有的武士铠甲和装备，全盘西化。

D 女性洋装

图示为梨本宫守正王妃伊都子身着洋装的照片。日本女性穿西装（洋装）亦是非常普遍。在日常的生活、工作和学习中，日本女性基本会选择贴身合体、轻快方便的西式服装。日本的校服也都选择西方近代款式，即便是皇室人物也会时常作西式打扮。

C 和服

图示为身着男士和服的日本政坛元老级人物大偎重信。总体而言，日本男性以穿着西装为主，但在一些特定时刻，日本男性也会换上和服。所谓特定时刻，譬如天皇即位、神社祭祀，这时和服会被作为礼服穿上。

E 女性和服

日本女子穿着和服的场合与次数远超过日本男子。类似日本这种非西方国家，女性更多穿着本民族传统服饰，男性基本选择近代西方服饰的现象普遍存在。究其原因大概和男性外出工作，女性多居家有一定联系。图示中的成年女子身着和服，旁边的两个小孩子身着洋装。

F 西方美酒

美食，既是物质文化的结晶，又是精神文化的享受。西餐作为舶来物，随着西方化潮流推广到世界各地，迅速西化的日本也不例外。明治维新后，日本就掀起过“吃洋餐”的风潮。图示为1922年日本街头的商业广告，图画中女优举着盛满葡萄酒的西式酒杯。

G 日本料理

日本虽然长期受中国影响，食物上却独具特色。日本料理重食物的色彩、重食具的美观，追求精致的工艺品境界。味道以鲜美、清淡为主，多生食、海产。日本料理分为本膳料理、怀石料理、会席料理、烧烤等多种式样。寿司、饭团为日本料理的标志菜肴。近代以来虽然西餐风行，但人的口味是相当难以改变的，日式料理依然占据日本人的餐桌。

H 明治·大正时期日本的建筑

自明治维新以来，西式、近代式的建筑在日本被大量采用。除皇宫、寺院和神社以外，银行、剧场、政府、学校等公共建筑几乎都为西式。大正时代，钢筋混凝土被广泛应用。日本也产生了杂糅传统与西式两种风格的折中式建筑，多用于民居。以西式为主，房屋内保留一间传统和室。这类建筑多用于独体房屋，若是公寓、旅馆就无法保持了。

I 城市交通

图中所示为日本城市道路交通的重要工具电车。19世纪末期，德国人、美国人不停发明并改进有轨电车，最终使其被大量运用到城市交通中。20世纪以来，日本也积极引进这种新式交通工具，在城内铺设铁轨，改进城市道路交通。

L 新事物的广泛使用

19世纪、20世纪是近代世界大发展的时代，无数有利于社会生产力进步、人民生活水准提高的发明被创造出来。许多都应用到人们的日常生活中，为人类社会带来极大的便利。譬如电报、电灯、电话等。图示为大正时代的一台电话。

J 铁路与地铁

1825年，英国人斯蒂芬逊发明火车头，此后慢慢演变为可以长途载客、跨越国境的火车。1863年，世界第一条地下铁路在伦敦开通，20世纪后又开始实现地铁的电气化。从此，地上的火车和地下的地铁成为世界人民出行的首选。极大的便利了人民的生活。早在19世纪末日本便开始引入铁道交通，铺设铁轨，开通火车路线。一战后行引入了地铁系统，改善城市交通。

K 汽车

汽车是人类现代文明生活最为重大的发明之一。汽车的出现更加方便人民的出行，同时它还具有相当重要的军事作用，因此被日本积极引进并自行生产研制。如图所示，汽车在日本大正时代已经是很常见的交通工具了，但一般用于军事或政府部门，尚未正式进入平民生活。

M 古旧的钢琴

西方的乐器也随着西方文明一同传入日本。早在19世纪中后期，日本人就已经普遍接触西方音乐文化，例如提琴、长笛、竖琴，还有西方的音律以及指挥手法、乐队形式，这些在大正时代得到进一步的发展，图示为一架大正时代的老钢琴。

N 文化交融

图中所示为大正时代名古屋的风景图，画面上既有现代工业文明的工厂烟筒，也有属于传统文明的农田和小屋。虽然经历了全盘西化的鹿鸣馆时代，但总体上日本作为一个岛国，深层次的封闭性还是一直保留着。大正时代就出现了西装与和服、洋楼与和室、料理和西餐共存的情况。

O 关东大地震的打击

1923年的关东大地震令日本社会不安，人们的心灵受到极大创伤。在迷茫、绝望中，又生长出野蛮而残暴的动力。震后有谣言盛传地震与旅日朝鲜人有关，全国掀起毒打朝鲜人甚至致死的风潮，旅日华人也受到冲击。日本人的社会心理更加扭曲。图示为关东大地震的惨烈场景。

P 繁荣中的隐患

虽然成立了政党内阁，但日本军部势力一直存在并跃跃欲试；虽然经济实力在亚洲名列前茅，却一直遭受经济低迷、金融恐慌的折磨；虽然社会进步，但却人心不古，到处充斥着浮躁；虽然已经文明开化，但当震灾袭来后，日本人内心深处对岛国的不安和恐慌喷涌而出，侵略的野心大大膨胀。在大正时代的繁荣表象之下，各种隐患早已滋生。

06 昙花一现的大正“民主”时代

关键词:民主气息

大正天皇时期，日本最引人注目的潮流即大正民主运动。该运动从1905年一直持续到1925年，内容包括要求实行议会民主政治、要求获得普选权、要求宪法落实等种种民主权利。1913年第一次护宪运动是大正民主运动中里程碑式的事件，随后又历经米骚动、政党内阁产生、第二次护宪运动、普选运动和《普选法》的颁布。而社会上的民主风潮也是一波接着一波，这时的日本浸透了民主的气息。

大正民主时期的表现 A B

领域	内容
政治	政党内阁出现 C D E
女权	妇女地位得到提高 F G
外交	与苏联友好，采取协调外交
社会科学	近代社会科学发展 H
	文学进步 I
自然科学	引入西方理念 J
艺术	传统艺术和西洋艺术相辉映 K

A 大正民主运动

大正民主运动的理论指导思想是“天皇机关说”和“民本主义说”。前者是美浓部达吉提出，认为国家统治权归属民众。“民本主义说”是吉野作造提出，解释为“国家在法理上属于人民”和“国家主权活动的基本目标在政治上属于人民”。图示为吉野作造（1878—1933）。

B 民众的斗争

图示为民众在广场听演讲，响应号召完善日本政治体制的场面。在大正民主运动时期，一些政治家们通过激情的演讲来宣传自己的政见，发动群众一起对抗政府。民众的支持也是大正民主运动能够持续下去的动力。

C 护宪运动

护宪运动一共进行过两次。第一次是民众为了对抗滥用特权搞垮政友会内阁的军部发起反击，以律师、记者等资产阶级民主派代表为先锋，要求实现政党内阁，这次运动推翻了政府里长期存在的藩阀体制；第二次运动发生在1922—1924年，因为加藤友三郎、山本权兵卫等军人组阁，阻碍政党政治的发展，激起不满，立宪政友会、宪政会和革新俱乐部联合为护宪三派发起斗争，最终胜利。

D 各式政党

名称
立宪政友会
宪政会
革新俱乐部
立宪国民党
立宪民政党

E 日本第一届政党内阁

图示为第一届政党内阁首相原敬。原敬内阁是第一次真正意义上实现了在议会中拥有多数席位的合法政党组阁，原敬担任首相标志着政党内阁制实现了。虽然之前有大隈重信内阁，但大隈重信不是众院议员，拥有爵位，所以原敬内阁才是日本政治史上第一个真正的政党内阁。

G 选举法的改革

经历自由民权运动，日本颁布宪法，民众开始有了选举众议会议员的资格。但是选举资格被局限在很小的圈子内，有年龄、财产和性别的严格限制，远未达到普选。对此，改革势力经过长久斗争后，于1924年成立护宪三派内阁，经过一番艰难谈判后，颁布新的《普选法》。但是这部普选法将妇女排斥在外，而男性的被选举年龄依然是30岁。

F 女性地位的提高

大正时期日本女性地位也得到提高。在这之前，女性被视作男性附属品，相夫教子。外出工作这类事情与女性是绝缘的，政坛更是见不到女性的身影，甚至选举权都把女性排斥在外。在大正时代，这一现象虽然并未得到彻底解决，但也有所改变。图示为浮世绘中的日本女子。

H 近代社会科学发展

分类	人物	成就	代表作
哲学	西田几多郎	唯心主义哲学家，创立西田哲学	《善的研究》
	阿部次郎	哲学家，美学家，人格主义代表	《三太郎日记》 《人格主义》
	和辻哲郎	和辻伦理学创始人，其理论基础是存在主义	《尼采研究》 《作为人学的伦理学》
历史学	津田左右吉	史学巨匠，东京文献学派主要学者	《神代史的新研究》 《古事记及日本书纪的研究》
民俗学	柳田国男	民俗学田野调查的第一人，专注于妖怪研究	《妖怪谈义》
法学	美浓部达吉	提出“天皇机关说”，主张天皇行使统治权，而主权应属国民全体	《日本国法学》 《日本行政法》
政治学	吉野作造	大正民主运动发起人，主张民本主义	《吉野作造选集》
经济学	河上肇	马克思主义政治经济学者	翻译《资本论》
	野吕荣太郎	马克思主义理论家，英年死于狱中	《日本资本主义发展史》

I 芥川龙之介

芥川龙之介（1882—1923）是日本近代一位天才作家，日本一个很重要的文学大奖就是以他的名字命名的。他在10年间创作了150篇短篇小说，他本人有深刻的洞察力，作品很有思想深度。他的敏感和才华造成了他神经状态的不稳定，这最终导致了他自杀身亡。

K 紫禁城

这幅《紫禁城》油画是近代画家梅原龙三郎（1888—1986）的作品。梅原龙三郎在幼年时代就立志成为一名画家，青年时代他远赴欧洲留学，此期间他钻研毕加索的作品，再后来就直接将画风转向欧美风格。

J 研究所一览

名称	建立时间	说明
北里研究所	1915年	北里柴三郎建立，用于基础医学研究
理化学研究所	1917年	半官方的物理、化学研究所，日本“原子之父”仁科芳雄在此工作多年
航空研究所	1918年	东京帝大附属研究所
钢铁研究所	1919年	“钴铁之父”本多光太郎在东北帝大创立
地震研究所	1925年	东京帝大附属研究所

第十三章 大国迷梦：

法西斯主义与全面扩张战争

1929 > 1945年

从日本的历史来看，这个国家本身就具有侵略性。每当它强大后，往往会将目光投向它的近邻。古代曾两次侵入朝鲜半岛并因此与中国交战；近代在明治维新并获得强盛国力之后，日本又一次侵略朝鲜半岛并获得成功，随后它的侵略野心不断扩张，势力范围扩充到中国本土。虽然复杂的国际关系和日本本身的力量以及大正民主运动在一定程度上遏制了日本的野心，使其在大正年间并没有大规模的侵略行为，但是20世纪30年代的世界经济危机的爆发成为压倒日本理智的最后一根稻草。本就充满军国主义思想、皇国思想的日本人很快便接受了由社会各界的法西斯分子所宣传的侵略扩张理论。而军部法西斯的上台更是将日本带入法西斯时代——一个对外侵略的黑暗年代。

图片拍摄于1944年9月，美军正在琉磺岛与日军展开激战。琉磺岛战役是太平洋战争中最惨烈的战役，美军伤亡近13000人，日军伤亡15000人。

1929年

01 日本与世界性经济危机

关键词:冲击

1927年，震灾后沉重的经济包袱终于在日本引爆金融恐慌，整个日本的银行界都陷入混乱。这场危机尚未渡过，自美国华尔街引发的资本主义世界经济大危机又跨海渡洋，在日本登陆。这对于本已苦苦支撑的日本经济而言不啻为雪上加霜的重击。这场危机被称为“昭和经济危机”，其特点是持续时间长、涉及面广，并且其对日本社会和历史进程的影响及其深远。

经济大危机 A B	危机蔓延 C D	金融	物价与股价暴跌 E
		农业	大萧条 F G H
		工业	总产值急剧下滑 I J
	应对策略 O		井上财政 K L
			高桥财政 M N

A 资本主义世界经济大危机

“一战”后，资本主义国家的经济虽然恢复发展，但弊病也愈发凸显：贫富差距增大、社会购买力被严重制约，工业部门开工不足、失业率持续走高，投机活动愈演愈烈，金融市场的不稳定性增加。1929年，经济大危机从美国开始蔓延。图示为危机爆发时的日本首相田中义一。

B 经济危机的前因

经济大危机的根本矛盾在于资产阶级生产关系中生产资料私人所有和生产大众化之间的矛盾。主要原因在于第一次世界大战后，迅速发展的生产力让工厂马不停蹄地生产出大量产品，机器化生产间接导致大批人的失业，贫富差距和过高失业率让大多数人无法购买源源不断的产出品，最终导致商品囤积，价格暴跌，投资方得不偿失。而过热的投机活动加剧了市场不稳定，终于危机爆发。

C 危机来临

图示为大正时期的几名悠闲女子。大正民主运动赋予人们更多权利。生产力的发展、新发明的不断涌现让人们的物质和精神生活不断丰富，虽然经济不景气，但社会的进步还是让人们心满意足。当图中的女子们一脸惬意之时，日本经济危机的引线已经埋下。

D 危机波及日本

1927年，日本因为震灾支票问题已经爆发金融危机，1929年的资本主义世界性大危机更是雪上加霜。田中内阁拿不出应对经济危机的良策，于同年倒台。滨口雄幸（1870—1931）接替田中组阁上台，承担起应对经济危机的责任。图示为接替田中义一组阁上台的首相滨口雄幸。

E 金融风暴

日本的这场经济危机开始于1927年的银行界。因为承受不住震灾支票的巨额贷款，部分银行倒闭，导致金融界出现恐慌，形成挤兑风潮。政府拨款12亿日元救助三井、三菱等大财阀，以期稳住局势，但1929年危机的袭来让这些努力化为泡影。图示为大财阀三井的住宅。

F 农业被冲击

经济危机中总是遭受到冲击的往往是农业。农业是工业和第三产业的根本，三者之间相辅相成。日本进入工业社会后，单一重视工业产量和产品出口，而农业长期萧条，农产品和工业制成品之间存在高额剪刀差是导致农业薄弱，禁不住危机冲击的主要原因。农业被冲击的后果是可怕的，作为基础产业，一旦农业出现问题，建筑在其上层的各行各业都将难以逃脱。

G 悲惨的农民

虽然迈入近代工业社会，但农业依旧是日本的传统产业部门。日本依然存在大片的农村和为数众多的农民。长期以来，工业制成品和农业产品的剪刀差，赋税的沉重和资本家的剥削已经让农民们不堪重负，经济危机的到来给予他们更加沉重的打击。图示为生活凄惨的农民一家。

H 农业因素解析

根本原因	工业资本主义高度发展，农业资本主义缓慢发展
主要原因	垄断资本主义下的价格垄断，限制生产，拉大工农业产品剪刀差
	农业生产的分散性导致其脆弱性
危机表现	农产品价格急剧下跌
	农民破产，农村凋敝
	与农业息息相关的加工工厂纷纷倒闭

J 倒退的工业与贸易

工业产量下降	1929年：77亿日元
	1930年：59亿日元
	1931年：51亿日元
贸易额数下滑	1929年：43.6亿日元
	1930年：30.1亿日元
	1931年：23.8亿日元

I 城市颓废

经济危机到来，工厂开工不足，农业凋敝，各行各业都开始进行大裁员，原本衣食无忧的人们纷纷失业，找不到工作的人们失去生活的动力和目标，陷入绝望和茫然之中。如图中所示，人们在酒吧买醉，神情麻木颓废。

K 井上入阁

滨口雄幸上台组阁后推行币原喜重郎的“协调外交”和井上准之助的“紧缩财政”政策。井上财政的目的在于恢复金本位制，使日本经济回到正轨。图示为内阁首相滨口雄幸。

M 高桥入阁

1931年滨口雄幸遇刺，治疗后因体力不支病逝。若槻礼次郎组阁，但因侵略中国东北的“九一八”事变和美国宣布放弃金本位制，“协调外交”和“井上财政”失败，这届内阁迅速倒台。接任者是立宪政友会的犬养毅。图示为高桥是清，曾担任日本首相，经济危机中加入犬养毅内阁掌管财政。

N 高桥财政

目的	终结金本位制
措施	禁止黄金出口
	停止兑换黄金
影响	日本进入管理通货制度时代
	国内物价上升
	日本对内保持垄断性高物价、对外采用日元贬值方法扩大出口，以倾销为手段

L 井上财政细节

目的	黄金解禁
准备工作	补充外汇储备
	防止黄金外流
具体工作	命令横滨正金银行购买出口票据，政府将票据秘密认购
	外汇储备恢复
	设置对日贷款与日本银行民间存款的硬性规定

O 日本经济危机的影响

这场持续多年的经济危机刺激了日本的侵略野心。对外扩张可以转移国内人民对政府的不满情绪，避免政权动摇，同时还可以用掠夺弥补本国在危机中的损失。侵略中国东北的“九一八”事变长期以来被日方解释为日本军部好战分子的偶发行为，但实际日本队侵略东北筹划已久，更有1927年东方会议上的筹备，经济危机只是让日本付诸行动的“最后一根稻草”。

1929年 1938年

02 日本政坛大动荡

关键词:军人组阁

日本政党政治的基础并不稳固，虽然推翻了萨摩、长洲二藩在日本政府中的势力，但是长期以来日本军部势力也不容小觑，他们和大财阀勾结在一起，活跃在日本政坛上，通过武力和经济实力左右朝政，任意扶持心目中的首相人选。大正民主运动的潮流使军部势力暂时退却，但其根基扎实，实力雄厚。经济危机的到来使日本社会陷入不安和动荡中，人们渴望将对现状的不满和愤懑发泄出来，这种好战的心态给了军部崛起一个绝佳的机会。

A 若槻内阁

滨口雄幸病逝后，若槻礼次郎接任首相一职，继续推行币原喜重郎的协调外交和井上财政。但是侵略中国东北的九一八事变的爆发打破了协调外交的原则。美国在同年宣布放弃金本位制，使得一心恢复金本位制度的井上财产失败。双重打击下，这届内阁在成立当年便倒台。图片为二次组阁前的1930年若槻任伦敦海军裁军会议首席代表时的照片。

1927—1937年日本内阁变迁

时间	首相	所属党派
1927年—1929年	田中义一	立宪政友会
1929年—1931年	若槻礼次郎 A	立宪民政党
1931年—1932年	犬养毅 B	立宪政友会
1932年—1934年	斋藤实 C	军人
1934—1936年	冈田启介 D	
1936年—1937年	广田弘毅 E	无
1937年	林铣十郎 F	军人
1937年—1939年	近卫文磨 G	无

B 犬养毅内阁

1931年底，犬养毅（1855—1932）组阁。他选择高桥是清为藏相，使日本经济开始好转。在处理九一八事变的问题上，犬养毅和军部出现分歧，他的解决方案是拒绝承认伪满洲国，而用经济形势实际支配东三省。军部对其不满加剧，1932年，犬养毅被青年士兵们刺杀身亡。图示为犬养毅的照片。

D 冈田启介内阁

1934年，军人出身的冈田启介（1868—1952）接替斋藤实上台组阁。在位期间，单方面废止华盛顿条约并退出伦敦裁军会议，打击“天皇机关说”，不断令军国主义势力膨胀。但因为军部本身有两股对抗的势力，互不相让的结果是“二二六”兵变爆发，冈田启介被迫下台。图中人物是冈田启介。

C 斋藤实内阁

图示为斋藤实（1858—1936）。犬养毅遇刺身亡后，日本政党内阁结束，此后上台的首相大多是军人出身。接替犬养毅的斋藤实出身军队。他上台后，一方面继续推行高桥财政，恢复日本经济，另一方面承认伪满洲国并宣布退出国际联盟。但军部依然对其不满，1934年斋藤实被迫辞职。

E 广田弘毅内阁

图中人物为广田弘毅（1878—1948）。1936年，军部少壮派发动的二二六兵变推翻冈田内阁，广田弘毅作为傀儡被推上前台，成为首相，组阁执政。广田弘毅是军部的傀儡，他执政期间的政策均在推动军部法西斯势力的扩张。广田弘毅的内阁在次年倒台，但是他本人是侵华战争的支持者，战后作为战犯被处以绞刑。

F 林铣十郎内阁

1937年2月，林铣十郎（1876—1943）组阁上台。这届内阁的政策是扩充军备，准备对华战争，完全追随了军部法西斯势力的意志。林铣十郎也是第一位公开宣称要排除政党的首相。因各方面势力矛盾尖锐，这届内阁只维持了4个月便倒台了。图示为林铣十郎。

G 近卫文麿内阁

图画内的人物是日本首相近卫文麿（1891—1945）。1937年，林铣十郎的短暂内阁倒台，军部又选择了近卫文麿，由其组阁上台。此刻日本对华战争已准备就绪。于是，就在近卫的任期内，日本展开了全面侵华战争。1945年日本投降后，近卫文麿畏罪服毒自杀。

1919年　1936年

03 军部法西斯夺权

关键词:法西斯/侵略/极端

20世纪20年代，由于社会矛盾的集中爆发和经济危机的侵袭，日本政治与社会都陷入动荡不安中。关东大地震的惨烈加剧了人们对岛国的恐慌心理，他们渴望大陆的安全，渴望用广阔的领土换取民族的荣耀。于是，军国主义思想应运而生，形成一股浩荡潮流，席卷日本政坛、社会乃至思想文化界，其中以军队受到的影响最深。军队中一批少壮派军官再也不能忍耐和平局面，跃跃欲试着要迈出侵略的脚步。要实现他们的“理想”，第一步，就是掌握政权。

日本法西斯专权建立过程

时间	事件
1919年	北一辉编撰《日本改造法案大纲》A
	北一辉成立法西斯团体犹存社，各法西斯团体在日本出现 B
1927年	田中义一提出体现侵略计划的“田中奏折” C
1929年	经济危机袭来 D
1932年	日本法西斯团体制造五·一五事变，首相犬养毅被杀，政党内阁被迫终结 E F G
	不断进行舆论攻击，钳制学术和言论自由 H
1935年	法西斯集团制造“不流血的合法政变” I
	军部法西斯团体内部两派激烈争斗 J K
1936年	军国主义分子制造震惊世界的二·二六兵变 L M
	军部法西斯统制派上台，日本法西斯化开始 N O

A 莫测的双重身份

北一辉（1883—1937），社会主义者，却也是日本法西斯主义之父；中国反封建革命与民主运动的支持者，却又鼓吹日本应打败中国建立世界帝国；他曾为中国革命元勋宋教仁的遇害而展开追查，可也是他让日本人的思想走上侵略的极端。

C 东方会议与田中奏折

1927年，田中义一内阁召开东方会议，其主旨为制定侵略中国的计划。在这次会议前，田中义一及多名日本官员炮制《帝国对满蒙之积极根本政策》，又名《田中奏折》，其内容主要为侵略中国乃至全世界的步骤。

B 日本法西斯之父

图示为大正天皇（1819—1926）。1919年，北一辉在《日本改造法案大纲》中提出增强天皇权力，停止宪法，解散国会，不再采用西方式民主，国家以天皇为中心；同时提出要保护劳动者权益，限制私有制等条款。其主旨为以武力重造日本。北一辉的这部书成为日本法西斯主义的滥觞。

D 经济危机带来的影响

“一战”后的经济危机带给日本的影响是深远的。此时日本国力已经增强，国民自信心也有了大幅提高。正因为如此，经济危机下的发展迟缓、高失业率等因素并没有挫伤日本人的积极性，而是令日本人强烈不满，继而要求向外扩张、解除自身困难。对资本家而言，掠夺领土和资源是他们的求生之路，而政客也希望用战争来转移民众视线。

E 五·一五事变

犬养毅成为首相后，拒绝承认满洲国，只希望在经济上支配东三省，并且与中国国民政府谈判。他的外交政策惹怒了已逐步法西斯化、热衷于扩张侵略的日本军部，激起青年军官的不满。1932年5月15日，一批极端青年军官冲入首相官邸，枪杀犬养毅。图中左起第一人为首相犬养毅。

F “举国一致”的内阁

1932年，首相犬养毅被杀。日本政坛陷入短暂的混乱中。趁着这个机会，由军部直接领导的、所谓的“举国一致”的内阁主宰了日本。此后多任日本首相均为军人出身，此前由议会中占据多数席位的政党组阁的形式销声匿迹，政党政治结束，日本在法西斯化道路上又前进了一步。

G “举国”政策

财政	沿用高桥是清的财政政策
	展开以土木基建为中心的工程
外交	承认伪满洲国
意识形态	控制舆论
	残酷镇压共产党

H 钳制自由言论

政党内阁倒台后，法西斯势力控制日本政坛，用法西斯主义对日本社会进行“改造”。第一步就是钳制言论自由，迫害进步分子。京都大学教授泷川幸辰（1891—1962）的著作《刑法读本》中只是伸张了女性合法权益，即被认定是共产主义学说，著作被禁，本人被免职。

I 攻击美浓部达吉

1935年，议员菊池武夫抨击美浓部达吉（1873—1948）的“天皇机关说”，这是日本法西斯分子迫害民主人士的又一事件。美浓部达吉主张天皇仅仅是国家的最高机关，行使统治权，主权属国民所有。在法西斯分子的迫害下，美浓部达吉辞去议员和教授职位，著作被禁。图示为美浓部达吉。

J 军部法西斯的分裂

由于日本具有浓厚的军国主义传统，同时其政党政治发展并不完善，故而日本法西斯主义诞生并成长在军队中。日本军部是法西斯主义大本营。犬养毅被杀，政党内阁倒台后，军部势力接管日本政坛，对进步人士展开迫害。扩军备战的同时，军部法西斯也分裂成皇道派和统制派，他们对改造日本各有主张和计划，矛盾愈发尖锐。

K 皇道派与统制派

派别	核心人物	主张	特点
皇道派	荒木贞夫	对内主张天皇亲政改革国家 对外主张同苏联决战	较为松散，成员以年青的野战部队军官为主，大胆而不听指挥
统制派	永田铁山	在军部统治下，以合法途径自上而下改革日本，建立军队独裁；对外主张先解决“中国问题”	校级和校级以上级别的军官组成

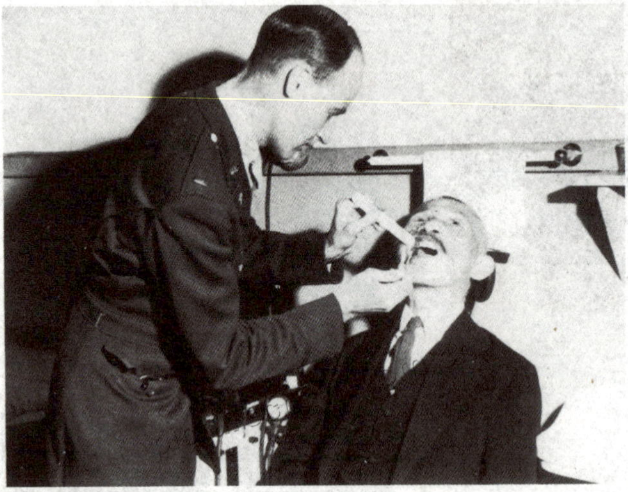

L 皇道派式微

图示为皇道派领袖荒木贞夫接受诊治的照片。皇道派主张天皇亲政，对外则主张先进攻苏联。他们企图通过武装政变来建立军部法西斯的独裁统治，但并没有得到认可。皇道派在军部的势力日渐衰微，荒木贞夫等人先后下台，这种形势导致皇道派发动“二·二六”政变。

M 喋血的二·二六事变

1936年2月26日凌晨，皇道派青年军官率兵袭击日本首相官邸等多数重要部门，杀害前首相斋藤实、高桥是清、教育总监渡边锭太郎并重伤天皇侍从长铃木贯太郎等人，首相冈田启介死里逃生。事变激怒了天皇，最终政变被镇压，皇道派下台。

N 统制派的掌权

二·二六兵变严重威胁了天皇的统治，故而在兵变被镇压后，皇道派多名领袖人物被严厉处刑，“法西斯之父”北一辉也被处死。皇道派以及有皇道派思想的军官被清除出军队，以永田铁心（1884—1935）为代表的统制派在陆军中全面掌权，开始按照他们的政策统治日本。

O 日本进入法西斯时代的原因

同为资本主义大国的英、法、美等国避免了法西斯道路，德、日等国却被法西斯夺权。其原因在于英、法、美等国资本主义制度的地基打得坚固，利用百年时间与新制度磨合，禁得起风浪。日、德、意都是在19世纪中期仓促完成资本主义的改革，其新制度地基不牢，只要环境出现消极变化，这些国家就先后走入极端。

1931年 1937年

04 对外——步步蚕食

关键词:逐步扩张

作为一个封建残余浓厚且素有军国主义传统的国家，日本在明治维新后就有了对外扩张的野心。19世纪末，吞琉球，占台湾；20世纪后，吞并朝鲜半岛，频繁干涉中国事务。虽然认同凡尔赛—华盛顿体系下不干涉中国事务等条款，但日本从未真正遵守过。出兵干涉中国北伐革命，进行经济与政治双重渗透，扶持亲日势力。经受经济危机的打击后，日本各界都迫切地需要将矛盾转移到国外。从1931年起，日本开始明目张胆地将侵略的野心付诸行动。

A 中国的北伐革命

所谓“北伐”，即国民革命军讨伐大军阀，推翻北洋政府的战争。北伐战争从1926年开始，至1928年张学良宣布东北地区归顺国民政府终结。国民党通过北伐战争完成了对中国形式上的统一。北伐革命受到了密切关注中国局势变动的日本的干涉。图示为北伐革命军。

B 日本出兵干涉

同为东亚国家，日本早已将中国视作自己的势力范围。中国发生的任何事情都会引起日本关注，北伐也不例外。日本不希望中国统一，它选择扶持东北地区的大军阀张作霖。北伐战争的节节胜利让日本感到恐慌，故而出兵，力图阻止北伐军北上。图示为提防北伐军的租界日军。

日本的侵略步伐

时间	事件
1927年	破坏中国革命军北伐 A B
1928年	制造“济南惨案” C
	制造“皇姑屯事件” D
1931年	“九一八事变” E F G
1932年	“一·二八事变” H I
	建立伪满洲国 J
1933年	侵入长城各口，占领热河、察哈尔北部等地区 K L M
1935年	策动“华北事变” N O

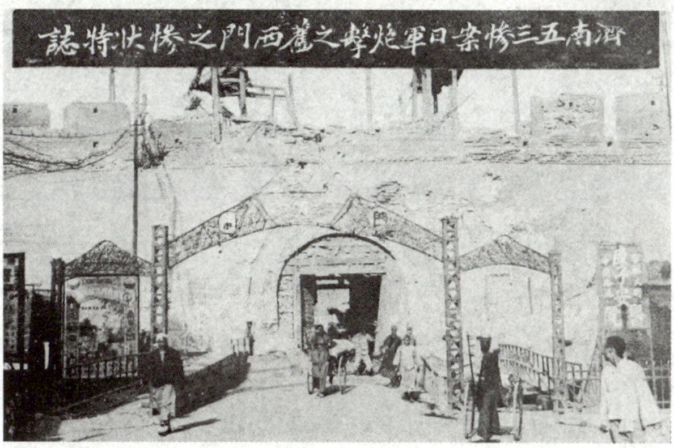

C 济南惨案

日军为阻止中国统一，出兵济南，野蛮屠杀近千人，并将责任推到中方，要求率领北伐军的蒋介石道歉。蒋介石拒绝后，日军再度炮轰济南城，进行新一轮的屠杀洗劫，这对中国北伐战争是迎头一击。图示为济南惨案中被炮轰开的城门。

D 皇姑屯事件

控制东北地区的张作霖并不愿将土地出卖给日本人，因此与日本的关系愈发紧张。1928年，张作霖乘坐的专列经过京奉、南满铁路交叉处的三孔桥时，火车被日本关东军预埋炸药炸毁，张作霖重伤，送回沈阳后死去，史称皇姑屯事件。张作霖当日不治身亡，其子少帅张学良继承基业。因为知晓父亲是被日本人所害，故而张学良严词拒绝了与日本人继续合作，于1928年宣布东北地区改挂国民政府的旗帜，正式归顺国民政府。至此，中国大体上重获统一。日本进军东北的计划遇挫。

E 图谋东北三省

日本占领朝鲜半岛后，下一个目标就放在了东北。那里有广阔的土地、丰富的资源，是重要的军事要地。占据东北，就占据了南下的主动权。同时向北也可防守苏联，向西可接触到蒙古。一直以来，日本通过经济和政治合作等手段维系自己在东北的地位，甚至不惜炸死不愿出卖东北土地的原合作者张作霖。但是1928年，张学良宣布归顺国民政府，让日本人进军东北的美梦幻灭。

F 九一八事变过程

时间	过程
1931年9月18日	柳条湖事件，日军进攻
9月19日	日军占领奉天、营口等铁路沿线城镇，长春守军奋力抵抗
9月20日	长春陷落
9月21日	吉林副司令长官熙洽投敌，吉林省被日军占领
10月—11月	黑龙江主要城镇沦陷敌手
1932年2月	日军攻占哈尔滨，东北三省被日军占领

G 国民政府的反应

图示为九一八事变中遭受战火洗礼的城市。当东北逐步沦陷之时，国民政府却要求张学良的东北军丝毫不抵抗，逐步撤退出东北，同时只做一些象征性的抗议以及无力的外交沟通，最终错失良机，导致大量领土沦丧外敌之手。而日本趁机用最小的代价占领了东北全境。

H 一·二八事变

九一八事变后，为了给伪满洲国的建立创造良好的国际环境，转移中国人民及国际社会的视线，日军于1932年1月28日晚突然向驻扎在闸北的国民党第十九路军发起攻击，史称一·二八事变。十九路军在蔡廷锴、蒋光鼐的率领下奋起抵抗。

I 上海抗战

时间	过程
1932年1月28日	日军向闸北中国驻军发动进攻，中国十九路军奋起抵抗
2月3日	战事再起
2月20日	日军向吴淞、江湾、闸北发动全面进攻
2月23日	十九路军在庙行与日军决战，双方均损失惨重
2月24日	日军增援再战
3月	日军再度攻击，美英调停，双方停战
5月5日	中日签订《淞沪停战协定》

J 策动建立伪满洲国

日本不敢直接占领东北，故扶持清朝末代皇帝溥仪建立“满洲国”。发动一·二八事变是为了转移中国和国际社会的视线。1932年3月1日，日本傀儡政权“满洲帝国”建立。中国政府、国联和大多数国家均不承认这一政权。图片中右边第5人为溥仪，第6人为末代皇后婉容。

K 图谋南下

图中所示为1937年绘制的伪满洲国地图。1932年，日本通过傀儡政权占据东北地区，形成扩军南下的有利局面，其侵略矛头指向中国华北地区。日本的下一步就是以东北为根据地，南下控制华北，进一步分裂并削弱中国。而最先横亘在日军面前的，就是蜿蜒起伏的长城。

L 长城抗战过程

时间	过程
1933年1月1日	日军制造事端，炮击临榆县城
1月3日	日军侵占山海关
2月	进攻热河
3月	攻占承德、赤峰等地
	喜峰口、罗文峪之战
3月—4月	古北口之战
	冷口之战
5月	签订《塘沽协定》，实际承认日军占领东北三省与热河

M 长城抗战的影响

占领东北的日军本来是踌躇满志发动南下进攻，但是在长城沿线遭到中国军队的殊死抵抗，史称“长城抗战”。侵略的日军遭受了沉重的打击，但由于此时的中国国民党政府坚持“攘外必先安内”的政策，不给予长城守军有力支援，导致中方军队被迫先后撤退，而日军趁机占领遵化、三河、平谷等地，威胁北平。最终，中日双方在1933年5月31日签订《塘沽协定》。

N 策动华北自治运动

时间	过程
1935年1月	日本制造“察东事件”，迫使国民政府承认察哈尔沽源以东地区为“非武装区”
5月	天津日租界亲日分子遭暗杀，史称“河北事件”
	日本以此为借口向国民政府提出各种无理要求
6月	4名没有护照的日本特务潜入察哈尔省内绘制地图，在张北县被守军扣留，史称“张北事件”
	《秦土协定》签署
7月	《何梅协定》签署

O 缔结条约

错判形势的国民政府面对日本策动华北自治，虽然也坚持国家统一立场，据理力争，奈何实力对比悬殊，又一心执行“攘外必先安内”的政策，最终对日不断妥协，先后签署《秦土协定》与《何梅协定》，大大扩大日本在华北地区的势力。图示为国民政府代表何应钦。

1931年 1937年

05 “九一八事变”后的国际反响

关键词:放纵/妥协

九一八事变后，中国政府动用了外交手段，请求美、英等国声援，同时通过中国驻国联代表施肇基向国联提出“禁止日军占领中国东北”等合法合理的请求。但是国际联盟是凡尔赛—华盛顿体系下由英国和法国所主导的，而此时的英、法只想维持现有的国际秩序，不希望大动干戈，它们在欧洲对德国妥协，对远东事务也抱持退让和放纵的政策。虽然成立了以李顿为首的调查团，但却没有做出任何真正可以阻止日本的实质性举动。

A 九一八前的国际背景

一战后，英法两国饱经战乱和经济危机之苦，加上国家实力受到挑战，今不如昔，故而只希望保住现有成果，不愿惹事；美国盛行孤立主义，苏联又被欧美资本主义世界排斥；这就给了日本一个在远东地区的可趁之机。图示为美国30年代孤立主义代表人物塔夫脱。

B 大国的冷漠

九一八事件后，和日本签订了日英同盟的英国采取了“不干涉主义”政策；法国正和德国关系紧张，无暇东顾，也对采取纵容政策；美国正处于经济危机中，自身难保。因此，他们不约而同地对远东的局势采取了冷漠的态度，图片是正焦头烂额的美国总统胡佛。

C 国联的调查团

九一八事变后，国际联盟争论三个月都未能在实质意义上阻止日本的侵略行径。只是在1932年初成立了解决中国东北问题的国联调查团，由英、美、法、德和意大利五个国家组成，团长是英国人李顿。这个调查团本身就是对日绥靖的产物，所以注定不能发挥其本应具备的作用。

国际社会对日本的绥靖体现	
英国·法国	未采取实质性干涉举动 A B
	通过国联成立李顿调查团 C D E
美国	不承认主义 F
苏联	不干涉的中立政策

D 李顿的报告

1932年9月4日，李顿调查团完成了调查报告书。报告书长达272页，肯定了东北是中国领土的一部分，其主权属于中国，对事变的经过和伪满洲国的评判也有其客观、公正之处。但却认为中国抵制日货运动是爆发冲突的主要原因，苏联对共产主义的传播是九一八事变的重要因素，最后的结论是：中国东北应该由西方各国共同管理。

E 日本退出国联

图片是1933年举行的国联就满洲问题的听证会。听证会后，国际联盟大会宣布“满洲的主权属于中国”，并通过了对日本的谴责。虽然这只是一次名义上的制裁，实际上国联的决定对日本没有实质影响，但日本依然以此为由宣布退出国联。

F 美国的“不承认主义”

1 30年代初期，美国开始实行孤立主义中立政策	
2 日本侵占中国东北后，美国与日本密商以求谅解	
3 日本逼近中国关内时，美国国务卿史汀生以“不承认主义”应对	不承认日本对中国东北的侵占
	不承认中日之间签订的任何违反“门户政策”的条约
	不承认中日之间签订的一切损害美国在华利益的条约

1931年 1938年

06 侵华战争初期

关键词:放纵/妥协

从1936年起，日本便以东北为根据地，不断运兵入关，逐步包围北平。1937年7月7日，早已准备就绪的日本借口有士兵失踪于北平西南的宛平县城内，要求进城搜索。这一无理的要求遭到宛平城守军的严词拒绝后，日军以此为借口，向卢沟桥一带开火，全面侵华战争就此打响。日军认为他们可以在3个月内灭亡中国。但这场战争整整打了8年。1937年—1938年是侵华战争的初期阶段，这一阶段以日军进攻、中国防守为主。

侵华战争初期

时间	1937年7月7日	8月13日	9月—11月	12月13日	12月27日	1938年1月	1938年2月	8月—10月
重大事件	“七七事变” A B	“八一三事变” C D E	太原会战 F G H I	南京大屠杀 J K L	占领济南 M	日本发表第一次“近卫声明” N	徐州会战 O P Q	武汉会战 R S

A 卢沟桥事变

卢沟桥事变又称七七事变，日本称为“北支事变”。早在七七事变之前，日本就已经做好了充足的开战准备，运兵南下，三面包围北平城。并于1937年7月7日当晚提出子虚乌有的要求，其目的就是以此为借口，打响全面侵华战争的第一枪。图示为日本发布的七七事变的照片。

D 淞沪抗战

时间	经过
1937年8月13日	日本进攻上海，淞沪会战开始
8月14日	中国政府发表《自卫抗战声明》
8月15日	日本政府发表声明，将战争责任推给中国
8月17日	中国军队向日军发动反击
9月	日军不断增兵，战争升级
9月下旬—10月	日军陆续在上海登陆
11月12日	日军占领上海，淞沪会战结束

C 八一三事变

为了扩大侵华战争，日本又在8月13日向上海发起进攻，史称八一三事变。8月9日，日军增派军队，13日晚，日军向上海发动进攻，驻上海的中国守军奋起抵抗，开始为期3个月的淞沪会战。图示为八一三事变攻城图。

B 奋力抵抗

1937年7月8日，日军包围宛平县城，向卢沟桥的中国守军正式发起进攻。驻守此地的国民革命军第二十九路军的官兵进行了殊死抵抗，驻扎在卢沟桥北部的连队仅4人生还，余者全部战死。图示为宣誓保护北平的第二十九路守军。

E 淞沪会战的意义

淞沪会战历时3个月，日军投入28万人的兵力，动用大批军舰、飞机、坦克，但并未如日本预先设想的那样速战速决。一个上海便让日军耗费3个月，原定的破灭中国的计划早已失败。这场会战不仅给日军带来重大人员伤亡，为整个中国战事的准备赢得宝贵时间，虽然日军最终占领了上海，但中国官兵同仇敌忾，以劣质装备和日军拼搏，这种不屈不挠的精神激发了中国各界的爱国之情。

G 平型关大捷

1937年9月21日，日军从正面进攻平型关，八路军第115师在此埋伏，利用有利地形，成功伏击日军。日军第5师第21旅以及大批辎重车队被歼灭，这是日军侵华以来遭遇的一个重大失败。图示为参加平型关战役的中方军官。

F 太原会战过程

时间	过程
1937年9月	关东军大批入关，攻向山西，天镇战役
9月21日	平型关伏击战
10月	忻口会战
	娘子关防御战
11月	太原保卫战
	日军占领太原，会战结束

I 太原会战的意义

太原会战历时2个月，是战争初期华北战场上规模最大的一次会战。日本在太原会战的战场上也遇到了前所未有的困难。他们投入了相当大的兵力，伤亡惨重，更是遭遇了平型关的败仗，打破了“日军不可战胜”的神话。虽然日军最终攻占太原，但是太原会战有力地消耗了日军的有生力量。

H 忻口战役

10月12日，日军进攻原平，逼近忻口。忻口是军事重镇，中国军队死守阵地，与日军进行反复争夺，日军遭遇重创。直到娘子关失守，日军从西部紧逼太原，忻口守军才奉命撤退，守护太原。图示为太原会战的照片。

J 占领南京

1937年12月4日，日本军队逼近南京外围，8日从三面包围南京。南京守军将领指挥不利，导致南京城被重重包围，军民退路均被切断。12月13日，日军占领南京。图示为日军将日本旗帜在南京政府大楼上升起。

L 大屠杀的用意

南京是当时中国的首都，虽然国民政府已经撤退至陪都重庆，但是南京作为一个国家政治中心的象征意义是不容忽视的。日本选择在南京展开长达多月的暴行，一方面是法西斯天性残忍所致，一方面也是为了击溃中国的抗日斗志。只是结果事与愿违，中国人民不仅没有被吓倒，反而同仇敌忾，更多的人加入到抗日阵营中。

K 南京大屠杀

1937年12月13日，日军攻陷南京之后，在南京城区及郊区对中国平民和战俘进行长达6个星期的大规模屠杀、抢掠以及强奸。共有30万以上的中国平民和战俘被日军残忍杀害，南京城的三分之一被日军纵火烧毁。图示为南京大屠杀的罪魁祸首之一朝香宫鸠彦亲王（中）。

N 第一次“近卫声明”

1938年1月，以近卫文麿为首相的日本政府发表对华声明，其声明对象是以蒋介石为首的国民政府。声明的主要内容有“不以国民政府为对手”，而要另建“与日本提携之新政府”。

M 占领济南

1937年12月，在南京陷落后，中国政府依旧顽强抵抗。但这时山东省主席临阵脱逃，导致黄河防线失守，山东大部分土地沦陷。12月底，日军占领济南，山东仅有鲁南的一些区域得以幸免。1928年，被日军曾占领济南时的济南。时隔9年，日军再度侵入这座城市。

O 徐州会战

徐州会战是1938年1月至5月在以江苏省徐州为中心的津浦、陇海铁路地区进行的大规模的防御战役。1937年，日本大本营为使南北战场联成一片，实行南北对进，首先便要攻占华东战略要地徐州，然后取郑州，再沿平汉铁路南夺武汉。图示为迎接徐州会战中阵亡的122师师长王铭章灵柩回城的徐州百姓。

Q 台儿庄大捷

1938年4月，日本进攻台儿庄，遭到中国军队的全线抵抗。4月6日，李宗仁亲自指挥中国军队向矶谷师团出击。命令一下，杀声震天。双方便展开了巷战、肉搏战，台儿庄城内血流成河。日军很快便溃不成军。双方激战4天，中国军队重创日军。图示为李宗仁将军。

P 徐州会战详解

时间	经过
1938年1月	日本进攻安徽凤阳
2月	日军占领淮关、蚌埠
2月下旬	日军南进
3月	日军进攻滕县，守军顽强抵抗，苦战17日，滕县失守
3月20日	日军攻陷枣庄、韩庄，向台儿庄深入
3月24日	日军猛攻台儿庄
4月3日	中方取得台儿庄大捷
4月18日	日军从临沂西北地区南进
4月底	中方守军将日军阻击在韩庄一带
5月	日军包围徐州
6月	日军占领开封，会战结束

S 战争进入相持阶段

1938年秋，日军占领广州、武汉以后，抗日战争进入战略相持阶段。从卢沟桥事变到武汉、广州陷落，日军侵占中国大片领土，同时困难也日益增加，军费开支剧增，反战情绪增长，日军兵力不足。中国虽然遭到严重损失，但共产党威胁敌人后方，国民政府依然拥有西南西北广大地区。日本开始陷入外交孤立和战争的泥沼中。

R 武汉会战

武汉会战是抗日战争中一场大规模战役，超过100万名国民革命军防守武汉，以抗击由畑俊六指挥的日本帝国陆军。图片是蒋介石视察武汉会战官兵。此次战场分布在长江南岸及北岸，横跨安徽省、河南省、浙江省及湖北省，该战役共进行了四个半月，是整个抗日战争中时间最长、规模最庞大和最出名的战役。

1931年 1938年

07 侵华初期的国际局势

关键词:绥靖政策

七七事变，日本全面侵华，但是国际社会并没有对此给予密切的关注和实质性的帮助。虽然日本已经冲破了华盛顿体系下的规定，但主导凡尔赛—华盛顿体系的英国和法国最关心的只是本国既得利益的保护和一个相安的国际状态，至于弱国、小国的利益以及所谓的正义，早已不在它们的关心之列。且远东地区并非欧洲国家传统的势力中心点，即便出现秩序变动，也不会妨害到英、法等国的利益。于是在日本侵华的初期，国际社会保持了沉默。

“七七事变”后主要国家的态度

国别	态度
英国 法国	以欧洲局势为首位，希望避免卷入远东地区的冲突 A B
美国	1937年：不与日本直接冲突，只发一个“道义声明” C
美国	1938年：开始对日本实行“道义禁运” D
美国	1938年：对中国开始进行经济援助 E
苏联	与中国签订《中苏互不侵犯条约》 F

A 英国的态度

七七事变后，英国感到自己在远东的利益已经受到威胁，形势逼迫它不得不担负起仲裁人的责任。但是为了维持英国传统的“大陆均势”政策，保护凡尔赛——华盛顿体系不破裂，英国对日本的表态比较软弱，只是希望日本不要将矛头对准自己，保住自己在华既得利益就满足了。图示为善绥靖的英国首相张伯伦。

B 法国的谨慎

和英国一样，面对远东局势的变化，法国也表现出了谨慎的态度。一战后，法国最担心的是德国的东山再起，法国的一切外交政策都围绕着围堵德国这一中心。法国在远东的利益并不十分重要，自然不希望在侵华事件上得罪日本，而将日本推入到德国的怀抱。图示为法国总理达拉第（右）。

C 美国给予精神支持

1937年7月7日后，美国并没有改变它原有的“不与日本直接冲突”的方针，只是泛泛的表示“中日之间的武装冲突将对世界和平及进步构成重大打击”。图片为时任美国国务卿的赫尔，他只是发表了一个空谈原则的“道义声明”，在阻止日本法西斯暴行上，这一切都显得极其单薄。

D 步枪

在日本侵华初期，日本向美国购买了大量武器，当时日本是美国的主要贸易伙伴之一，美国国内工商界人士认为对日绥靖有利于国内经济发展，95%以上的民众反对国家卷入战争，而当时的美国军事力量并不强大，种种原因使得美国只能继续向日本采取绥靖政策，继续向日出售武器。图片上这四款二战时日本最常用的自动步枪早期都是从美国进口的。

E 对中国的援助

美国从1938年起开始陆续对日本实行禁运，并对中国提供援助。财政方面，1938年底提供2500万美元借款，1940年又提供了2000万美元和2 500万美元的借款。在美国的影响下，英国也开始援华。1938年，英国政府宣布给予中国50万英镑的信用借款。1939年春，为了稳定由于日本对华金融战而日趋紧张的中国币制，英国又宣布予以中国500万英镑的借款。

F 中苏互不侵犯条约

1 斥责战争，保证两国之间不以战争为武器解决问题

2 缔约国一方受到侵略时，另一方不对侵略国提供任何协助

3 不得解释为对于在本条约生效以前两缔约国已经签订之任何双面或多边条约对于两缔约国所发生之权利与义务有何影响或变更

4 本条约用英文缮成两份，本条约于上列全权代表签字之日发生效力，其有效期间为五年

1938年　1941年

08 对华侵略陷入泥沼

关键词：期望破灭/陷入泥沼

1938年，日本的侵华战争陷入泥沼。本来打算3个月内速战速决，但是仅仅上海一地就让日军耗费了3个月的时间，损失惨重。日本无力一口吞下一个偌大的中国，只好抱着“以战养战”和“招降”等目的，稳固已经占领的地区，然后逐渐侵略其余地区。而此时中国的国共两党正式合作抗日，爱国统一战线建立，各界人民踊跃支持抗战。当日军在正面战场与国军作战时，共产党领导下的抗日根据地在敌后广泛建立，与敌人争夺着每一寸土地。于是，战争进入了僵持阶段。

A 日本诱降

1938年11与3日，日本近卫内阁发表第二次对华“近卫声明”。在第一次近卫声明中，日本叫嚣速战速决灭亡中国，但是在第二次声明中，这个态度有了很大的变化。近卫内阁倡议建立一个由中国、日本和伪满洲国共同组成的经济联合体，对国民政府进行政治诱降。图示为此时近卫内阁的合照。

相持阶段的战役

时间	重大事件
1938年11月3日	日本发表第二次“近卫声明” A B
12月22日	日本发表第三次“近卫声明”
1939年	开始对抗日敌后根据地、抗日游击队进行长时期扫荡、围剿 C
1939年5月	随枣会战 D E
1939年9月	第一次长沙会战 F G
1940年3月	日本通过汉奸汪精卫成立伪政府 H
1940年5月—6月	枣宜会战 I J K
1940年8月—12月	百团大战 L M N
1941年3月—1942年12月	治安强化运动 O
1941年9月	第二次长沙会战 P
1941年12月	第三次长沙会战
	日军占领香港

B 对国民政府的拉拢

第二次近卫声明是日本对华态度的一个大转变。前一次声明中还轻蔑国民政府，认为国民政府已不是自己的对手。但这一次近卫声明只是要求蒋介石本人下台，国民党放弃抗日，放弃与共产党联合。第二次近卫声明是日本对国民政府的一次政治诱降。图示为叛逃的汪精卫和东条英机。

C 扫荡敌后根据地

抗战开始后，中国共产党领导后方人民建立了陕甘宁、晋察冀等抗日根据地，在敌人的背后展开灵活的游击战争，有效消灭敌人的有生力量，牵制敌人，并配合国民政府在正面战场的战斗。日本遂在战争进入僵持状态后，一面对国民政府进行诱降，一面开始集中兵力，扫荡抗日根据地。图示为扫荡的日军在村口屠杀平民后的现场图。

D 随枣会战

随枣战役发生在1939年5月，国民政府军队在湖北的随县、枣阳地区与日军作战。当时，日军司令官冈村宁次为解除中国军队对平汉铁路的威胁，遂向随县、枣阳地区进攻。为阻击日军进攻，中国军队实行反击。最终中国军队收复枣阳、随县，日军退却。图示为正奔往随枣战役前线的将士。

E 随枣会战的历程

时间	过程
1939年5月	日军向随县、枣阳地区发动进攻
5月上旬	日军攻陷随县与枣阳
	日军攻陷唐河
5月24日	中国军队先后收复随县、枣阳，日军退出

F 第一次长沙会战

第一次长沙战役在日本又称为湘赣会战，1939年9月至10月打响。中国第九战区部队在湖南、湖北、江西三省接壤地区对日本军队进行的防御战役。这次战役是第二次世界大战全面爆发后，日军对中国正面战场发动的第一次大攻势。图示为参加第一次长沙会战的国民党飞机员。

G 第一次长沙会战的结局

第一次长沙会战结束后，中日双方都认为自己取得了胜利。中国国民政府将此定性为“湘北大捷”，消息传遍全国，各大报刊都刊登了会战胜利的消息，有力地鼓舞了全国人民的抗日信心。但日本却认为他们才是胜利者，冈村宁次认为日军只是要在赣江和湘江之间打击中国军队，情况有利才会攻取长沙，所以虽然日军没有攻入长沙，也不算失败。

H 伪政府的成立

面对中国军民的奋勇抵抗，日本采用“以华制华”的策略，扶持傀儡政权，与汉奸分子一起愚弄大众，给占领地披上一层依然是中国政府统治的面纱，试图浇灭军民抗日热情。1940年，国民党高官汪精卫投敌叛国，于3月30日在南京组建日本扶持的中华民国中央政府伪政权。图示为汪伪政府外交部。

I 枣宜会战

枣宜会战是抗日战争相持阶段日本军队驻武汉的军队对中国部队发动的一场进攻战，会战以日军占领宜昌而结束。在这场战斗中，日军显示出他们整体实力的强大，但是中国军队也进行了顽强抵抗，集团军的总司令张自忠壮烈殉国。图示为张自忠上将。

J 枣宜会战详解

时间	过程
1940年5月	双方在枣阳地区作战，日军率先进攻，攻向泌阳
5月4日	日军发起总攻势，中方军队防守枣阳
5月7日	日军占领唐河，对枣阳进行合围
5月8日	日军占领枣阳
5月25日	双方开始在宜昌地区作战，日军全力进攻宜昌
6月8日	日军占领沙市、荆州
6月12日	日军攻占宜昌

K 枣宜会战的意义

枣宜会战虽然以中方失败、日军占领目标城市告终，但在会战中，处于劣势的中国军队面对日军进行了顽强抵抗，张自忠将军更是身先士卒，最终以身殉国。不单枣宜会战，在整个抗战过程中，中国军民一直在进行殊死抵抗，其中国民党方面少将以上军衔殉国者96人，中共方面旅以上级别阵亡者59人，会战激发了中国人的斗志，坚定了抗日的决心。而日军速战速决的计划也因此失败，逐渐陷入侵华战争的泥沼中。这对于国小、资源少的日本而言，是非常不利的局面。

L 百团大战的深意

从1938年底开始，中日战争进入相持阶段。这时双方比拼的除了军事力量外，军民心态也成了重中之重。1939年，欧洲战场法西斯的接连胜利降低了中国抗日力量的信心，悲观的情绪弥漫在全国上下。为了振奋国人抗日决心、鼓舞士气，中国共产党决定发起百团大战，对日军进行强烈打击。图片是百团大战后刘伯承在总结经验。

M 百团大战

百团大战是抗日战争时期，中国共产党领导下的八路军与日军在华北地区爆发的一次规模大、持续时间长的战役。八路军的参战部队达105个团，故中方称此为“百团大战”。百团大战共进行战斗一千八百多次，歼灭敌人四万五千余人，给敌人以重创。图示为百团大战中中方备战场景。

N 百团大战的经过

时间	过程
1940年8月20日—9月10日	八路军在平汉、津浦等主要交通线发起总攻，破坏了正太铁路，切断日军在华北的主要交通线
9月22日—10月	涞灵战役
	榆辽战役
10月—1941年1月	粉碎日军对太行、太岳、平西等抗日根据地的大规模扫荡

O 治安强化运动

为巩固在华北的统治，从1938年7月开始，日军便着手对占领地区推行的一种屠杀与奴化相结合的统治措施。1939年1月至1940年3月，日本进行了三期治安肃正。1941年把治安肃正扩大为治安强化运动，到1942年底共进行了五次治安强化运动。图示为日军在占领区的安抚团在做宣传。

P 第二次长沙会战

1941年，世界反法西斯战场出现变动。苏德战争爆发，英、美的对日制裁行动更加积极。美国不仅宣布派军事代表团来华帮助国民政府，同时禁止将飞机、汽油出口日本，并冻结了日本在美国的资金。面对不利国际环境，日本决定孤注一掷，进犯湘北，占领长沙。图示为战地记者拍摄的中国军队巷战场景。

1939年 1941年

09 第二次世界大战与珍珠港事件

关键词:战争扩大

日本是一个资源少、人口少的岛国，在战争中最惧怕的就是持久战。所以才会吞并朝鲜半岛作为发动战争的根据地之一，同时还制定了速战速决的侵华方案。日本企图在三个月内灭亡中国，再以中国为跳板，进攻东南亚甚至南亚的印度，从而实现其“大东亚共荣圈”的美梦。但是中国战场上的僵持局面将日本逐步拖入泥沼之中。1939年第二次世界大战的正式爆发，更是让美、英等国逐渐加强对华援助，打击日本。面对不利的战场和国际环境，日本决定铤而走险，扩大战争至东南亚地区。如此，它的目标就将直指美国。

战争扩大化	
1939年9月1日	德国闪击波兰，第二次世界大战爆发 A
1940年4月—6月	德国攻占丹麦、挪威、荷兰、比利时、卢森堡，法国投降 B
1941年6月	苏德战争爆发
9月30日	莫斯科保卫战
12月7日	日本偷袭美国珍珠港，太平洋战争爆发 C D E
12月8日	日本开始进攻香港及东南亚地区 F G

A 日本与第二次世界大战

1939年9月1日，德国闪击波兰，拉开第二次世界大战的帷幕。英法等国的绥靖政策破产，不得不仓促应战。也就在这一时刻，日本侵华战争的意义上升，从中日两国的战争、世界局部地区的战争，变为第二次世界大战、反法西斯战争的一部分。图示为德军在波兰沦陷的城镇里前进。

B 欧洲战场局势与日本的关系

德、意、日三国是彼此缔结同盟条约的法西斯轴心国，连为一体，互通声气。德国法西斯在欧洲战场取得了一系列胜利：北欧国家、一系列小国甚至强国法国都不得不向德国投降；英国遭到最猛烈的轰炸，形势危急；苏联在战争前期表现也不佳。德国的胜利无疑鼓舞了日本法西斯继续发动侵略战争的野心。图为被轰炸后的伦敦街头，几位儿童在废墟前发呆。

太平洋战争关系图

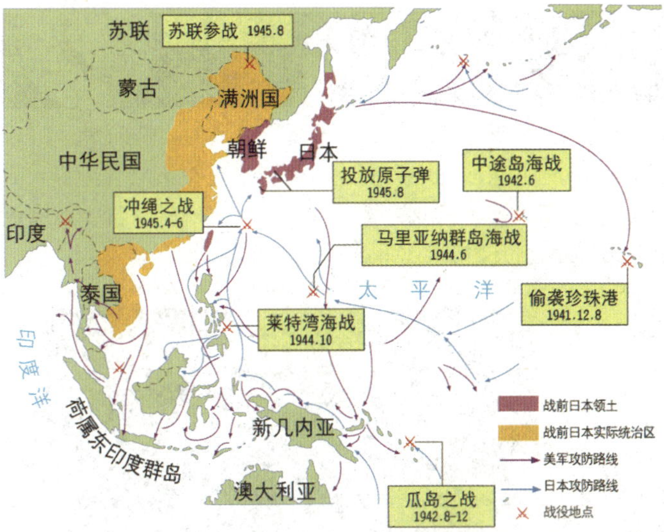

C 太平洋战争

日本在中国战场陷入焦灼状态，他们迫切需要打通大陆交通线、扩大战争、夺取更多资源以应对持久战。日本将目标对准了东南亚，那里却是美国的利益区。日本决定铤而走险，对美国发起战争，太平洋战争的序幕被拉开。图示为太平洋战争关系图。

D 虎！虎！虎！

图示为日本偷袭珍珠港。1941年12月7日，日本海军的航空母舰舰载飞机和微型潜艇突袭美国海军太平洋舰队在夏威夷基地珍珠港。成功偷袭后，日本将一份内容为“虎！虎！虎！”的电报发回军部。继19世纪中期墨西哥战争后，美国领土再次遭到攻击。日美随即相互宣战，太平洋战争打响。

E 美国卷入战争

第一次世界大战后，美国外交一度被孤立主义政策笼罩。对德国、日本法西斯势力的膨胀，美国也采取了绥靖政策。但是随着日本将目标对准东南亚、英国遭到德国威胁，美国的既得利益也遭受巨大损失，为了自身安危，美国选择加入反法西斯阵营是必然的事。

F 进兵东南亚

时间	过程
1941年12与7日	日军在马来半岛登陆
12月25日	日军占领香港
1942年2月15日	英军弃守新加坡
3月9日	驻印度尼西亚的荷兰军队投降
5月6日	美菲联军投降，菲律宾沦陷
5月8日	日军占领缅甸

G 香港沦陷

第二次世界大战打响后，英国本土都已自顾不暇，面对自己在远东地区的殖民地，更是分身乏术。马来半岛被日军成功f地登陆后，香港也遭到日军进攻。12月25日，英国驻港总督杨慕琦在圣诞节的这一天宣布对日投降。日本占领香港后，进行了为期三天的暴行。图示为香港遭日军攻击时的港报。

1941年 1943年

10 “二战”前期·中国战场

关键词:僵持

1941年至1943年，既是第二次世界大战的僵持阶段，也是中国抗日战争的对峙时期。日本虽然强大，但中国抵抗决心坚定，故而谁也不能迅速取得胜利。这一僵持阶段在第二次世界大战打响后依然延续着。在1941年—1943年这个区间内，中日双方又进行了多次大规模战役，互有胜负。这一期间结束时，双方依然没有取得最后胜利，僵持状态再度延续。

中国战场的局势	
1941年	豫南会战 A B
	上高会战 C D
	晋南战役 E F
	第二、第三次长沙会战
	香港保卫战
1942年	《联合国家宣言》 G
	滇缅路战役 H
	浙赣战役 I
1943年	鄂西会战 J
	常德会战 K
	缅北滇西反攻战役 L
	《开罗宣言》 M

A 豫南会战

豫南会战是日本在河南南部地区对中国军队发起的一次攻击战役。1941年1月，日本需要打通平汉铁路南段，解除中国军队对驻扎在信阳的日军的威胁，遂集合主力兵力，向豫南发起进攻。图示为豫南会战中中国军队正在休整。

B 豫南会战综述

豫南会战的最终结果是中方胜利、日军退却。由于中方军队采取了退避三舍、避实击虚等策略，始终未于日本主力军队交锋，只用小股军队进行正面阻击，与日军保持接触，但重点部分放在攻击日军侧翼，并且适时转入反击。因此日本此次行动失败，图示为指挥豫南会战的第五军区司令李宗仁。

C 上高战役

上高战役又称“锦江会战”。1941年3月14日，南昌的日军兵分三路对国民政府军队发起“鄱阳湖扫荡战”。另有一路军队直扑西山、大城，图谋向西一举攻下高安、上高的中方营垒，确保赣西地区的“治安”，由此打响了上高战役。图示为中国军队在清算战利品。

E 晋南战役

晋南战役又称中山条会战，1941年5—6月，日军为消灭中条山地区的中国军队，消除对其山西交通线的威胁，抽调大批主力，企图以迅速的歼灭战和反复扫荡将中国部队主力包围歼灭。为确保战略要地不失守，中国军队在中条山驻守大量军队，准备对日军作战。图示为晋南战役中日军进城后正欲强入民宅。

D 上高会战过程

时间	经过
1941年3月15日	日本向上高地区进攻
3月19日	日军占领奉新、村前，中方军队决定反击，围剿日军第34师团
20—24日	中日双方激烈交战
24日	日军全线动摇
24日—27日	日军在掩护下撤退
31日—4月3日	日军全线龟缩，会战结束

F 晋南战役的意义

中国军队在晋南战役遭遇惨败，中条山失守，日军直逼黄河岸边，企图强渡黄河，并直接威胁到了洛阳、潼关。国民政府急忙抽调部队进行强攻，这才迫使日军后退。但已无法挽回晋南战役中的惨败。但是在战争中，大量官兵拼死作战，殉国者无数，其精神可嘉。

G 《联合国家宣言》

1942年1月1日，面对德、意、日法西斯的猖獗，中、苏、美、英等26国在美国华盛顿发表宣言，即《联合国国家宣言》，又称《二十六国宣言》。宣言表示出签字国家们决心共同作战，直到打败德、日、意的法西斯侵略者，绝对不能向侵略者无条件投降，决不和法西斯国家单独议和。这次宣言的发表标志着世界反法西斯联盟正式形成。第二次世界大战进入新阶段。

H 滇缅公路的重要性

1940年，日本开始轰炸滇缅公路全线，其目的是防止英、美等国通过滇缅公路进行对华物资援助。1942年3月至9月期间，中国远征军在云南省西部、缅甸、泰国、印度等地对日本军队进行防御性战役，包围滇缅公路，史称滇缅路战役。图示为盟军在滇缅公路上修理援华物资运输车上的武器。

I 浙赣战役

时间	战区	结果
1942年5月14日—5月底	金华、兰溪地区	日军占领金华、兰溪
5月底—6月	衢州地区	衢州被日军占领
6月	上饶、广丰地区	日军占领江山，进驻信江以东，与中方军队形成对峙
5月底—7月	浙赣路西段	日军打通浙赣线
5月—8月	临川地区	日军完成作战任务，撤回南昌
6月	丽水	日军占领丽水
7月	温州	占领温州
8月	松阳	丽水、松阳两地日军撤退，国民军收服浙东南地区

J 鄂西会战

1943年夏季，日本为打击中国在鄂西地区的军队，遂发动了一次进攻战役，史称鄂西会战。日本利用兵力，用各个击破的战术重创中国军队在鄂西地区守军并劫掠大批物资和船只。图示为指挥鄂西会战的第六战区司令官陈诚在前线。

K 常德会战

1943年的秋季，日本为牵制中国军队对云南地区的反攻并掠夺战略物资、打击中国军队的士气，遂对中方发动了一场战役，史称常德会战。日军出动大批主力部队，攻克常德，重创了前来解围的中国军队。中国军队虽然最终收复常德，但损失惨重。

L 缅北滇西反攻战役

1943年下半年，为打通滇缅公路、配合太平洋战场转入反攻，中国远征军发动缅北滇西反攻战。血战17个月，解放缅北大小城镇50余座，收复云南失地83000平方公里，击毙日军48000余人，这次胜利打通了中国与盟国的陆上交通线，揭开向日军反攻的序幕。图示为中国远征军刚攻克一座城镇。

M 《开罗宣言》的出台

1943年底，中、美、英三国首脑在开罗发表宣言，内容主要有：协同对日作战的宗旨，承诺处置日本侵略者。这份宣言即《开罗宣言》。宣言中明确宣布“日本所窃取于中国之领土，例如东北四省、台湾、澎湖群岛等，归还中华民国”、“使朝鲜自由与独立，”三大盟国表示将“坚忍进行其重大而长期之战争，以获得日本之无条件投降”。

1941年 1943年

11 “二战”前期·太平洋战场

关键词:争夺

太平洋战争是第二次世界大战的主要战场之一，以1941年底日本偷袭珍珠港为导火索，至1945年8月日本投降为终结。主要交战国为美国和日本，所有参战国家多达37个，涉及人口超过15亿，交战双方动员兵力在六千万以上，其伤亡和损失不计其数。太平洋战场的局势直接影响着整个第二次世界大战的进程，其对战局的影响意义极其深远。在战争中，双方都屡出奇招，拿出各自最强大的军事武器，故而太平洋战争在军事史上也具有相当的重要性。

太平洋战场	
1941年	偷袭珍珠港 入侵东南亚地区 A
1942年2月	占领新加坡 B
3月	入侵印度尼西亚 C
5月	攻入菲律宾 D E 侵略缅甸 F
5—6月	珊瑚海海战 G H I J K
6月	中途岛战役 L M N O
8月—1943年1月	瓜达尔卡纳尔岛战役 P Q R S
1943年11月 T	吉尔伯特群岛战役 U V W

A 侵入东南亚

1941年12月8日，日军在马来亚北部的哥打巴鲁登陆。12月与1月间，日本派遣辅助远征队占领英属北婆罗洲的沙涝越、文莱和亚庇。1942年，日本占领马来西亚地区，1月底，日军到达新加坡与大陆之间的柔佛海峡。新加坡岌岌可危。图为日本在马来西亚宪兵队旧址。

C 驻印荷军投降

新加坡陷落时，日本向南苏门答腊的巨港发动进攻；巨港于2 月16日陷落， 2 月17日，日本从东西两面迅速侵入爪哇。3 月5日攻下了巴达维亚；3月9 日，驻扎在印度尼西亚的荷兰军队被迫投降。日本就此横扫印度尼西亚，对东印度群岛的征服至此告成。

B 新加坡投降

1942年2 月9 日，日本军队成功渡过了柔佛海峡，进攻英属殖民地新加坡。一个星期后的2 月15日，驻扎在新加坡的英国珀西瓦尔将军和他所指挥的7万军队向日本投降，日军正式占领新加坡。

D 进攻菲律宾

1942年起，日本对菲律宾发动猛烈进攻，作为菲律宾的保护国，美国驻军与当地菲律宾军队联合抵抗日军侵略。但日本攻势猛烈，而美国本土又距离菲律宾极其遥远，远水解不了近渴之下，1942年4月，身染疟疾美菲联军向日本投降，日本占领菲律宾。

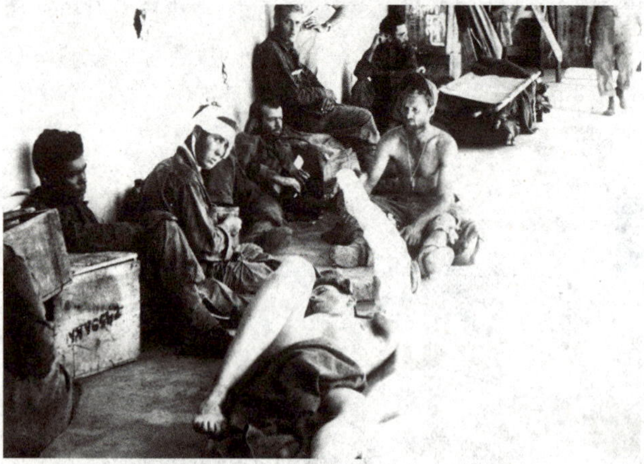

E 惨烈的巴丹大行军

联军投降后遭到日本方面的残忍折磨。从1942年4月9日起，降军被押解到100公里外的战俘营，以步行为主，整个过程只给少量食物，任何企图寻找饮水和食物的战俘都会被处决，众多战俘被迫饮路边肮脏的水源，多数人患病死亡。史称“巴丹死亡行军”。图示为在巴丹死亡行军途中得到暂时休息的战俘们。

F 入侵缅甸的用意

缅甸之地具有极其重要的战略意义，占领缅甸，不仅可以扩大资源补给地，同时能威胁到印度的英国驻军。而更重要的意义在于缅甸与中国大陆之间的交通线——滇缅公路。这是英美等国向中国运送战略物资的生命线，是中国对外联系盟军的重要通道。一旦这条生命线被切断，对盟军在中国战场将是极大的打击。

H 珊瑚海相遇

1942年4月底，制定作战计划后，日军便派出大批舰队向目标海域开进。美军截获了日军此次作战行动的情报后，决定派出军舰在珊瑚海地区阻击日军。图示为1942年5月8日，在珊瑚海海战中被日机攻击后爆炸的美军列克星敦号航母。

G 目标——南太平洋

1942年初，日本基本占领了东南亚地区，为了扩大战果，进一步进攻，日本大本营决定夺取西南太平洋的制海权与制空权，切断美国通往澳大利亚的交通线。于是日军舰队开始向向西南太平洋一带推进，准备夺取新几内亚岛的莫尔兹比港。图示为正在遭受日军猛烈攻击的莫尔兹比港。

I 珊瑚海之战的过程

时间	过程
1942年5月3日	日军占领图拉吉岛
4日	美军航空母舰舰载机袭击日本舰队
5—6日	双方在珊瑚海海域搜索
7日	日军与美军继续交战
8日	日美双方对决，两败俱伤

J 舰载机大对决

珊瑚岛海战的参与军舰数量并不多，此次交战的规模也不大，但它却是人类海战史上第一次航母舰载机之间的较量，之前的海战大都是双方军舰接近到一定距离内用舰炮作战。而珊瑚海海战的双方都没有使用鱼雷和舰炮，而是通过航空母舰所带的舰载机进行交战。图示为一架飞机刚从美军的大黄蜂航母上起飞。

K 珊瑚海之战的意义

若从战术上来看，日军的飞机和伤亡人数都多于美国，但却以牺牲若干小舰换取了击溃美军大舰的胜利；但从战略上看，美国赢了，他们遏制了日军武力扩张，迫使日军暂时放弃进攻计划。令太平洋战场发生了小小的逆转，一改之前日军猛攻的态势，珊瑚海之后，太平洋战争就进入到僵持阶段。

L 日方的战略

日本海军联合舰队司令山本五十六在珍珠港偷袭成功后就认为日本必须在美国的战争机器全力开发之前就得彻底击溃美国的太平洋舰队，为此，日军开始制定进攻中途岛计划。1942年，美国利用航空母舰对日本东京进行轰炸，这更加坚定了了日本夺取中途岛的决心。珊瑚海之战后，日本入侵澳大利亚计划受阻，遂正式将目标定为中途岛。

M 战役过程

时间	过程
1942年6月4日凌晨	日军开始攻击中途岛
上午7时	美军鱼雷轰炸机攻击日本航空母舰，日军发现美军舰队
上午8时	日军发现美军舰队存在航母，立刻武装飞机
上午9时	日军全力进攻美军舰队
上午10时	日军航空母舰被炸毁
下午13时	日军对美军的第二次袭击开始
下午16时—19时	日军飞龙号、苍龙号、加贺号航空母舰沉没
6月5日凌晨	美军继续轰炸日军船舰，日军惨败

N 命运五分钟

一直以来，人们都认为中途岛海战存在“命运五分钟”。日军曾有5分钟的绝佳机会，只要把握住，机群就可以起飞攻击美国航母。这样，即使日军三艘航母被击沉，美军也难以全身而退，日军便不会惨败。但是对于这种说法，后代大多存疑。图示为中途岛战役中起飞前的美军飞行员。

O 太平洋战场之转折

中途岛战役中，日军损失4艘大型航母及上百架飞机，溃败撤退。日本海军从此走向败亡。中途岛海战结束了日本的长期攻势，改变太平洋地区军事力量的对比，从此，日本丧失了太平洋战场的主动权。中途岛海战成为太平洋战场的转折点。图示为美军约克城号航母的防空炮正在攻击空中的日军鱼雷。

P 一岛之争

瓜达尔卡纳尔岛，简称瓜岛，位于太平洋西南部，是所罗门群岛中最大的一个岛，面积约为5,302平方公里，1893年成为英国保护地。1942年6月16日，该岛被日军占领。日军在岛上修建军事设施，以此为根据地组织对美国的进攻。而美国若要反攻，就必须拿下此岛。围绕瓜岛，一场大规模战役打响。图示为美海军陆战队在瓜岛登陆。

R 海战经过

时间	过程
1942年8月8日	第一次所罗门海战
8月23—24日	东所罗门海战
8月22日、9月15日	美军运输作战
10月11—12日	瓜岛海上夜战
10月24日	瓜岛增援作战
10月26日	第二次所罗门海战
11月12—14日	第三次所罗门海战
11月30日	塔萨法隆格海战
1942年12月—1943年1月	日军撤退战

Q 大海战

瓜岛战役是太平洋战争中及其重要的一场战役。日美双方围绕着一个瓜岛进行了激烈争夺，数月内进行海战30余次，大规模海战6次。美军沉没航母2艘、巡洋舰8艘、驱逐舰14艘，阵亡约3300人；日军沉没航母1艘、战列舰2艘、巡洋舰5艘、驱逐舰11艘、潜艇6艘，伤亡2.5万人。图为8月7日，在所罗门群岛南部的图拉吉岛附近战斗的第一天，美海军驱逐舰正在打捞日本轰炸机残骸。

S 美军占据优势地位

瓜岛战役中，日本海军、空军、陆军均损失惨重，日军兵力上的优势荡然无存，经此一役，日军完全丧失战略主动权，陷入被动，直至战败。而美国通过瓜岛战役改善了不利的战略态势，为太平洋战场上即将开始的战略进攻创造了有利条件。图示为占据领空、领海优势的美军战斗机群在航母上空飞行。

T 转折的1943

1943年是第二次世界大战转折的一年：欧洲战场，斯大林格勒战役的胜利让德军转入被动；北非战场，德意军队被驱逐，意大利政变，法西斯政权倒台；太平洋战场上，瓜岛战役的胜利让日军转入被动挨打的境地。9月8日，意大利宣布投降，法西斯已开始走入绝境。

U 战略进攻

1943年2月9日，日军撤出瓜岛，在太平洋战场陷入被动局面，美军则获得战略主动权，进入反攻状态。一系列战斗陆陆续续地在太平洋海域展开。3月，美澳联军摧毁日本重要运输队，6月，美军向所罗门群岛发动反击，进攻新几内亚。图示为麦克阿瑟在新几内亚丛林。

V 吉尔伯特群岛战役

1943年11月进行的吉尔伯特群岛战役是美国对日本进攻的揭幕战。吉尔伯特群岛原为英国殖民地，处在美国和澳大利亚的海上交通线上，具有极其重要的战略价值。通过对塔拉瓦岛、阿贝马马岛和马金岛进攻、占领，美军赢得了战役的胜利。图示为美军第165步兵师正在进攻吉尔伯特群岛的马金环礁。

W 太平洋战场新格局

通过中途岛、瓜岛等一系列战役，美国在1943年已完全改变战争初期的颓势，掌握了战略主动权。此时美国的工业潜力已被全面动员起来，美国战争机器全盘启动，部队得到大批精良的武器装备，其军事实力也在大大提升。而日本用来作为根据地、补给地的一系列岛屿丧失，伤亡惨重，愈发被动。

1944年　1945年

12 “二战”中后期·中国战场

关键词:牵制

1944年，反法西斯同盟战线的局面一片光明。此时在太平洋战场上，日军已节节败退。而在中国战场上，他们依旧深陷泥沼，不得脱身。于是大量的精壮兵力和先进的武器设备都被牢牢牵制在中国战区，日益吃紧的太平洋战场局势逼迫着日本分出兵力前去支援，但国小资源少的日本已经穷尽了一切战斗力，不仅国内所有男子都被征召入伍，甚至有女子都开始被征上战场。分身乏术，是日本这一时期的最大写照。

中国战场的形势 A

时间	事件
1944年4月—12月	豫湘桂战役 B C D E
1944年4月—6月	豫中会战 F G H
1944年5月—8月	长衡会战 I J K L
1944年6月—8月	衡阳保卫战 M N O P
1944年8月—12月	桂柳会战 Q R

C 豫湘桂四大战役

时间	战役名称	主要作战区域
1944年4月—6月	豫中战役	河南
1944年5月—8月	长衡会战	湖南
1944年6月—8月	衡阳保卫战	湖南
1944年8月—12月	桂柳会战	广西

A 大陆交通线

日本对中国的占领并不彻底，在很多地区，日军只是占领交通要道沿线和主要城市。为了将兵力、武器和各种军需品及时送上太平洋战场，日军决定发动打通大陆交通线的战役，打通湘桂、粤汉、平汉铁路。图示为战役中被日军夺取的桂林火车站。

B 日方战略动机

豫湘桂战役是1944年4月至12月，日本为挽救太平洋战场上孤立的日军、摧毁美国在华空军基地而发动的一次打通大陆交通线的大规模进攻战。其战场从华北一直到华南，涉及平汉、粤汉、湘桂等铁路，而日军就是为了掌握这些铁路，以获取一条直通东南亚地区的交通线。

D 战役之影响

豫湘桂战役对中国的影响极其恶劣，豫湘桂三省大片土地沦陷，国民党军队至少损失了50万的兵力。但对日本而言，虽然达到了战略目标，但是日本已经没有能力保障这条交通线的畅通，也无法阻止美军对日本的空袭，并且严重分散了日本的兵力。图示为参与作战的士兵。

E 国民政府失败的原因

豫湘桂战役的最终结果是日军达到既定目标，而国民党军队惨败。其原因是多种的：其一，国民政府军事委员会在整体战略上的指挥失误，具体战役上的指挥也有不当之处；其二，国民政府上层人员长期以来执行消极抗日政策；其三，国民政府军队的武器装备并不先进，军工业还属于落后水平。最终导致了豫湘桂战役的大溃败。

F 豫湘桂战役第一环——豫中会战

豫中会战是豫湘桂战役的第一环，是日军第一号作战计划的重要部分。日军为此进行了充分准备，计划从正面突破中国守军阵地，主力部队伪装南下，实则迂回攻击中国守军，作战目标为古城洛阳。图示为豫中会战中一名中国卫兵站在坦克残骸上放哨。

G 从豫中开始

豫中会战是日军“打通大陆交通线”战略计划的第一环，它的打响拉开了轰轰烈烈长达数月的豫湘桂战役的第一幕。河南地理位置优越，又是交通便利之地。日军迫切希望得到河南省境内的平汉铁路南段以及古城洛阳的控制权。图示为豫中会战中阵亡的吕公良中将。

H 豫中会战的过程

1. 日军突破河防，先后占领郑州、新郑、荥阳、广武等地
2. 日军围攻并于5月1日占领许昌
3. 日军集中打击国民党方面的汤恩伯兵团
4. 河防崩溃，汤恩伯兵团溃退，洛阳陷入绝境
5. 洛阳攻守战。5月底，日军占领洛阳

I 豫湘桂战役第二环——长衡战役

长衡会战，又称湖南会战，开始于1944年5月底，终结于9月初，历经3个多月。是日军方面所谓的“一号作战”，即豫湘桂战役中交战时间最长、国民政府军队抵抗最为顽强的一次战役。对日军而言，其作战范围之广、参战兵力之多，亦是史无前例。图示为日军和惨死的中国军人尸体。

M 兵临衡阳城

长衡会战中，对日军而言，最为艰难的无疑是对衡阳城的攻击。在衡阳，面对这样一座孤城，处于绝对优势地位的日军却遭到国民政府守军部队的拼死反抗，日军陷入了艰难的战斗中。虽然日本方面源源不断地补充大量兵力，最后也占领了衡阳，但却损失大量人员，远超日本事先的估算。图示为衡阳城中国守军激战场景。

K 长衡会战之经过

时间	过程
1944年5月26—27日	日军兵分三路，向鄂南、湘北的国民党军队发动攻势
5月28日—6月18日	双方在长沙、浏阳一带大作战
6月下旬—9月初	作战第二阶段，日军计划攻取衡阳，重点击溃湘东山区的国军
8月8日	衡阳失守，国军继续攻击日军
9月7日	日军攻占零陵，会战结束

J 长衡战役的目的

长衡战役是日军“一号作战”的第二环，其战略总目的依然是摧毁美国空军设置在中国的基地，防止美机从中国起飞轰炸日本；其二是为铺设纵贯中国南北的交通线，以连接东南亚的陆地交通；其三便是为了最大限度的击溃国民政府军队，摧毁重庆国民政府的抗战能力。图示为长衡战役期间，民众拖家带口撤离战区。

L 战役的胜负原因

从各方面而言，日军无疑占据了优势，而他们的对手国民政府军队一直处于人员军事素养和武器装备的劣势。在这次会战中，国民政府的战略部署和战役指挥再次出现错误，误判形势，错估日军的战略企图，上层协调不畅，指挥有误，最终导致战场上的失败局面。

N 血战衡阳

时间	过程
1944年6月20日	日军下达进攻衡阳的作战部署
6月22日	日军轰炸衡阳城 衡阳抗日保卫战打响
6月23日	日军强渡耒水，被守军击退
6月25日	日军攻占机场，守军夺回
6月26日	日军占领机场，对衡阳形成包围
6月27日	日军猛攻
6月28日	日军对衡阳发动第一轮总攻击
7月11日	日军发动第二轮总攻击，对衡阳城使用毒气弹
7月12日—7月底	日军不断攻击衡阳，衡阳守军抵抗
8月3日	日军对衡阳进行大轰炸
8月4日	日军对衡阳发动第三次总攻
8月7日	日军继续施放毒气，进行轰炸、扫射，步兵趁机攻城
8月8日	衡阳被日军占领

O 日军受阻

战斗之初，日本方面没有想到会在一座孤城面前遭遇如此顽强的反抗。日本战争史认为这次战斗“牺牲之大，令人惊骇”、“严重地妨碍了‘打通大陆’的日程”，是不折不扣的“苦难的战役”。图示为指挥衡阳会战的抗日名将薛岳。

P 衡阳保卫战的重大功绩

衡阳保卫战是中国抗战史上作战时间最长、双方伤亡最多、程度最为惨烈的城市争夺战。在衡阳保卫战中，日军甚至使用了毒气，造成了大量平民死亡，但依然没能阻止中国军队的顽强抵抗。国民第十军顽强守卫衡阳城多月，成功延缓日军打通大陆交通线的作战进程，并且歼灭大量日军，打出了中华民族的骨气。在这一点上，日本方面也给予了认可和尊敬。日军在攻占马来西亚时，伤亡只有千人；横扫印度尼西亚全境，只损失两千多人，而在攻占衡阳城时，就损失上万人。日军在衡阳保卫战的惨败最终导致了东条英机内阁下台。

Q 桂柳会战爆发

时间	过程
1944年8月29日	日军从衡阳出发，沿铁路向湘桂边界推进
9月6日	由广东清远等地沿西江向广西梧州进攻
9月10日	向桂林、柳州进攻
9月14日	日军攻陷全州，进攻桂林
9月22日	日军攻陷梧州
10月11日	日军相继攻占平南等地
10月28日	日军逼近武宣，突破桂林防线
11月11日	桂林守军大部牺牲，日军占领桂林
11月24日	日军占领南宁

R 桂柳会战的结局与豫湘桂战役之结束

桂柳会战的结束宣告了豫湘桂战役的终结。在这次漫长的战斗中，作为抗日正面战场主力的中国国民政府军队表现出了顽强抗敌的精神，战死殉国的官兵无数。虽然日本最终打通了大陆交通线，但在战役中，日军损伤惨重。战后，日本达到战略目的，却根本无力守护这条交通线，依然无法保障战略物资的运输，无法救援被困在太平洋战场上的日军。从整体角度而言，日本取得了豫湘桂战役的胜利，但却已输掉了全局。日军在中国战场本已陷入泥沼，这次兵力的分散令它更加举步维艰。

1943年 1944年

13 "二战"中后期·太平洋战场

关键词:盟军进攻

1944年，第二次世界大战的重点转向太平洋战场。此时日军在太平洋地区已由进攻转为防御，美军扭转劣势，掌握制海权与制空权，由此把握住战争的主动权。而日本开始力不从心，步步败退。虽然在中国战场上他们费尽全力打通了一条通往东南亚的交通线，试图运输战略物资以支援太平洋战场日军，但日本已无力保障运输线的畅通，太平洋战场上的日军依然孤立无援，陷入全面被动。而美军则抓紧时机，开始战略反击。

"二战"中后期的太平洋战场

时间	事件
1943年2月—1944年3月	激战南太平洋 A B
1944年6月—7月	马里亚纳群岛战役 C D E F
1944年10月	莱特湾大海战 G H I
1945年2月—3月	硫磺岛战役 J K L M
1945年3月—6月	冲绳登陆战 N O P Q

B 日军被动

在中国战场继续僵持而没有起色，又在太平洋战场上接连输掉中途岛战役和瓜岛战役，日军开始全面呈现颓唐之势。而美军咄咄逼人的进攻以及对日本本土的空袭也打得日本手忙脚乱。日军开始呈现退守攻势，放弃一座座岛屿，步步后退。图示为1944年1月，美海军陆战队士兵在攻占布干维尔岛托基纳角后的合影。

A 美军攻势

瓜岛海战后，美军在太平洋战场形势一片大好，由防御方转为攻击方，掌握了战争主动权。此后，在1943年2月到1944年3月，美军开始有计划地在南太平洋地区发动一系列登陆作战，通过这些战役，美国夺回许多岛屿，摧毁日军大量根据地并有力打击日军战斗力。图示为1943年12月26日，美海军陆战队士兵在刚攻占的巴布亚新几内亚新不列颠岛海滩上行走。

C 马里亚纳群岛之战

1944年6月，在太平洋战场上爆发了马里亚纳大海战。这场海战也被称为菲律宾海海战，发生在马里亚纳群岛附近。交战双方是美国和日本。这次海战是历史上最大的一次航空母舰大决战。由于战斗中日军飞机被美军战斗机轻易击落，被美国人戏称为“马里亚那射火鸡大赛”。图示为一架攻击美军基特昆湾号航母的日机被击落。

D 塞班岛之战

在马里亚纳海战打响同时，另一场战役也在紧锣密鼓的进行着，这就是塞班岛之战。塞班岛是马里亚纳群岛的主要岛屿，日本在此地修建各种军需设施并部署重兵把守。要全取马里亚纳群岛，必须拿下塞班岛。于是，在1944年6月—7月，美军在此岛进行了艰苦的登陆战役。图示为7月，美军增援部队走过塞班岛的珊瑚礁来到海滩。

E 塞班岛战役经过

时间	经过
1944年5月29日—30日	美军登陆编队从夏威夷出发，向塞班岛进军
6月15日	登陆编队抵达塞班岛，开始作战
6月17日	美军粉碎日军反击
6月19日	塞班岛日军陷入孤立无援状态
7月6日	日军发动最后反攻
7月9日	美军占领塞班岛

F 塞班岛登陆的意义

在塞班岛登陆战役中，美军阵亡3千余人，伤员上万，日本守军阵亡4万余人，千人被俘。整个塞班岛有2/3平民丧生。美军虽然胜利，但也付出了沉重的代价。塞班岛被美军占领后，为美军攻占马里亚纳群岛的其余岛屿创造了有利条件，也为轰炸日本本土提供了空军基地。

G 海战经过

1944年10月20日—26日，以美国为首的盟军部队在菲律宾莱特岛附近与日军发生海战。此次海战可分为四大部分，分别为：锡布廷海战、苏里高海峡海战、恩加尼奥角海战以及萨马岛海战，美军取得了胜利。图示为莱特岛登陆美军正在躲避日军机枪扫射。

I 海战的意义

莱特湾海战是太平洋战争中最后一次大海战，也是历史上最大的一次海战。这场海战消灭了日本的海军力量，日本海军几乎荡然无存。而美军取得了绝对的制海权。在这场海战中，日本第一次有组织的使用神风特攻队进行自杀式袭击。图示为遭遇日本自杀式飞机袭击的无畏号航母失火，美军正在忙于灭火。

J 硫磺岛的军事要义

1945年2月—3月的硫磺岛战役是太平洋战场上及其著名的一次战斗日军和美军为争夺硫磺岛进行激战，双方伤亡惨重。偷袭珍珠港后，日军在硫磺岛上修建了大量军用场所并屯驻军队。1944年，日本再次加强硫磺岛军事力量。硫磺岛成为防止美军空袭日本本土的最后一道防线。从图中可以看出硫磺岛的意义。

K 战争的经过

时间	经过
1944年8月	美军对硫磺岛进行轰炸
11月24日	美军对日本本土进行轰炸
11月27日	日军开始空袭塞班岛美军
1945年2月	美军调整作战计划，再次攻击硫磺岛
2月16日	美军开始炮轰硫磺岛
2月17日	日军反击
2月18日	双方拉锯战
2月19日	美军开始登陆
2月20日	美军登陆部队发动攻击
2月21日—25日	双方惨烈交火
3月	美军战列舰加入战斗
3月16日	美军占领硫磺岛

H 双方兵力

船舰（艘）飞机（架）	日本	美国
航空母舰	4	17
航母护卫舰	0	18
战列舰	9	12
巡洋舰	19	24
驱逐舰	34	141
飞机	200	1500

L 硫磺岛战役的必然

1944年，美军攻占马里亚纳群岛后，在此修建军事基地，对日本本土进行空袭。但由于距离较长，效果依然不好。为保障对日本空袭的战略任务，美军决定进攻并占领横亘在眼前的硫磺岛，以硫磺岛为基地，对日本进行空袭。图为从马里亚纳群岛起飞，执行轰炸东京任务的B—29。

M 失去硫磺岛的意义

对日本本土的空袭也是美军作战计划的一部分。最初是通过航母舰载机完成，而后又借用了中国的空军基地。但美军还是希望能得到一个距离日本本土较近的空军基地，以供美军飞机起落并获得补给。对硫磺岛的占领让美军达到了这一目的，图示为美军强行在硫磺岛登陆。

N 进军冲绳

冲绳岛为琉球群岛的第一大岛，位于日本本土和台湾之间，是日本本土的南障。1945年初，美军战领硫磺岛后，为进一步攻击日本、掌握整个琉球群岛的制海权和制空权、建立进攻日本本土的军事基地，决定攻占冲绳岛。图示为读谷机场上射击日机的防空炮。

O 破门之战

冲绳岛因其在日本本土防御中的重要的战略位置，一直以来都被誉为日本的“国门”。此次美军发动的冲绳岛登陆战被称作“破门之战”。为了给日本本土的防御作战争取准备时间，日军决定坚守冲绳岛，而美军对冲绳岛亦是志在必得。图示为冲绳战役中被日军神风飞机击中的邦克山号航母。

P 惨烈的战役

时间	过程
1945年3月18日	美军准备登陆冲绳
4月4日	美军占领冲绳岛中部地区
4月6日	日本海军准备与美军决战
4月6日—6月22日	日本陆军、海军对美军进行数十次作战，收效甚微
4月21日	美军占领冲绳岛北部
5月	日军反击失利
6月	美军占领冲绳岛

Q 日军丧失一切优势

硫磺岛是阻止美军近距离轰炸日本的最后防线，而冲绳岛则是阻止美军长驱直入、占领日本本土的最后一扇门户。冲绳以北便是日本本土最南端四国岛。所以，一旦冲绳岛落入美军之手后，日军便是丧失一切本土以外的领地，再无退路。冲绳岛战役后，西太平洋的制空权、制海权完全落入美军手中。此后，战争进程由美军把握。而日军只好据守日本本土。

1945年

14 日本的投降与第二次世界大战的结束

关键词:投降

早在1943年，法西斯同盟中的意大利便向盟军投降。此后法西斯德国也陷入绝境，于1945年5月7日宣布投降，8日举行仪式。这时候三大法西斯国家中只剩下了日本。1945年7月，中、美、英三国发布敦促日本投降的《波茨坦公告》，美国对日本进行了大轰炸，并在8月投下两枚原子弹。1945年8月14日，日本天皇通过广播发布了无条件接受投降的诏书，15日，日本政府正式宣布日本无条件投降。

日本法西斯的末日	
时间	事件
1945年	美军在冲绳登陆 A
1945年3月、5月	东京大轰炸 B C D
1945年7月	波茨坦公告的发布 E F
1945年8月	投掷原子弹 G
	苏联参战 H
	日本投降 I J K

A 建立基地

冲绳群岛被美军占领后，日本西南门户大开，美军取得向日本本土进攻的海、空军事基地，为今后在日本本土登陆作战创造了最有利的条件。美军还在冲绳群岛上建立起航空基地网，大量驻军，可有效拦截日军偷袭的飞机，也可随时起飞轰炸日本中心地带。日军已走向末路。图为冲绳残存日军受降仪式。

B 东京大轰炸

东京大轰炸又称“李梅火攻”。1945年，美国陆军航空队对日本首都东京进行一系列大规模战略轰炸，主要集中在1945年3月10日、5月25日。因负责轰炸任务的部队司令名为柯蒂斯·李梅，故被称为“李梅火攻”。图示为飞过富士山准备轰炸东京的美国舰载机。

C 日本的损伤

在轰炸中，东京、大阪、神户等城市均遭受了沉重打击。皇宫与宫殿的一部分被焚烧，明治神宫被焚毁。东京约有26万栋建筑付之一炬，上百万人无家可归，8万余人被烧死，10万余人受伤。大量东京市民逃离，惶恐不安，日本战时经济一时间陷入瘫痪。图示为轰炸后的东京。

D 军国主义走向末路

在炸弹爆炸、火焰熊熊中，日本陷入恐慌不安中。战时经济已经瘫痪，工厂停工，学校停课，商业交易也随之停止。城市的人们纷纷逃亡农村，美军空撒的传单进一步加重恐慌的情绪。此次美国对日本实施的战略轰炸破坏了日本生产战争物资的能力，降低了日本人的战斗士气。从这个角度而言，轰炸的战略进攻成功了。日本军国主义分子承认，是东京大轰炸让他们开始考虑投降。

F 波茨坦公告发布

《波茨坦公告》以中、美、英三国共同宣言的形式公布，主要内容为：敦促日本立即无条件投降；主权只限于本州、北海道、九州、四国及由盟国所决定的其他岛屿范围之内；军队完全解除武装，永久消除军国主义，战犯交付审判；盟国对日本实行占领；阻止日本民主的障碍必须消除；不准保有可供重新武装之工业。

G 广岛·长崎

为促使日本早日无条件投降，美国在1945年8月6日、9日先后向日本广岛、长崎投放原子弹“小男孩”和“胖子”。广岛死伤20多万，长崎伤亡8.6万。这是人类历史上第一次、也是迄今为止唯一一次使用核武器袭击一个国家。图示为原子弹爆炸后形成的蘑菇云。

E 波茨坦会议

1945年5月，欧洲反法西斯战争胜利，但在远东地区，同盟国对日本的作战还在激烈进行。为了商讨对德国的处置、解决战后欧洲的安排并争取苏联尽早对日作战。1945年7月17日到8月2日，美、英、苏3国首脑杜鲁门、丘吉尔、斯大林在柏林近郊波茨坦进行会晤，史称“波茨坦会议”，图为波茨坦三巨头。

I 有关投降的争执

从东京大轰炸开始，日本政坛围绕投降问题开始了争论。深受军国法西斯主义影响的陆军少壮派如阿南惟几、美梅津美治郎等许多军官都不肯投降，这些主战派认为应该实施本土作战，日本人要做好为了天皇献身、“一亿玉碎”的准备。主战派和主降派争执不下，最后由裕仁天皇决定无条件投降。

H 苏军参战

根据一系列会议的商讨结果，苏联应该在结束欧洲战事后尽快对日宣战，协助中美进行对日本的最后一击。1945年8月8日晚，苏联政府宣布从次日起正式对日宣战。随后苏军进入中国东北，与日本驻守在当地的关东军交战。图示为苏军坦克。

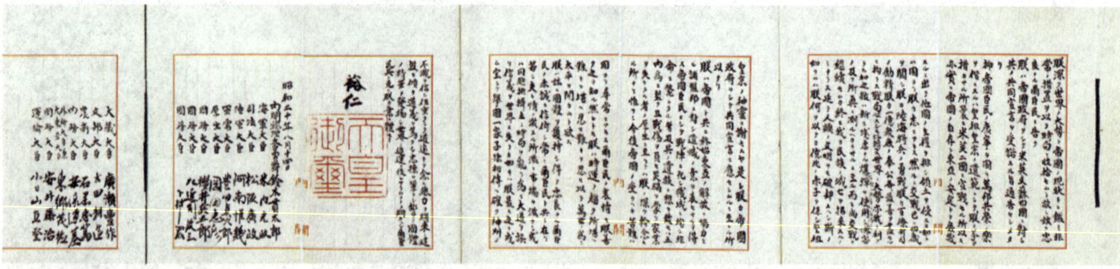

J 最漫长的一天

日本“最漫长的一天”是天皇裕仁发布“终战诏书”前的24小时内。日本主战派不承认战败事实，坚决反对投降，但天皇及大部分官员已经决定投降。日本陆军少壮派遂在天皇宣布投降前策划兵变，阻止投降，兵变最终失败，主要参与者大多自杀。图示为日本的《终战诏书》。

K 第二次世界大战结束

1945年8月15日，随着日本法西斯的投降，第二次世界大战正式结束。9月2日，日本在美国战列舰“密苏里号”上签署投降书。中、美、英、苏、澳、法、荷、新西兰、澳大利亚等国依次接受日本的投降。图示为日本投降仪式现场。

1945年 1948年

15 美军的占领和东京大审判

关键词:独自占领

在对待战后占领日本并督促其改造的问题上，美国表现出了及其强硬的态度。由于在欧洲战场上，同盟国对德国实行了分区占领，于是形成了资本主义的美、英、法三国与社会主义的苏联对峙的情形。鉴于此，美国决心一定要吸取教训，牢牢控制远东地区，保障美国在此地的利益，绝对不能让苏联染指日本。围绕这个问题，各方进行了一番博弈，最终美国获得了单独占领日本的资格。而后，在1946年至1948年，远东国际军事法庭对日本战犯进行了审判，史称“东京审判”。

A 美军占领日本

“二战”末期，美国与苏联开始发生摩擦、分裂。苏联不断扩展在东欧以及德国苏占区的势力，让欧洲资本主义国家深感压力，美国更是忧心忡忡。决定在日本不能重蹈覆辙，坚决要实行美国对日本的单独占领。图示为美军合照。

时间	内容
1945年8月—10月	美军对日本开始进行占领 A B
1945年12月	远东国际军事法庭成立
1946年5月	正式审讯日本战犯 C D E
1948年11月	法庭对战犯进行宣判 F G
12月	对死刑犯行刑

B 傲慢的麦克阿瑟

美国对日本充满复仇之意，在赢得胜利后，美国太平洋陆军总司令麦克阿瑟将军被任命为盟军最高统帅，成为占领日本的美军方面的最高代表。虽然几经考虑保留了日本的天皇制度，但麦克阿瑟等美军对日本依然充满蔑视心理。图示为麦克阿瑟和裕仁天皇。

C 东京审判

1946年5月3日，中国、美国、苏联、英国、法国、荷兰、澳大利亚、新西兰、加拿大、印度和菲律宾等国共同任命的法官开始审理、审判日本战犯。此次审判历时两年半，期间开庭818次，出庭证人达419名，书面证人779名，受理证据4300件以上，判决书长达1212页。图示为东京审判现场。

D 各国法官

国籍	法官
中国	梅汝璈
美国	约翰·帕特里克·希金斯，密特·克莱默尔
英国	帕特里克·德富林
苏联	伊凡·密切叶维支·柴扬诺夫
加拿大	爱德华·斯图尔特·麦克杜格尔
法国	亨利·柏奈尔
澳大利亚	威廉·韦博
荷兰	贝尔特·罗林
印度	拉达宾诺德·巴尔
新西兰	艾里玛·哈维·诺思克罗夫特
菲律宾	德尔芬·哈那尼拉

F 判决

1948年11月，远东国际军事法庭以战犯在1928年至1945年9月2日期间凡有破坏和平罪、战争罪和违反人道罪进行宣判。东条英机、板垣征四郎、土肥原贤二、松井石根、广田弘毅、木村兵太郎、武藤章等人被判绞刑，木户幸一等16人判处无期徒刑，东乡茂德判处20年徒刑，重光葵判处7年徒刑。图示为受审的战犯东条英机。

E 审判经过

此次审判的战犯根据其罪行大小分为甲、乙和丙三个等级。其中共有28名甲级战犯，排名前10的是：东条英机、土肥原贤二、松井石根、板垣征四郎、广田弘毅、武藤章、木村兵太郎、荒木贞夫、平沼骐一郎、重光葵等。图示为东京审判现场。

G 有关审判的争议

对于东京审判，虽然大多数人都肯定了其正义性的一面，但有关争议依然很多。首先是乙级和丙级战犯有许多人被放纵；其次出于种种政治妥协，部分真正犯下罪行的日本人并没有被重判甚至没有被判刑；再者，从1950年起，美国便开始调整在远东地区的战略部署，从打压日本变为扶持日本，并开始大量释放日本战犯，引起愤慨。总而言之，东京审判的确惩处了一批真正的战犯，有其公正性；但也存在许多出于政治与国家利益等因素而放纵战犯的问题。

1945年 1948年

16 明治维新以来的日本文化

关键词:发展/进步/创新

纵观日本历史，其文化多学自于外国，但亦能加以变换，从而发展出具有本民族特色的文化。古代日本学习中国文化，但却加入了日本民族特色，从平安时代起就形成了本民族的文化，并在武家政治时代与中国文明分道扬镳。而自明治维新以来，日本跨入近代化国家的行列，日本文化的发展也再一次迈上了新的台阶。这时日本所面对的是更加遥远而陌生的西方文明，他们再一次上演了从“全盘效仿”到“自我创新”的文化发展历程。

A 文明开化

明治时期的日本文化经历了启蒙与西化、批评与反思、折中与创造三个阶段。前期以全盘西化为标志，日本积极引起西方的思想文明和物质文明，社会上各种西化思想层出不穷，譬如倡议让英语作为日本国语，甚至鼓励日本人与欧美人通婚以改变人种。图示为文明开化后的横滨。

B 全盘西化的鹿鸣馆时代

英国建筑师在日本设计出一栋呈现意大利兼具英国风味的二层洋楼，根据中国《诗经·小雅》，这栋洋楼被取名为鹿鸣馆。1883年，该馆落成并开馆。此后鹿鸣馆成为日本上层人物进行外交活动的重要场所，这里经常举办西方式的化装舞会，成为日本西化时代的代表。图示为鹿鸣馆。

文化分期	文化发展	
明治文化	文明开化，全盘西化 A B	
	国粹复起，复活传统 C D	
大正文化	短暂、清新、繁盛 E F G H	
昭和文化（前期）	军国主义思想泛滥 I J K L	
	无产阶级文化兴起 M N	
代表人物	民俗学	柳宗悦 O
	文学	小林秀雄 P
		萩原朔太郎 Q
		谷崎润一郎 R S

C 国粹潮流

随着国力增强，日本民族自信心也在不断膨胀。西化潮流逐渐退却。明治后期兴起一股国粹潮流，否定文明开化的成果，希望全盘回归传统。许多有识之士对此进行辩证批判，认为复古是错误的，但全盘西化也有失偏颇。图示为身着和服做工的日本女子。

D 不偏不倚

在复古潮流兴起后，许多日本知识分子批评了这一潮流，肯定文明开化的方向，但同时也深刻反思全盘西化时代的许多作为。从而提出应该根据日本近代化的需要，以探索并导入西方文化为媒介，探索日本自己的近代化道路。图示为和服女子乘坐汽车，这幅画反映了当时传统与现代因素并存的局面。

E 大正文化的土壤

大正时代是日本近代史上较为稳定的时期。民主风潮渗透入文化领域。日本形成中产阶层，这一阶层在政治上要求实现政党政治，并由此形成大正民主运动。在这种背景下产生的大正文化带有鲜明现代性，宣扬个人主义和理性主义。图示为大正时代的日本女性。

F 大正文化代表

领域	内容
哲学	新康德学派理想主义哲学占据主流
政治	民本主义思想
文学	“白桦”派独占鳌头

G 大正哲学

大正时期，新康德学派的理想主义哲学深刻影响了日本社会并成为大正时代哲学的主流，甚至整个日本学界都被这一哲学所统治。肯定文化价值的同时又注重人的主体性的文化主义与人格主义精神为思想界所重视。图示为大正时期的女子。

H 大正文学

总的来说，大正时期由于比较繁荣、稳定，并且诞生出民主运动，所以这也是日本近代文化蓬勃发展时期，同时也是日本文学发展的黄金时期。这时的日本作家提倡尊重自然和人类的意志，探索个人应该怎样生活，以此为指导思想，日本诞生出一批形式新颖而内容风度多彩的文学作品。除了文学外，大正时期的戏剧、美术、音乐、教育等领域都展现出全新的面貌。

I 昭和时代的文化分期

昭和文化可分为前后两期，前期是日本法西斯主义势力膨胀并最终夺取政权的时代；后期则是日本战败后一直到昭和天皇去世这个区间。这里主要谈到是昭和时代前期思想文化。在昭和前期，日本由于社会矛盾逐渐爆发，加上遇到世界范围内的经济大萧条，导致军国主义法西斯思想泛滥，这也深刻地影响了这一时期的日本文化。图示为昭和时期的工艺品。

J 军国主义兴起

日本式的军国主义法西斯思想宣传极端的武士道精神和皇国理论。即日本是神的国家，天皇是神，日本人是神的子民，对其他民族有统治的权利。这一思想流入日本文化界，使得诸多日本知识分子的作品也带有浓厚的好战味道和皇国思想。图示为日本军国主义的代表地、供奉战犯的靖国神社。

K 军国主义的特点

1. 军事封建帝国主义
2. 世界上最典型的军国主义之一
3. 近代天皇制度下的军国主义，军队为皇军，士兵为天皇献身
4. 军队统帅权保持独立，军部可轻易制约外界力量
5. 军国主义教育系统化、体制化，全国采用军国主义的意识形态
6. 建立军人极权的统治体制，形成法西斯主义

L 军国主义文化的表现

昭和前期的文化领域充斥着极端思潮。1932年，日本成立“国民精神文化研究所”；1934年军部叫嚣“战争是创造之父，文化之母”；1940年进行“建国二千六百年事业纪念”活动，宣扬“皇道主义”。文化界组织法西斯文艺团体；思想界鼓吹日本精神论；右翼哲学家提倡“战争哲学”为日本侵略辩护；更有大川周明等炮制日本法西斯主义，为军国主义提供理论根据。

M 军国主义的钳制

日本在推行法西斯文化的同时，不断强化思想统治，镇压一切进步文化，迫害进步的文化人士。泷川幸辰因其著作《刑法读本》被指控有共产主义倾向而被解聘；美浓部达吉因主张“天皇机关说”而被起诉；河合荣治郎因主张学术自由而遭起诉。马克思主义则完全被禁。图示为日共早期党员野坂参三，他于1928年被捕。

N 无产阶级文化的反抗

昭和前期，日本无产阶级文化诞生。文学作品有小林多喜二的《蟹工船》、德永直的《没有太阳的街》；左翼剧团上演进步剧目《依旧是奴隶》、《暴风雨》、《怒涛》等，美术家同盟举办群众性画展，思想家结成“唯物论研究会”，从哲学上展开反法西斯主义的理论斗争，涌现出如河上肇、户坂润、永田广志等马克思主义哲学家。图示为绿川英子女士，她为反对日本军国主义侵略战争做出极大贡献。

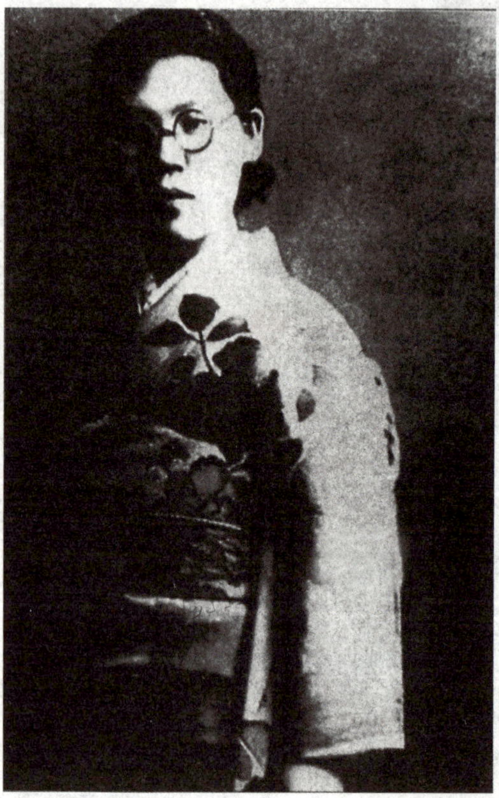

O 柳宗悦

柳宗悦（1889—1961）被称为民艺之父，“民艺”一词就是由他创造的。柳宗悦建构了现代“东方美学”的目标：通过现代性或西方化的见解重新诠释东方传统艺术创作而构建了“东方美学”。图示为柳宗悦故居，现为日本民艺馆西馆。

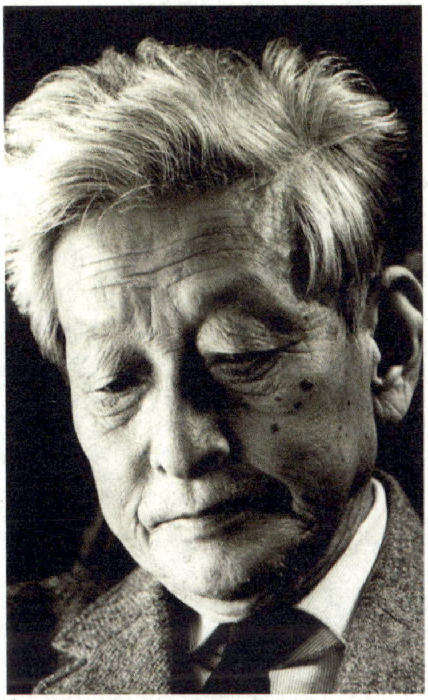

P 小林秀雄

小林秀雄（1902—1983）是日本现代最杰出的评论家，对日本文学界有极为重要的影响。他是《文学界》的创刊人之一，主要作品有《文艺评论》、《续文艺评论》、《续续文艺评论》、《现代小说的诸问题》、《陀思妥耶夫斯基的生活》、《历史与文学》等。

Q 萩原朔太郎

萩原朔太郎（1886—1942）是日本自由体诗歌大师，他于1917年发表的诗集《吠月》并引起了巨大轰动，此后他又相继发表了《青猫》、《冰岛》等诗集。图示为萩原朔太郎纪念馆。

R 谷崎润一郎

谷崎润一郎（1886—1965）是日本现代文学大师，他名字命名的文学赏截至目前仍是日本国内最具含金量的大奖。他早先迷恋西方文化，后来又回归日本传统文化。他的文学作品充分展现了这个历程，代表作有《细雪》、《刺青》等。图示为谷崎润一郎纪念馆一角。

S 谷崎润一郎赏

谷崎润一郎赏开始于1965年，是中央公论社为了庆祝创社80周年所设立的奖项。40多年来，获得此赏的作家包括远藤周作、安部公房、大江健三郎、后藤明生、村上春树、町田康等都成为了日本文坛的中流砥柱。

第四篇 经济的季节：官僚管理的现代

（1945—2011年）

中国有句老话："百足之虫，死而不僵"，拿来比喻战后的日本最恰当不过。今日的人们歆羡日本战后奇迹，反躬自省，往往嗟叹不已。谁不知"战后奇迹"只是最为表层的现象，若将其根本展现给人们，便是另一番天地。诚然日本将战火燃遍远东太平洋地区，最后引火上身，玩火自焚，但"野火烧不尽，春风吹又生"的中国古句做了它重获新生的注脚。

炸毁了城市，涂炭了生灵，天皇走下神坛，破灭了信仰，战争经济破产，殖民时代罪恶的战利品一夜沦丧，国土踏上美国大兵的军靴。猛一看，似乎这个国家真的如不可一世的麦克阿瑟所言"已经成为了四等国"。但严谨而审慎的有识之士们不会轻易肯定这个一时兴起的结论。历史看得更为深远博大：此刻的日本，被摧毁的只是战争经济，而自明治维新以来就开始发展的资本主义经济在日本早已根深蒂固；破碎的是盲目效忠、将人变为超人的不合理信仰，而世界人道主义等进步思潮将迅速填补这一空白；一时半刻的麻木和茫然抹杀不掉明治维新后"文明开化"大政策的推行所带来的劳动力素质大提高；即便城市、铁轨等固有资产在战火中被摧毁，但近一个世纪以来，日本对西方先进科学知识的汲取与探索早已为这个国家的产业恢复与科技腾飞打好坚实的地基。"草"已焚尽，但生长的"草根"还稳稳扎在泥土深层，这些是战火难以焚烧掉的，它们只待春风化雨，破土重生。

殖民者凶残可憎，却在无意中推动了世界的进步；被美军占领对日本民族而言当然不是件骄傲的事，但在非常时期倒也契合了历史发展走向，成为一缕春风。当然美国并非全为日本，从它的战后全球战略考量，它有两大顾虑：第一是唯恐在远东太平洋地区留下一个军国主义好战国家，随时威胁着美国自己的战略布局；第二则担忧在该地区再次出现一个社会主义阵营之中的国家，"丢掉中国"的教训让美国政治家们刻骨铭心。

于是，日本乘上了战后吹来的第一缕春风：非军事化改革消灭了一个穷兵黩武的军国主义国家；五大改革将人权和民主赋予日本更多阶层和领域内的公民；充满民主主义精神的《日本国宪法》取代落后保守的《大日本帝国宪法》，使日本成为一个真正意义上的资产阶级议会制国家；经济领域内则彻底扫除了封建土地所有制，解放了农业劳动生产力的同时，为今后农产品商业化和日本经济复苏铺好了路。政党政治转入正轨，督促进步、争取合法权益的人民运动持续高涨，日本已做好了恢复经济、重新崛起的准备。

朝鲜战争的爆发对于濒临崩溃的日本经济而言又是一缕春风，若按照日本传统观念，这是一股神风。它为日本带来大量特需订货，极大地刺激了贸易出口增长，外汇储备持续增加，日本商业摆脱战后的商品滞销局面，迅速积累重建国家的资金。自明治维新以来，日本那深埋在地下的强国之根再次破土萌芽，从废墟中钻了起来。

在战后的冷战格局中，日本正处在美国全球战略远东太平洋地区的前沿，曾经的敌人立刻成了最亲密的伙伴，“利益”两字让日美两国尽释前嫌，在国际关系中共同进退。在美国极力推动下，日本恢复了正常外交关系，进入联合国，加入国际组织，成为国际社会平等的一分子。恰逢战后再度吹起一股新科技革命的春风，电子化、高科技时代到来，早已准备良久的日本不失时机地凭借好风之力，直入青云。

自1956年起，日本进入持续十八年的经济高速增长期。自民党稳定的有效执政保证了各项引导经济发展政策的持续落实，《经济自立五年计划》、《新长期经济计划》相继出台，《国民收入倍增》计划强有力地推动了日本经济的全面腾飞。经济的发展也让日本政府得以拿出更多资金作用在社会进步上，治理环境污染，加强基础设施建设，提高人民教育水平与社会福利。

可是这位经济巨人却是一个不折不扣的政治侏儒，与美国的特殊关系使它长期追随在美国身后，亦步亦趋，在国际事务上只能沉默或发出美国的回声，从基辛格访华到第四次中东战争，日本总是落后数步，陷自己于尴尬境地。追随美国的政策已难以适应日本经济强国的地位，腰包的鼓胀刺激着日本人走得更远。上世纪70年代起，日本开始谋求政治大国、外交自主的地位：田中角荣内阁时代，日本与中国建立正常外交关系；太平正芳时代提出“环太平洋连带构想”、“综合安全保障战略”；中曾根康弘时代更是调高防卫预算费，鼓动舆论大作“政治强国”的文章。近几年来更是旗帜鲜明的谋求联合国安理会常任理事国位置，日本对政治强国的追求之心一直未死。虽然日美同盟一直是其外交政策的不变核心，但日美摩擦日益增多，随着冷战结束，世界格局多极化的发展，这一趋势更加明朗化。

20世纪90年代初期，苏联解体，两极格局分裂，世界形成“一超多强”的多极化局面。在亚洲，改革开放后的中国迅速崛起，印度发展加快，东南亚各国创设东盟组织以协调政治、经济发展，当发展中国家一片欣欣向荣之时，日本经济却行走到进退维谷之境。对世界市场过于依赖、日元升值、人口老龄化加重、尖端技术开发方向上选择失误等等原因终于使得因投资过热而造成的泡沫经济破灭，日本进入经济衰退期，尽管“瘦死的骆驼比马大”，但经济持续的不景气制约了日本向着世界强国方向发展，更成为悬在每一任日本内阁头顶的达摩克利斯之剑。“改革”是日本现在面临的一大挑战，它能否度过这个关卡，在21世纪再度绽放光芒？

第十四章 占领下的变革：战后初期的改革与重建

1945 ▶ 1955年

如果大化革新和明治维新是日本历史上前两个转折点，那么二战结束则是日本历史上第三个转折点。美军在日本的冲绳登陆之后，根据总参谋部的估算 ，全面攻陷日本全岛大约需要牺牲一百万美军，为了尽快结束战争，美国向日本本土的广岛和长崎投放了两颗原子弹，随后的8月15日日本天皇宣布投降，二战结束。战后，日本被美军独占，为了遏制共产主义的扩散，美国占领当局对日本进行了一系列的改革，肃清了封建残余和军国主义，进一步的实行民主化。与此同时，在美国占领当局的扶持下，日本政府采取了一系列的措施和调整，使得日本经济恢复并超过了战前水平，为经济腾飞奠定了基础。

两张照片都拍于1954年，左为东京民巷，右为日本佛教中临济宗的一派普化宗的两位僧人，普化宗僧人蓄发，未制戒行，胸前佩袈裟，头戴深编笠，吹奏尺八以乞米钱。

1945年 1946年

01 被迫实行的民主

关键词:民主化

美国占领当局在日本受到了热烈欢迎，即使对日本宪法第九条（即日本不保持战争武装）的规定，也得到了广大民众的支持。美国占领当局对日本进行的一系列民主改造，对日本后世产生了深远影响：议会制度确立，天皇成为虚君，自诩为武士的军人失去了效忠对象，武士道精神面临末日；军国主义思想得到遏制；民主观念广为传播，为大众接受；减少军需开支，更有利在于集中精力发展经济和科技。经此一役，日本以崭新的面貌进入现代化时期。

A 天皇的鞠躬

美军占领初期，推行的是非军事化政策，即解散军队、废除军事机构及军事法律、禁止军事生产科研、拆毁军事工业设备。图为1946年，裕仁天皇在国内视察过程中和随从一起在在军械废墟前鞠躬。

B 解甲归田

日本战败后，旧式军队被解散，这种举措大大减轻了政府的财政负担，同时也解决了当时社会上存在的劳动力（特别是青壮年劳动力）不足的情况，图片为退役的军人穿着破旧的军装在贩卖日本传统玩偶，脸上洋溢着满足的笑容，战争的阴霾终于逐渐消散。

美国占领当局对日本的民主改造主要内容及时间表

时间	主要内容
1945年9月	逮捕和审判战犯，实行军事制裁 A B
1945年9月	释放政治及思想犯，开放新闻和言论自由 C D
1945年12月	赋予妇女参政权 E F
1946年1月	建立虚君的议会内阁制 G H
1946年1月	解散法西斯团体、开除军国主义者公职 I J
1946年1月	政教分离，禁止公职人员参拜靖国神社 K
1946年2月	完成新宪法修改，确立三权分立 L M N

C 德田球一被释放

中央为德田球一（1894－1955），日本共产党创始人之一，他于1922年7月正式组建日本共产党，1928年被日本当局逮捕，1945年10月被释放，图为他被释放时受到的热烈欢迎，他出狱后立即着手重建日本共产党。美国占领当局于9月开始释放各种政治犯和思想犯，活跃了民主风气。

E 日本女性参与选举

1946年4月10号，日本进行大选，此次大选批准了新宪法并扩大了议会权利，这是日本历史上女性首次有权利参与的大选，据统计，此次大选女性参选的投票率高于男性，并且选出了39名女议员。之后，女性议员人数越来越多，图片就是女性第一次参与选举投票图。

D 街头演讲

民主风气开放后，社会气氛活跃，各种社团组织纷纷成立，表达自己的主张和观点。图片为一场集会中演讲完毕的人正在鞠躬，观众神情活跃。但是，朝鲜战争爆发后，日本社会舆论自由度降低，以日本共产党为代表的左翼党派受到排挤。

G 《人间宣言》被发表

在1946年天皇的新年致辞中，天皇本人否认了自己的神性，否认了天皇拥有神权，这就是著名的《人间宣言》。宣言宣布现在日本首要任务是重建，要求破除破除旧习，“求知识于世界”，将日本传统的“知耻”精神发扬光大，完成“大业”。根据新宪法，天皇失去了控制了国家的权利，只是成为了国家的象征。

F 中山马萨夫妇

中山马萨（1891—1969）是日本历史上第一位女大臣，中山马萨夫妇都是政治家，他们有四个孩子，其中长子和四子继承了父母的事业，也是从政。中山马萨的一生就是许多战后日本女性的缩影，她们同时担负了家庭责任和社会责任。

H 吉田茂

吉田茂（1878—1967），战后5次担任日本首相，时间长达7年，可以称之为日本战后最具影响力的政坛人物。他主张日本必须集中精力发展经济，恢复元气；在政治上，日本应当紧随美国，借美军来保卫日本，严格限制日本军费开支，避免卷入冷战。在他任职期间，日本由混乱走向稳定，由破败走向富庶。

I 游行示威图

占领当局肃清军国主义，解散法西斯团体，开除军国主义者的公职，取缔一切支持军国主义的政党、社团组织。最终，有20万人被政府开除（这些人大部分之后又被日本政府重新录用），其中绝大部分为军方人员。图为在被肃清人员的带领下举行的一次抗议游行。

J 重光葵

重光葵（1887—1957），日本在二战结束时的外务大臣，幕后参与甚至主导许多日本侵略各国统治及外交政策制订，例如就是他提出利用溥仪建立满洲国。他与梅津美治郎一起签署了1945年9月2日的日本投降书，后来被远东国际军事法庭判为战犯，并七年有期徒刑，1950年假释。日本政府后来大量启用之前被清肃的右翼人员，他于1954—1956年再次出任外务大臣。

K 靖国神社大门

靖国神社位于日本东京都千代田区九段坂，主要供奉的是明治维新以来日本战死的军人及其家属，图片为1946年拍摄的靖国神社大门。靖国神社在第二次世界大战结束前一直由日本军方专门管理，是国家神道的象征；在二战后，遵循政教分离原则，改组为宗教法人。1978年10月，14名远东国际军事法庭的甲级战犯的灵位被放入靖国神社接收供奉，日本首相等政要时常前去参拜。

L 明治宪法与和平宪法的主要区别

明治宪法	和平宪法
天皇是最高权力拥有者，拥有立法权，决策权等	天皇是日本的象征，是日本人的象征，是虚君
天皇集权，内阁对天皇负责	三权分立，司法权单独分立
军队效忠天皇，为天皇服务	不保持正规军队，没有宣战权

M 三权分立图

根据宪法规定，日本立法、司法、行政三权分立，由选举产生众议院和参议院议员，内阁又由众议院中占多数席位的政党组织，对议会负责。这样，就改变了之前内阁对天皇负责的制度，日本政治彻底吸收了西方资产阶级的政治制度。

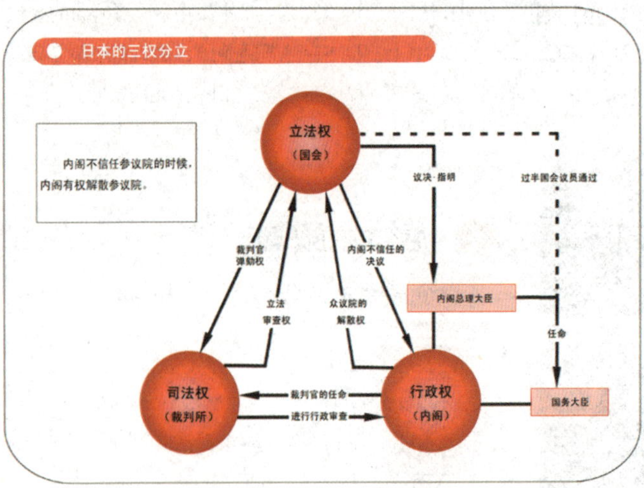

N 日本宪法第九条

美国占领日本后，以最快的速度着手修改日本宪法，于1946年2月修改完毕，该宪法主要由Milo Rowell与Courtney Whitney所草拟，1947年5月正式生效。虽然这部宪法大多由美国人拟定，但是拟定时参照了明治宪法，还是相当适应当时的日本社会，这部宪法又被称之为和平宪法。因为宪法第九条规定：“日本国民衷心谋求基于正义与秩序的国际和平，永远放弃以国权发动的战争、武力威胁或武力行使作为解决国际争端的手段。为达到前项目的，不保持陆海空军及其他战争力量，不承认国家的交战权。”即日本不能拥有正式军队，没有宣战权和交战权。

02 扶持下的经济复苏

关键词:自然/特需

美国占领当局对日本经济方面的改革有两点：解散财阀和农地改革。前者净化了市场环境，后者改善了农民生活状态。而日本政府则采取了一系列的政策措施刺激和恢复国民经济的发展。美国也在日本经济复苏中扮演重要角色，正是因为他们的支持，日本才能逐渐恢复元气。朝鲜战争爆发后，美国向日本下巨额的订单，这种订单被称之为“特需”订单。特需刺激了日本劳务和工业品市场，极大的刺激了日本经济的复兴，截止1955年，日本几乎所有的经济指标都达到或者超过了战前水平，国民经济得到了恢复。

美国方面的经济干预	改善农村环境，实施农地改革 A B C
	为消灭军国主义经济基础的解散财阀行动失败 D E
	道奇整顿造成的萧条 F G
	“特需”繁荣的景气 H I J
日本政府的经济干预	采用倾斜生产方式，重点扶植 K L
	产业合理化运动 M N O

A 农地改革

日本战后农地改革的原因是为了改善日本农村农业环境、遏制共产主义的扩散。农地改革前的日本农村，因为出现粮食危机，所以关于农地和粮食问题出现很多矛盾，冲突激烈。1945年12月，美国占领当局发布《关于农地改革的备忘录》，农地改革开始。按照规定，地主可以保留一部分土地（一般为9亩），超出的部分则由政府出面购买，因为战争等原因造成的无主土地由政府回收，然后卖给无地、少地者。改革后，自耕农成为了农民的主体。农地改革解决了农村危机，改善了农民生存状态。

B 农民劳作图

因为明治维新中关于土地和农村的改革并不彻底，加上战乱的影响，战后初期佃农人数庞大，他们成为社会不安定因素，也被日本政府和占领军当局认为是容易被共产主义渗透的人群，所以稳定佃农情绪为当局考虑的重点问题。经过改革，这个问题得到了较好的解决。图片上为富士山下刚分到土地的农民正在劳作。

C 农妇劳作图

农地改革后，日本农村经济迅速恢复，粮食产量上升，勤劳的日本农民改变了国家局面，图片就是正在劳作的日本农妇。在所有的经济部门中，农业部门是最早恢复的。1948年粮食问题得到了彻底解决，而美国之后对日本的经济援助力度加大和农业问题的改善不无关系。

D 办公楼

美国人认为军团主义的经济支柱就是大旧式财阀，因此他们决定分割、解散各大财阀。1945年10月，盟军总部发布了《关于解散财阀的声明》，解散财阀的行动开始，上图就是盟军在这一阶段曾经征用办公的地方。但是这个过程并不顺利，受到了日本方面的阻挠，日本人认为只有大的公司在国际上才有竞争力，因此解散工作进展的十分艰难。原本决定要拆分1200家公司，但是最后只拆分了28家。

E 三井财团工厂

1947年以后，美国方面的态度也发生变化，对财阀的态度从打压改为扶持，所谓的解散财阀，就变成了原财阀企业通过横纵结合，组成新的企业集团的过程。1951年，日本政府宣布财阀解散工作结束，大企业集团的大体轮廓也初步定型。图片就为当时解散工作的重点三井财团的工厂，公司正在蓬勃发展。

G 小店产品滞销

道奇计划控制了物价水准，抑制通货膨胀。但是道奇计划却造成了银根吃紧和货物滞销，库存滞货已高达1000亿日元以上，失业率随之增加，日本国内出现了经济危机并且经济危机大有从流通领域向生产领域蔓延之势，一批日本的中小企业因此破产。如果不是随后朝鲜战争爆发，后果将不堪设想，图片就是一个小贩卖店堆积无法卖出的产品。

F 道奇计划

道奇于1949年以盟军总部经济顾问的身份来到日本，他在日本采取了一系列的经济干预行为，这些统称为“道奇计划”。道奇计划主要几项措施是：平衡国家财政预算、收缩贷款、控制资金流通、增加美国对日援助资金等。道奇计划对日本意义深远，使日本国内经济同国际经济实现了对接，但是它的缺点却更加显著。

H 麦克阿瑟

格拉斯·麦克阿瑟（1880—1964），美国军事家，第二次世界大战时期历任美国远东军司令，西南太平洋战区盟军司令；战后出任驻日盟军最高司令，朝鲜战争时期任职联合国军总司令。在他任驻日盟军司令期间发布了一系列条令和法律，促进了日本国内稳定，让日本彻底接受了西方的理念，让之后半个世纪的日本深深打上麦克阿瑟的烙印。

I 朝鲜战争

1950年6月，朝鲜战争爆发，11月中国参战，直到1953年7月双方才停战。这场战争给朝鲜带来了巨大的灾难，朝鲜死亡人员达到了80万人，美军死亡人员则是14.2万人，图片就是朝鲜战场上陆军军人。而日本则从这场战争中得到不少好处，先是麦克阿瑟将军离开日本去往前线，标志着美国占领时期结束，接踵而来的是大批军事订单让日本获益匪浅。

J 特需繁荣

朝鲜战争爆发后，美国向日本投放大量订单，这种行为称之为“特需”，这一时间段内日本的繁荣经济的情形称为“特需繁荣”。通过特需订单，日本获取了大量的外汇储备，失业率大大降低，工矿业得以恢复和发展。可以说，正是特需，给绝境中的日本一条出路，是战后日本一个绝佳的机遇。

K 东京

由于二战对日本经济造成的打击几乎是毁灭性的，所以战后日本是一幅百废待兴的场景。图片就是战后的东京，破败、肮脏、萧条。此时企业歇业、生产萎缩、物价飞涨、传染病流行，生存环境极为恶劣。

L 小工厂

日本政府在战后初期先采取的经济手段是倾斜生产方式，所谓倾斜生产方式就是指扶持日本政府圈定的产业，给予重点支持。政府提供资金援助，帮助行业走出困境，然后再依靠这些重点产业的发展带动其他产业的复兴。最早被政府圈定的产业是钢铁和煤炭等17大种类，图片就是当时受扶持的汽车业小工厂，之后受扶持的产业种类有所增加，整个计划从1946年下半年开始实施。

M 银座

倾斜生产方式实行两年多以后，生产萎缩危机开始缓和，物资紧缺得到改善，因此日本政府开始考虑对战后的经济体制、政策等做大的调整。图片就是1948年银座熙熙攘攘的景象。产业合理化在此情形下出台，之后的1949年道奇计划出台，市场萧条，产业合理化计划一度停滞，直到朝鲜战争爆发，市场重新活跃，计划才真正得以大规模实施。

N 大屋晋三

大屋晋三（1884—1980）为日本政治家，实业家。他曾担任过吉田内阁的大藏大臣和运输大臣。因为其本身的身份是集政治家和实业家于一身，所以对日本经济状况的认识比一般政治家更加深刻，产业合理化运动就是在他的支持之下才顺利进行的。

O 产业合理化

产业合理化是战后发展经济初期推行的核心产业政策，对于战后日本迅速实现经济复兴并走上经济大国的道路具有极为重要的意义。日本战后产业合理化的政策主要可以概括为以下几点：确定不同产业的发展优先顺序、制定合理生产计划、确定技术引进、制定政府对企业的政策、产业链资金供给规划等等。其中技术更新和设备替换是重点。也就是说所谓的产业合理化就是日本政府对国内企业发展的规划和科技引进更新的阶段。产业合理化改变了产业结构、提高了生产力，效果显著。

03 谈判中定型的社会政策系统

关键词：权利

战后日本的政治、教育文化等一整套的社会系统在动荡中迅速定型，能在如此混乱的环境中迅速定位自己，这种能力令人诧异。在美国方面强硬态度下被迫施行的六三制九年义务教育提高了国民的整体文化水平和素质；劳工法的制定提高了劳工权利，改善民生的同时也能刺激企业及时引进新的技术和器械；55体制的确定明确了以经济发展为中心的原则；自卫队的建立既为了以后的军备扩张提供了基础也制止了日本在军事上参与冷战的军备竞赛。总之，战后初期社会系统的重建为日本发展规划了道路，维持了社会的稳定。

教育改革	文字标准化 A
	课程去法西斯化 B C
	义务教育时间延长 D E
	高等教育体制变革 F G
政治变动	55年体制确立 H I J K
军事发展	自卫队建立 L
劳工权利	工人运动的兴起和衰落 N O
婚姻法规	婚姻家庭状况的变化 P Q
外交策略	依附美国策略 R S T

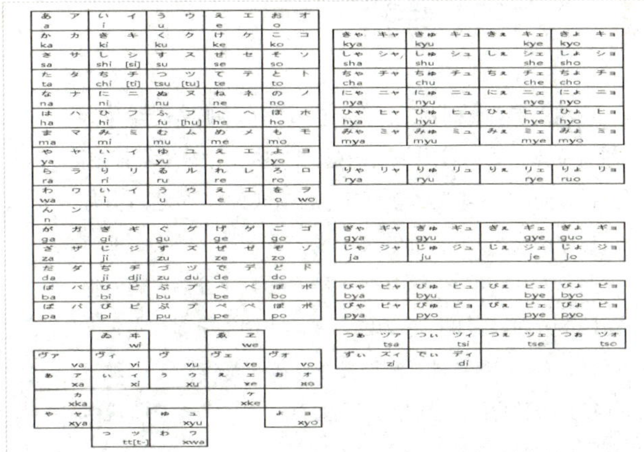

A 音标图

战后日本的文字也进行了一部分调整，1946年，日本内阁颁布了“当用汉字表”（1850字）和“人名用字别表”，图片就是日本文字的50音标图。战前因为随意使用生僻汉字起名，而造成了户籍管理等方面的困难，对文字的规范解决了这一难题。

B 修身课

日本的修身课类似于我国的道德修养课，二战时期修身课成为宣传神道思想、培养日本学生军国主义观念和纳粹精神的工具，战后，在美国占领当局的要求下，1945年底日本原本的修身课和其他含有军国主义、独裁主义的课程（比如历史、地理）一起被废止，换成新的课程。

C 新教科书

1946年3月，二十七人的美国教育代表团来到日本。在对日本进行为期一个月的视察后，代表团提交了一本报告书，书中对日本教育现状和改革期望进行了详细的描绘。9月，日本内阁组建了一个教育改革委员会，委员会对日本的教育进行全面的批判和研究，提出了对日本教育进行全面改革的方案，随后，方案被提交国会并通过，图片就是新的日本教科书中关于中国的部分。

D “六三”争执

在义务教育问题上，占领当局同日本政府发生了激烈的争执，战前日本采用的是6年和8年的义务教育(因为财政问题，8年义务教育几乎没有实施)。战后双方都认为应该改为六三制的九年义务教育，但是就实行的时间上双方观点不一。美国方面要求1947年开始实施，但是日本方面以财政困难为由，要求在10年内逐步实施。最终，1947年3月日本政府发布《教育基本法》，确定九年义务教育的法律地位，并且规定，义务教育阶段由政府提供财力支持。

E 入学率提高

按照新的《教育基本法》规定，教育行政体制实行与地方自治相适应的地方分权制，由民选的各级教育委员会负责当地教育行政及教员任免等事，所以日本的教育是自治性比较强。基本法颁布之后，日本适龄儿童入学率迅速升高，1950年已达99%。

F 大学课堂

关于高等教育的改革，美国人直接照搬了自己国家的教育系统植入日本社会。由于新的《教育基本法》强调了公平，注明所有公民都有权利接受教育，并且教育权还被和平宪法列为公民基本权利之一，所以随着经济发展，日本高校数量迅速增加，学生人数也激增。

G 日本战前战后教育异同对比表

<table>
<tr><th colspan="2">战前</th><th colspan="2">战后</th></tr>
<tr><td>小学</td><td>6年（义务教育）</td><td>小学</td><td>6年（义务教育）</td></tr>
<tr><td>中学</td><td>5年</td><td>中学</td><td>3年</td></tr>
<tr><td>高等学校</td><td rowspan="2">3年</td><td rowspan="2">高等学校</td><td rowspan="2">3年</td></tr>
<tr><td>专门学校</td></tr>
<tr><td rowspan="2">大学</td><td rowspan="2">3年</td><td>大学</td><td>4年</td></tr>
<tr><td>大学院</td><td>2年</td></tr>
</table>

H 55年体制

战后日本政坛主要是两大党，吉田茂所在的自由党和曾经在1947年短暂执政的片山哲所在的社会党，1951年，社会党分裂成左派和右派，在1955年再次统一成社会党，而同样在1955年，自由党同民主党合并，组成了自由民主党（简称自民党）。在此后的几十年中，自民党一直是执政党，社会党一直是在野党，直到1993年，这一局面才被短暂打破，狭义的55年 体制就是指这两党的政治局面。广义的55年体制也可以指这段时间内日本经济 、政治、社会的总体状态。

I 自由民主党结成大会

1955年11月，自由党和民主党合并组建了自民党，图片就是自民党结成大会。此后，自民党成为比较激进的社会党在政治上的最大对手。自民党1955年即在选举中获胜，截止1993年选举失败，共执政38年。自民党执政时期，虽然一直谋求政治、军事上的发展，但是经济始终是其最为关注的。在其执政期间，日本很快成为世界上第二大经济体。

J 鸠山一郎

鸠山一郎（1883—1959），日本第52任、53任、54任首相，日本政治世家出身。鸠山一郎一直在谋求日本政治上完全独立，他强烈主张修改宪法，重建军备，对外展开自主外交，恢复日苏邦交。在他的手里，自卫队人数剧增，旨在增兵的《国防会议法案》也获得通过。

L 自卫队

美国在战后初期对日本采取的是非军事化的原则，但是随着冷战的加剧，朝鲜战争的爆发，出于对美国的全球战略考虑，他们的态度逐渐变得缓和起来，自卫队就在这种情况下逐步建立起来的。自卫队的实际性质为军队，但是根据和平宪法的规定，日本不能拥有正式军队，所以命名为自卫队。

K 吉田茂和鸠山一郎

吉田茂和鸠山一郎本是好友。在1947年的选举中，鸠山一郎建立的自由党获胜，本来应该由担任自由党总裁的鸠山出任日本首相，但是因为其曾经赞美过日本二战的甲级战犯，所以占领军当局不认可他，鸠山被迫离职。在离职前，鸠山将权利交给吉田。

后来因为冷战加剧，美国对日本的态度有所变化，鸠山在1955年重回政界，但是此时吉田已经不愿意放权，两者关系恶化，随后，鸠山一郎组建民主党并在选举中获胜。1955年，自由、民主两党合并，鸠山一郎出任第一任自民党总裁。

M 自卫队建立过程

时间	历程	人数
1950年	建立国家警察预备队	75000人
1952年	警察预备队改称保安队，为陆上武装。成立海上警卫队	110000人
1954年	保安队和海上警卫队分别改称路上自卫队和海上自卫队。建立航空自卫队	270000人

N 工人运动

在二战刚结束时，由于美国认为大垄断财团是出现独裁主义和军国主义的一个重要原因，所以开始扶持工会，并组织工会斗争。1945年《工会法》诞生，次年，《劳资关系调整法》出台。同时，大量被日本法西斯所关押的进步人士被释放，在他们的组织带领下，工人运动蓬勃发展起来。图片是1946年劳动节时工人聚会。

O 游行被镇压

随着时间的发展，美国人发现日本的工人斗争不仅限于经济方面的的要求，越来越多的政治要求被提出。他们害怕工会成为共产主义手中的武器，所以对待工会和工人运动的态度逐渐发生了变化。1947年2月，占领当局取缔了一次大罢工，之后政府又出台了新的规定，禁止公职人员参与罢工。图片就是被镇压的工会运动。

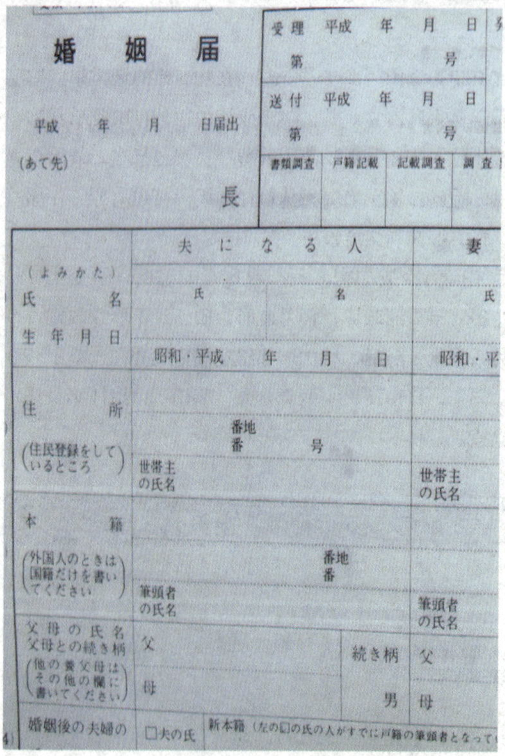

婚　姻　届

平成　年　月　日届出

（あて先）

長

受理　平成　年　月　日　第　号

送付　平成　年　月　日　第　号

書類調査　戸籍記載　記載調査　調査

	夫になる人	妻
（よみかた）氏名	氏　名	氏
生年月日	昭和・平成　年　月　日	昭和・平
住所（住民登録をしているところ）	番地 番　号　世帯主の氏名	世帯主の氏名
本籍（外国人のときは国籍だけを書いてください）	番地 番　筆頭者の氏名	筆頭者の氏名
父母の氏名 父母との続き柄（他の養父母はその他の欄に書いてください）	父　母　続き柄　男	父　母
婚姻後の夫婦の	□夫の氏　新本籍（左の☐の氏の人がすでに戸籍の筆頭者となって	

P 关于日本的婚姻

关于日本的婚姻家庭关系的法律法规散见在民法《亲属篇》和《继承篇》中，战后的日本比战前更倾向于保护女性的权益，和平宪法24条还特别注明了婚姻中夫妻平权是根本。不过截至目前，日本还是倾向于男主外，女主内的习俗。和我国不同，日本离婚需要半年后才能再次结婚，日本公民办理协议离婚，也通过注册登记。如双方协议不成，需要到法院进行裁决。离婚满半年后，才能再次注册登记结婚。日本协议离婚不涉及财产内容，财产问题由专门的法律调整。日本法定结婚年龄为男18周岁，女16周岁。

Q 婚书

日本法律并未规定登记要有专门的婚姻证书，所以没有类似我国的结、离婚证。但如果婚姻当事人登记结婚后需要留个纪念，可以要求登记机关出具《婚姻受理证明书》，图片就是日本婚姻受理证明书的样本。需要注明的是证明书没有法律效应，只具备纪念作用。

R 美国大兵在日本

在外交方面，吉田的态度是依附于美国，借助美国的力量维护日本安定，所以在1951年和1954年，双方分别签订了《日美安全条约》和《共同防御援助协定》，这些条约确保了美国在日本驻军的合法化和正常化。图片中就是驻日美军，他们惬意的生活和旁边穿着破旧衣服走过的日本居民形成鲜明的对比。

S 杜勒斯

杜勒斯（1888—1959），美国前国务卿，他在1950~1952年任美国国务卿的顾问。著名的“马歇尔计划”、“北大西洋公约”的主要制定人。1951年1月，杜勒斯以总统特使的身份出访日本，在日本期间，他同时任日本首相的吉田茂多次密谈，最终确定了《日美安全条约》的大体框架，《日美安全条约》使美军驻日合法化，同时这款条约也是日本依附美国策略的一部分。

T 《日美安全条约》一览

签订时间	1951年9月8日
签订地点	旧金山美国陆军第六军司令部
签订人物	日本首相吉田茂和美国国务卿艾奇逊
全称	《日本国和美利坚合众国之间的相互协力安全保障条约》
组成部分	前言和5条正文
主要内容	为了对日本国的安全及维持远东的国际和平与安全做出贡献，允许美国的海，陆，空三军使用日本国内的设施及区域
	各缔约国宣誓在日本国施政的领域下，如果任何一方受到武力攻击，按照本国宪法的规定和手续，采取行动对付共同的危险
	缔约国就本条约的实施随时进行协议。另外，在日本国的安全和远东地区国际和平与安全受到威胁的时候，在缔约国任何一方的要求下随时可以进行协议
	缔约国通过个别及相互的合作，持续有效的自助和相互援助，发展和维护在宪法规定的基础上的各自的抵抗武力攻击的能力
	缔约国通过强化其自由的储制度，促进作为这些制度的原则，改善安定和福利条件，为和平友好的国际关系的进一步发展做出贡献。缔约国努力消除彼此间的差异，促进两国间的经济合作

第十五章 注定的繁荣：

经济高速发展的奇迹

1956 > 1972年

1956—1972年是日本经济腾飞期，当时的日本社会系统已经定型，重心确定。此时的美国正沉浸于超级大国的迷梦中，与前苏联搞军备竞赛；而欧洲沉重的历史负担让他们的经济发展始终逊色一筹；亚非拉国家有些刚刚独立，有些正在争取独立。世界处于急速的发展变革中，此时的日本脱颖而出，在60年代末期成为了世界第二大经济体。这个时期是日本人的骄傲，他们举办了东京奥运会、新干线通车、出现了第一位诺贝尔获奖者等等。

一切似乎都以崭新的面貌出现在世人面前，是时候对以前说再见了，虽然割舍一定会带着痛楚，变革总会带来牺牲，但是为了未来美丽的憧憬，还是和以前诀别吧。这时的日本给世界这样的印象，但是这一切欣欣向荣表象下面，总有暗流澎湃，政治大国的美梦依然在继续，可是当时的人们似乎并没有注意到。

图片就是横滨港，因为在这一阶段国家大力支持钢铁和造船业发展，港口发展迅速。

01 接踵而来的经济景气

关键词：繁荣

这一时期日本由一连串经济景气组成，GDP的年增长率保持在了9%以上，被称为“经济奇迹”时期。关于这一阶段日本经济发展到底有多迅速，美国《TIME》杂志这么形容“似乎全世界的脚手架全到了日本”。1968年，日本成为了世界第二经济大国。

这些经济景气可划分为神武景气、岩户景气、奥林匹克景气、伊奘诺景气。1973年，世界性的金融危机爆发，日本因为对世界的经济状况依赖性强，所以受到的波及比较明显，至此，“经济奇迹”时期结束。

时间段划分	石桥湛山和神武景气 A B		
	岸信介和岩户景气 C D		
	池田勇人和奥林匹克景气 E F		
	佐藤荣作和伊奘诺景气 G H		
产业结构变化	产业变化	新兴产业出现	制造业 I
			轻工业
		产生了新兴产业模式	“系列”式公司 J K
	新兴企业	三洋 L	
		索尼 M	

A 神武景气

神武景气（1954 年 11月—1957 年 6 月），共计31个月。神武一词取名于日本天皇神武天皇的名字。这是日本经济发展的第一个小高潮，这一时段的日本GDP的平均增长率为12%（日本的GDP增长算的是实际的GDP，也就是扣除了物价增长等因素）。这一时期工业上的最大变化是炼油产业发展迅速（最主要的原因是政府决定用石油发电取代煤炭发电），原油进口量快速增长，经济发展带动耐久性消费财的热潮，出现了“三神器”（即电视机、洗衣机、冰箱）。

B 石桥湛山

石桥湛山（1884—1973），日本第55任首相，1956年11月任职，但在次年2月因健康问题辞职。他在任首相之前在鸠山一郎的内阁（1954—1956）中担任通商产业大臣时间达两年之久，这个时间就正好处于神武景气时期，他为日本的早期经济、政治发展做出巨大贡献。他的主张是日本应建立与邻国的良好关系，所以他的晚年致力于日苏和日中的友好往来。

C 丰田工厂

岩户景气（1958 年 6 月—1961 年 12 月），共42个月，此阶段日本GDP的平均增长率为10%。岩户取自于日本神话故事，是岩石砌成的天门的意思。这一时期工业最大的变化是大量生产汽车、电视及半导体收音机等家用电器，钢铁取代纺织品成为主要出口物资，丰田、索尼等新兴的公司开始崭露头角。图片是这一阶段建立的丰田九州宫田工厂。

D 岸信介

岸信介（1896—1987）是政治世家出身，为远东国际军事法庭的甲级战犯，在伪满洲国担任重要职务，是战后被肃清人物，1952年复出政坛，于1957年和1958年两次担任日本首相。因他的经济政策出现问题，日本出现了短暂的锅底萧条期，之后危机很快度过，进入了岩户景气。他主张加强巩固同美、英等国的关系，扩张军备，敌视中国。

E 奥林匹克景气

奥林匹克景气（1962 年 10 月—1964 年 10 月），共24个月，此阶段日本GDP的平均增长率为11%。因为东京奥运会开办在即，所以这个时期主要的是加大了公共设施的投入，这是日本经济增长的第三个小高潮。在此期间，日本实现了开放性经济制度，解除了进口限制和外汇限制。

F 池田勇人

池田勇人（1899—1956），日本三届首相（1960年7月19日—1964年11月9日）。他在日本经济发展中居功至伟，在担任首相之前他就曾任吉田内阁的大藏大臣。在他的任期内出现了奥林匹克景气。他的观点是将经济发展放在首位，在他任职期间提出了“国民收入倍增计划”，提高国民实际收入、改善社会保障福利系统、缩小地区差异。

G 日古丽汽车

伊奘诺景气（1965 年 10月—1970 年 7 月），又称天神景气，历时57个月。在此期间，日本GDP的平均增长率为12%。伊奘诺的名称源于日本传说中的大神伊奘诺尊。在此期间日本企业兼并、合并加剧，国民实际购买力加强，出现了“新三神器”(汽车、彩电、空调)，图片是日本60年代的流行车款——日古丽。

H 佐藤荣作

佐藤荣作（1901—1975），三任日本首相，任职时间从1964年到1972年。他是前任首相池田勇人钦定的接班人，也是岸信介的亲弟弟。在他的任上，出现了伊奘诺景气。和他的哥哥一样，他仇视中国，多次参拜靖国神社，阻碍中日双边贸易发展，并且积极对台湾实行援助。他提出日本无核化并因此获得诺贝尔和平奖，但是在此之后却被发现他没有遵循自己的无核承诺。

I 住友车间

从50年代开始，日本的制造业在政府的支持之下迅速发展，在利用自身优势的同时（例如港口城市多），大量的引进现代尖端技术，这使得日本很快成为造船业的大鳄和钢铁制造业的第三大国（前两位是美国和苏联）。图片就是日本最古老的企业集团之一的、拥有400多年历史的住友集团下属的住友金属工业的一家工厂车间生产图。

J “系列”式公司

从20世纪50、60 年代开始，日本出现了一种新的企业组合模式取代了旧式的财阀模式，这就是系列式公司。每一个系列式公司都有一个类似于保险公司式的银行、一个房地产子公司和一组各自从事整个商业活动系列中所有被想到的环节的子公司。那些旧式财阀的公司，例如三井、三菱、住友等都转型成了此类公司。到20世纪70年代中期，6家最大的“系列”式公司一共有175个核心公司，他们的资产占据了全日本资产总额的21.9%。个个都是关系到国家经济命脉的超级巨无霸，其中以三井为甚。

K 商船三井造船厂一角

目前三井资产总额为36万亿日元，雇员近24万人，核心成员有24家大垄断公司。除了以三井冠名的企业以外，我们所熟知的丰田和东芝也属于三井，图片就是其中三井财团一个子公司——商船三井造船厂一角，它的系统之庞大，我们可从图中窥知一二。

L 井植薰

井植薰（1912－1987）是松下的创始人松下幸之助的内弟，他于1950年和哥哥井植岁男一起组建三洋株式会社。三洋是日本战后新兴企业，在日本经济高速发展期迅速壮大。它的产品涉及显示器、手机、数码相机、机械、生物制药等众多领域，名列世界500强。2008年，三洋被松下收购。

M 盛田昭夫

盛田昭夫（1921—1999）于1946年创建了索尼株式会社（原名东京通信工业股份有限公司）。1955年至1975年是sony至关重要的20年，前十年中它主要研发半导体收音机和黑白电视机，后十年它主攻彩色电视机，制造了世界上第一台半导体收音机，开发了显像管技术，一举将sony发展成为世界性的大公司。

02 力图转变的国际地位

关键词：提升

进入20世纪50年代，日本的外交政策大体指导原则依然是依靠美国，和美国不断的推进战略伙伴关系。但是在细微之处已经随着其经济发展和各个首相的方针不同而有所改变。

这一时期内，日本和苏联恢复邦交、和韩国建交、同亚洲的周边国家关系缓和等等这些都昭示着日本采用了灵活多变的外交政策，争取能在冷战背景的世界格局中寻找一个既适合自身经济发展又能适当表现出自己对国际局势态度的意见的一种可以左右逢源的外交境地。

国际影响	加入联合国 A
同前苏联的关系	和前苏联复交 B
和美国的关系	《日美共同合作和安全保障条约》签订 C
	美军归还冲绳 D
同南亚、东南亚的关系	采用经济外交，消除对方敌对意识 E F
同朝鲜半岛的关系	同韩国建交 G
同中国的关系	同台湾当局的关系 H
	同人民政府的关系 I J

A 库兹涅佐夫入场

1956年12月7日，日本驻联合国观察员向联合国秘书长提出加入联合国的申请。12日，安理会一致通过申请，18日联大代表一致投票通过，决定接纳日本为联合国第80位成员国。苏联代表团团长库兹涅佐夫发言欢迎日本加入联合国，图片就是他的入场图。

B 媒体报道

日本和前苏联本来在1925年初就已经建交，但是后来因为二战问题，双方断交。直到1955年初，双方才重启关于恢复邦交的谈判。1956年10月19日，《日苏联合宣言》在前苏联克里姆林宫签订，双方正式复交。图片为纽约时报网站上保存的当时对这件事情的报道。

Article Preview

Texts of Soviet-Japanese Statements; Peace Declaration Trade Protocol

Associated Press Radiophoto ().
October 20, 1956,
, Section , Page 2, Column , words

[DISPLAYING ABSTRACT]

MOSCOW, Oct. 19 (UP)--Following are the texts of a SovietJapanese peace declaration and a trade protocol between the two countries signed here today, in unofficial translation from the Russian:

C 合作安保条约签订

1960年1月，在经过日美双方10个月的谈判之后，两者签订了《日美共同合作和安全保障条约》这个条约强化声明了两者的平等关系和明确了美国对日本的防卫义务，条约使得日美双方战略合作关系进一步升级，但是因为条约的某些条款会造成让日本卷入新的战争的危险，因此日本国内产生了声势浩大的反对浪潮，签订合约的岸信介内阁被迫下台。

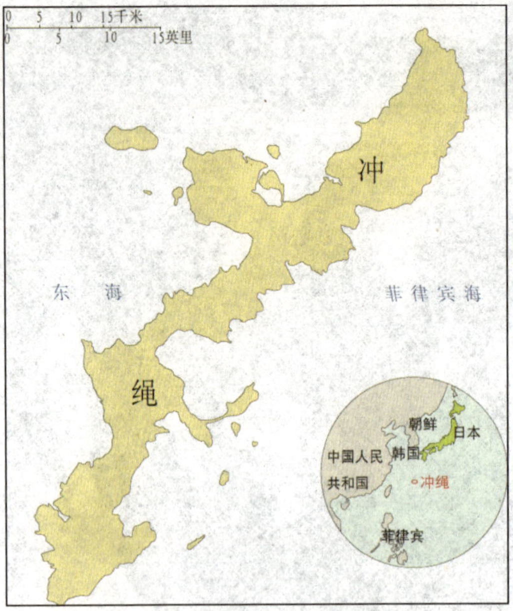

D 冲绳地图

冲绳在战后一直被美国当做军用基地使用。它的地理位置相当重要，和中国大陆、台湾、朝鲜半岛、菲律宾等都接近，图片就是冲绳地图，冲绳的地理位置重要性可见一斑。日本一直在要求美国归还。1970年美日双方进行了关于归还冲绳的谈判，1972年1月，双方终于达成一致，冲绳在27年之后终于重归日本。

E 经济外交

日本战后初期同东亚和东南亚的关系比较紧张，一个最重要的原因是二战时期这其中的一些国家（如菲律宾、缅甸等）曾被日本侵略。所以日本明确目标，和这些国家的建交谈判中，首先提出战争赔偿问题，给予这些国家一定数额的经济补偿，内容包括劳务、产品和金钱等，这种外交手段被称为经济外交。

F 主要南亚、东南亚国家同日本建交时间一览表

国家	建交时间
印度	1952年4月
泰国	1952年4月
老挝	1983年1月
柬埔寨	1953年1月
巴基斯坦	1953年4月
缅甸	1954年11月
菲律宾	1956年7月
印度尼西亚	1958年4月

G 韩国抗议游行

日本在战前对朝鲜进行了35年的殖民统治，战后美苏两国以北纬38度为分割线，将朝鲜一分为二，北为朝鲜，南称韩国。殖民遗留问题是日韩两国邦交正常化的最大阻碍力量，其中殖民财产问题和领土问题是最大的矛盾，在长达十余年的漫长谈判之后，1965年6月《日韩基本关系条约》签订，12月正式生效，两国正式建交。

H 岸信介访台

战后日本一直和台湾有往来，其中佐藤荣作内阁还在中华人民共和国取代台湾地区政权进入联合国的问题上采取了支持台湾的立场，最终阻扰的行为以失败收场，这直接导致了佐藤内阁的下台。岸信介是右翼，他于1957年6月访问台湾，这对中日关系造成了极坏的影响。

I 梅兰芳率团访日

中日两国在建交前民间交往就不曾间断，不论是经济上的互通还是文化上的交流都相当频繁。1956年5月至7月，应《朝日新闻》的邀请，京剧大师梅兰芳率团在日本表演，图片就为他们在羽田机场的照片，第一排右二为梅兰芳，这次表演在日本造成了巨大轰动，众议院副议长杉山元治郎破例在国会议事堂举行茶会，招待梅兰芳一行。

J 田中角荣访华

基辛格和尼克松访华给中日邦交正常化创造了契机，1972年，佐藤荣作离职后，田中角荣成为新任日本首相，田中竞选时就把支持中日建交作为竞选的政治纲领，所以他上任伊始就开始致力于建交事宜，此时日本舆论界和广大国民也在督促早日建交。1972年9月，田中访华并于29日在人民大会堂签署了《中日联合声明》。

03 公共文化事业的发展

关键词：飞跃

此时的日本急于向世界展示它的形象：世界第一条载客营运的高速铁路——新干线出现在东京与大阪之间；东京奥运会向世人展示了一个繁华有序的城市；大阪世博会让这个传统而古老的城市散发了它独特的魅力。

大众的娱乐生活也在悄悄改变，电视普及开创了实时映画时代；电影市场也开始繁荣，产生了大师北野武；以川端康成为代表的文学思想家们向大家传递了他们的思维和观点。总之，这是个日本飞速发展的时代，不论是经济还是公共文化事业都以我们肉眼可见的速度在前进。

公共事业	开通新干线 A	
	成功举办东京奥运会 B C	
	参观人数创纪录的大阪世博会 D	
文化事业	大众娱乐方式的改变	手冢治虫 E
		黑泽明 F G
		小津安二郎 H
	川端康成 I J	
	远藤周作 K	
	三岛由纪夫 L	

A 新干线建成

最早的新干线的修建是为了给东京奥运会做准备的，它被命名为东海道新干线。东海道新干线的修建使得它所连接的阪神区的人员和物资流通环境大幅度改善。它于1964年10月1日正式开始通车营运，新干线运行几十年来，从未发生过因人为因素导致有人死亡的事故，因此被称为全球最安全的高速铁路之一。

B 运动员入场式

1964年10月举行的东京奥运会是第一次在亚洲国家举行的奥运会，这届奥运会历时15天，图片就是运动员入场式。参加此届奥运会的有94个国家和地区的5140名运动员，这届奥运会上南非因为实行种族隔离被取消了参赛资格，直到1992年才被获准再次参赛。

C 奥运会主会馆俯瞰图

日本政府和体育界对东京奥运会非常重视，扩建了城市，改善交通网点，兴建了体育场馆和其他设施，整个工程耗资近30亿美元。对公共事业的大量支出拉动了国内经济的繁荣。图片就是奥运会主会场俯瞰图，日本对奥运会的准备工作庞大，场馆追求豪华和先进，这对之后的奥运会申办者产生了影响以至于之后的每一届奥运会都成了展示举办国国力的舞台。

D 世博会园内图

大阪世博会于1970年3月14日到9月13日在大阪举行，这也是世博会第一次在亚洲举行。这次世博会盛况空前，共有64218770人次入场参观，图片就是拥挤的世博会参观人群，这个数字直到2010年才被上海世博会打破。同东京奥运会一样，世博会也拉动了日本经济的发展，在准备过程中，政府加大了公共事业的投资。

E 手冢治虫

日本的漫画影响了几代人，他们出现了许多漫画大师，手冢治虫就是其中的杰出代表，他一生创作了许多作品，铁臂阿童木就是其中之一，这部漫画于1952年至1968年连载。后被改编成动画，这是日本第一部电视连续动画，也是中国引进的第一部国外动画。手冢通过漫画向世人传达“不尊重生命与忽视精神世界的科技发展，一定导致人类和地球的灭亡”的观念。

F 黑泽明

黑泽明（1910—1998），电影大师，他执导的电影曾获奥斯卡最佳外语片奖和戛纳金棕榈奖，1990年，他获得奥斯卡终生成就奖，这是亚洲电影史上第一个获此殊荣的人。美国《time》杂志将他和泰戈尔并列为20世纪最具影响力的人物。他的代表作有《罗生门》、《七武士》、《影子武士》、《乱》等。

G 电影《七武士》

黑泽明的《七武士》是1954年作品，这是一部充满了人文情怀的电影，七个武士分别代表武士精神的一个方面，有友谊、忠诚、智慧、乐观等等，这些综合起来就是武士道精神。在电影中，黑泽明将华丽的视觉效果和感人的故事情节完美结合，将暴力和沉静相得益彰的表现，堪称日本史上最杰出的电影。

H 小津安二郎

日本还有一位杰出的电影导演，他是小津安二郎（1903—1963），他的作品一般以日本的普通百姓作为主角，通过他们的生活状态来表现社会现状。他最优秀的作品是1953年的《东京物语》，这部作品充分运用正面切换画面、严密调整构图中的人物大小、简约利落的对白等手法，直言不讳地展示了传统的大家庭制度正在无可挽回的走向缓慢解体的过程。

I 川端康成

川端康成（1899—1972）是日本著名小说家，1968年获得诺贝尔文学奖。他有的作品采用纯新感觉派的写法，极力强调主观感觉，热心追求新颖形式，另有一些作品却没有采用纯新感觉派的写法，主要使用朴素、简洁的白描手法。

其主要代表作有《雪国》、《伊豆的歌女》、《千纸鹤》等。1972年，他于自己家中的煤气自杀。

J 《雪国》

《雪国》是川端康成历时13年创作的佳作，小说的背景是在雪国的温泉旅馆，以游客岛村和妓女驹子为主线创作故事，小说每一个部分相对独立，整个故事又相互连贯。整篇小说文字优美、意境朦胧，作品中充斥着美感与哀愁，有评论家曾用“震颤的沉寂”来形容这部作品。

K 远藤周作

远藤周作（1923—1996）为日本作家。他是一名天主教徒，所以作品中时不时流露出天主教信仰和日本传统文化的矛盾。其代表作有《黄种人》、《留学》、《沉默》、《深河》等，这些作品中渗透着对于生命、人生、社会、文化、历史的深刻思考和沉重拷问。

L 三岛由纪夫

三岛由纪夫（1925—1970），日本作家，很典型的日本人格使得他本人在西方更具盛名。中国明代王守仁的心学对他的精神世界和文学创作影响很大。他的前期作品美轮美奂，将美的本质、艺术创作和生活琐事结合的相当完美，但是在他生命后期，因为极端的右翼思想，他的作品呈现一种暴力、狂乱的色彩。1970年11月，他冲入日本自卫队总部自杀。。

第十六章 平静下的阴霾：经济稳定期的日本

1973 ▶ 1991年

以1973年全球性因石油提价引发的金融危机为标志，日本结束了快速增长期，进入了经济稳定期，这一时段内实际GDP的增长率一般不超过5%，其中1974年是唯一的负值，为—1.2%。这个时期的日本因为前一阶段的飞速发展，造成了不少问题逐渐显现出来。城市化进程加剧，青壮年劳动力流向城市造成的农村人口减少，农业发展受阻；工业化进程中对环境保护的疏忽后果显现；通货膨胀加剧，例如1973和1974年的CPI都达到了15%以上；投机和消费热潮加剧，经济泡沫越来越大；人们在富足的时候想念起了帝国的扩张，因此军国主义再次抬头，靖国神社频繁出现在国际新闻视野中，而政府也开始将日本向政治大国推进。

图片拍于20世纪80年代末，日本街头充满了熙熙攘攘的人群。

01 泡沫经济的端倪

关键词：升值

如果进行更详细的划分，这一阶段可以以广场协议为分界线划分为两个时期，1974—1986年为第一时期，这是日本经济稳定增长期，通胀和萧条同时存在，以电子和生物工程为代表的新兴产业领域进行了技术革命；1986—1991为第二个时期，这是泡沫经济时期，地价和股价暴涨，举国上下都在进行疯狂的投资。这个时期美日贸易逆差数额巨大，日美贸易摩擦产生；普通百姓的生活方式也改变了，卡拉OK诞生、任天堂的家庭游戏机以及家用电脑问世、无线移动手机业务开始启用。

<table>
<tr><td rowspan="11">稳定增长期</td><td colspan="2">布雷顿森林体系倒塌 A B</td></tr>
<tr><td colspan="2">钢铁、造船业不景气 C</td></tr>
<tr><td colspan="2">日美贸易摩擦升级 D</td></tr>
<tr><td colspan="2">高科技产品问世 E</td></tr>
<tr><td colspan="2">信息产业起步发展</td></tr>
<tr><td colspan="2">汽车产业扩张 F G</td></tr>
<tr><td colspan="2">金融自由化 H</td></tr>
<tr><td rowspan="4">生活方式转变</td><td>24小时便利店出现 I</td></tr>
<tr><td>卡拉OK盛行 J</td></tr>
<tr><td>游戏机流行 K</td></tr>
<tr><td>迪斯尼在日本大受欢迎 L</td></tr>
<tr><td rowspan="7">泡沫经济期</td><td colspan="2">广场协议出台 M N</td></tr>
<tr><td colspan="2">地价和股价暴涨 O P</td></tr>
<tr><td colspan="2">日美结构协议签订 Q</td></tr>
<tr><td colspan="2">开始征收消费税 R</td></tr>
<tr><td rowspan="3">生活方式改变</td><td>《男女雇用机会均等法》颁布 S</td></tr>
<tr><td>信用卡破产问题加剧 T</td></tr>
<tr><td>无线电通讯兴起 U V W</td></tr>
</table>

A 布雷顿森林体系

布雷顿森林体系是战后的一种国际货币体系，它以黄金为基础，以美元作为最主要的国际储备货币。美元直接与黄金挂钩，各国货币则与美元挂钩，并可按35美元一盎司的官价向美国兑换黄金，这个体系是建立在美国是世界经济霸主的基础之上的。从50年代后期开始，美国在全球经济的地位受到削弱，逐渐无法支撑这一体系，1971年8月，尼克松政府宣布放弃按35美元一盎司的官价兑换黄金的美元“金本位制”，实行黄金与美元比价的自由浮动。布雷顿森林体系倒塌。

B 出口产业受打击

日本于 1973 年 2 月采取了“浮动汇率制”。结果，开放汇市后出现了 1 美元 = 260 日元的汇率，而之前的汇率长期固定在 1 美元 = 360 日元，日元的升值使出口产业大受打击。

C 佐世保重工总部

日本的钢铁业和造船业是50年代初期在政府的支持之下迅速发展起来的，但是在遭遇石油危机后，他们陷入了困境，两者都是典型的结构性萧条产业。图片上是佐世保重工（SSK）总部大楼，如此庞大的企业在1978和1986年两次陷入经营困境，面临破产，最后在日本兴业银行的帮助下才得以继续经营。

D 日美贸易摩擦

进入70年代末期，美国贸易赤字的三分之一以上是对日贸易赤字，同时美国国内持续的通货膨胀和高失业率让政府困扰不已，日美双方的贸易摩擦开始升温。美国不断通过自愿出口限制（VER）、有秩序的销售协定（OMA）、市场导向的个别领域谈判 (MOSS) 等渠道和方式向日本施压，1973—1990年，美日贸易谈判52件。在美国的压力下，日美两国相继就钢铁（1972 年)、彩电（1977 年)、牛肉（1978年) 及柑橘（1978 年) 等农产品、汽车 (1981年) 等的贸易达成协议。与此同时，美国开始希望通过迫使日元大幅升值以削弱其国际经济竞争力，从而缓解对日赤字。

E 日本研发的新技术产品时间表

产品名称	推出市场时间
传真机	1971年
个人用台式电子计算机	1972 年
电子表	1974 年
家用录像机	1975 年
文字处理机	1978 年
随身听	1979 年
激光唱盘	1981 年
CD	1982 年
液晶小型电视	1983 年
家用 VTR 摄像机	1983年
家用电脑游戏机	1983 年
电脑控制反射光照相机	1985年
电子笔记本	1988 年
洗净式坐便器	1988 年

F 汽车出口

汽车产业发展至1980 年，日本成为世界上最大汽车生产国。20世纪70年代的两次石油危机对日本的汽车业发展起到了推波助澜的作用，因为日本汽车生产厂家以生产小型汽车为主，而且和同规格的欧美产汽车相比，日本产的耗油量少，因此它们很快占据了欧美市场。

G 本田美国生产车间

伴随着日本汽车出口增长的是美国本土汽车业的衰落，这引起了美国政府的不满。1980年，美国三大汽车公司之一的克莱斯勒面临破产清算，美国方面的不满情绪达到顶峰并对日本汽车进口数量进行的限制，之后，日本汽车业采取了在美国本土生产的方针，1982年11月，本田率先在美国设厂，图片就是这家工厂—俄亥俄州工厂的生产车间。

H 日本金融自由化始末

1983年美国总统林根访日，提出日本金融资本市场要面向国外开放，随后成立了日元美元委员会督促日本金融自由化。在委员会的报告书中提出了5点自由化方针：(1)存款利息自由化；(2)完善健全金融市场；(3)内外市场一体化；(4)允许外国金融机构进入；(5)欧元自由化。

从此以后，日本企业无论在国内还是在国外发行公司债券,或者无论在外国还是在国内贷款,均可以自由选择。因此,企业可以权衡利弊自由操作。这一变化具有十分重要的意义，有人指出这也为泡沫经济埋下了伏笔。

I 7—11

1971年，首先在美国出现的24小时便利店（cvs）在日本开出了第一家店。随后，CVS因为便利而大受欢迎，成为了年轻人购物的首选地点。发展至今，日本的7—11成为了世界上最大的24小时便利店的连锁集团，分店在世界各地都能看到，图片就是7—11店铺。

J 卡拉OK

前一阶段的百姓娱乐生活主要以电视、电影为主，20世纪70年代，卡拉OK逐渐在日本流行，刚开始它只是中年人的乐趣,后来逐渐渗透到了各个年龄层,成为一种大众娱乐方式。随后，这种娱乐方式席卷了全世界，特别是亚洲地区，图片就是日本一对母女在唱K。

K 任天堂产品

日本任天堂公司80年代初期把家庭电脑游戏机（FC）投放市场后，掀起一场轩然大波，FC以常人难以想象的速度席卷了市场，任天堂取得了巨大成功。直到今天，任天堂还是世界上最大的游戏机和软件厂商。图片一家商场里贩卖的任天堂产品。

L 日本迪斯尼

1983年4月，迪斯尼乐园来到日本，这座乐园当时耗资1500亿日元，是迪斯尼首次在美国本土之外的地方修建乐园。乐园在日本受欢迎的程度出乎迪斯尼公司的意料，到目前，乐园的盈利是成本的数倍。图片就是日本迪斯尼乐园欢度新年。

M 广场协议

上世纪80年代初期，美国财政赤字剧增，对外贸易逆差大幅增长。美国希望通过美元贬值来增加产品的出口竞争力，以改善美国国际收支不平衡状况。1985年9月，美日德法英5国财长及5国中央银行行长在纽约广场饭店举行会议，签订了“广场协议”。

“广场协议”签订后，五国联合干预外汇市场，各国开始抛售美元，继而形成市场投资者的抛售狂潮，导致美元持续大幅度贬值。1985年9月，美元兑日元在1美元兑250日元上下波动，协议签订后，在不到3个月的时间里，快速下跌到200日元附近，跌幅20%。

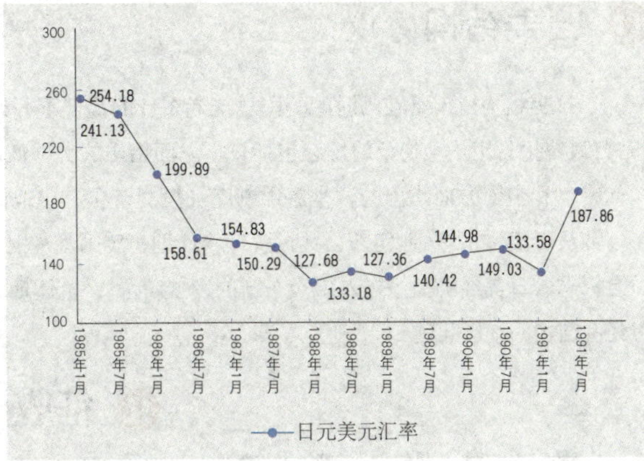

N 日元美元汇率

广场协议对日本影响巨大，目前世界上多数经济学家认为日本自90年代之后经济低迷和广场协议有莫大的关系。图片是1985—1991年间日元美元的汇率走势图，从图中可以看出日元是呈升值趋势的。日元升值打击了日本出口业，迫使日本政府调整金融政策，造成了一系列的连锁反应。

O 证交所大厅

日元升值导致日本政府用调降利率等宽松的货币政策来刺激国内经济。从1986年起，日本的基准利率大幅下降，这使得国内剩余资金大量投入股市及房地产等非生产部门上，从而形成了90年代著名的日本泡沫经济，图片就是熙熙攘攘的东京证交所大厅。经济泡沫在1991年破灭之后，日本经济便陷入战后最大的不景气状态。

P 东京区域图

在房地产方面，受到所谓“土地不会贬值”的土地神话的影响，以转卖为目的的土地交易量增加，地价开始上升。1989 年末，仅东京 23 个区的土地价格就可购买美国的全部国土，图片就是东京分区图，它的面积是美国国土面积的四千八百分之一。

Q 日美结构协议

日美结构协议是在当时的美国总统老布什的提议下开始讨论的，1989年首脑峰会开始提议，1990年7月最终报告出炉。协议的议题包括日本方面指出的美国低储蓄率和过度消费以及尚有遗留的出口管制等问题，和美国方面指出的日本流通制度、投资壁垒、土地使用等问题。最终，日本大幅放宽“大规模小店铺法(大店法)”、制定新公共投资10年计划；美国削减财政赤字及其他13个领域里的结构改革。协议出台标志着日美经济关系进入了一个新的发展阶段，也体现了日美经济摩擦日益向纵深发展，已触及两国经济结构的深层问题。

R 征收消费税

1978年，时任日本首相的大平正芳提出要征收消费税，但是随着选举失利，征收计划流产。1988年，竹下登首相提出征收消费税并且取得了国会的同意。1989年4月1日，消费税正式开始征收，税率为3%，1997年，这一数字被提升到5%。

S 职业女性

男女雇用机会均等法于1986年4月开始实施。根据这项法律，在教育训练、福利卫生和解雇方面，禁止男女差别对待。在这项法律的带动下,更多的女性走上工作岗位。1987年女性雇用者达到1615万人，比10年前增加了364万人。图片就是一群日本职业女性。

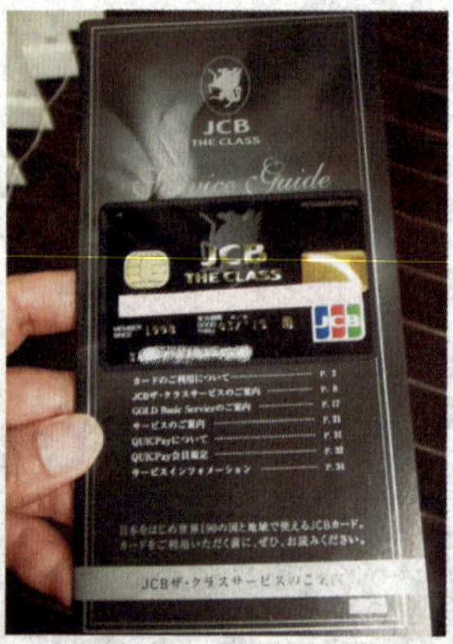

T JCB信用卡

战后出生的一代消费观念和前一代不同，他们更会享受生活，整体消费水平提高。从20世纪60年代，JCB、住友集团、日本信贩信用卡公司（现属三菱集团）这三家发行信用卡之后，热爱消费的战后一代不少人陷入了“信用卡地狱”，即因为过度透支而破产。图片就是JCB在日本发行的信用卡款式。

U 日本移动电信发展史

时间	事件
1979年	汽车电话服务开始，移动电信市场被电话电报公司垄断
1985年	《电信商业法》颁布；电话电报公司私有化
1986年	IDO进入移动电信市场
1988年	IDO提供移动电话服务
1989年	DDI进入移动市场并开始提供移动电话服务
1991年	电话电报公司成立专门的子公司管理移动业务
1993年	移动市场除NTT之外共有13家移动运营商
2000年	KDD、DDI、IDO三家公司合并，新公司命名为KDDI
2001年	NTT DoCoMo全球首推3G业务
2005年	软银进入移动业务市场，日本移动电信市场NTT DoCoMo、KDDI、软银三足鼎立

V 日本移动手机业务的开始和发展

1983年，摩托罗拉推出了世界上第一款手机DynaTAC 8000X，1987年，日本电信电话公司（NTT）将无线移动手机服务引入日本，1991年，专门成立NTT移动通信企画株式会社（2000年更名为NTT DoCoMo）负责移动业务。手机迅速向小型化、轻型化发展，刚开始在社会精英中流行，随后随着价格降低，迅速在各个阶层中风靡，在90年代后期，手机已经在年轻人中间普及。

W 手机卖场一角

在日本，本土的手机几乎占领了整个手机市场，因为市场上销售的手机是移动运营商定制的，运营商通过向终端厂商采购定制手机，再通过代理商的渠道零售给用户。图片上就是手机卖场一角，这里摆放的是软银（softbank）的定制手机。

02 环境问题频发

关键词：危机

几乎所有的国家在现代化途中都会遇到一个问题，那就是环境问题，日本也不例外，因为环境污染而造成的疾病大规模爆发几次，当地居民因此死亡或者致残的例子举不胜举。和其他国家不同的是，因为日本国内能源匮乏，所以几乎所有的重要能源都依靠进口，因此它的能源危机显得更加紧迫。此外，日本是世界上唯一一个遭受过核武器袭击的国家，如何处理残留的核辐射和遭受过原爆的人们如何生活治疗等等这些问题我们统称为原爆后遗症，原爆后遗症将会困扰国民和政府很多年。

环境污染问题	环境污染事件	痛痛病事件始末 A
		水俣病事件始末 B
		四日市哮喘事件始末 C
		米糠油事件始末 D
	政府治理方法	鼓励利用洁净能源 E F G
		制定相关环境法律 H
能源危机	对日本造成的影响	经济损失严重 I J
	政府解决方案	开发、采用新能源 K

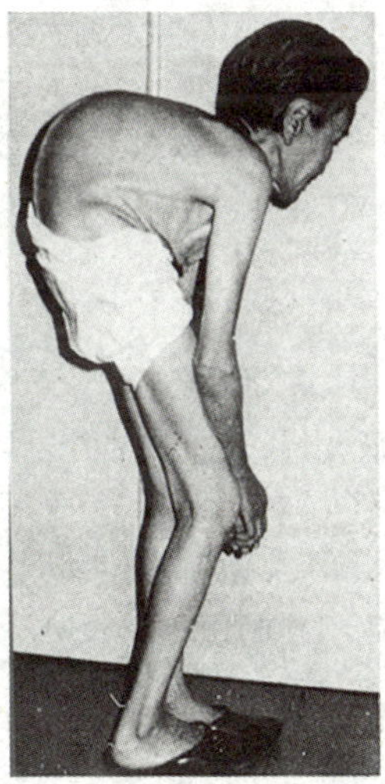

A 痛痛病患者

1955年，在神通川流域河岸出现痛痛病，这种病初始症状是各关节疼痛，数年后骨骼严重畸形，骨脆易折，最后衰弱疼痛而死。图片就是痛痛病患者骨骼变形后的样子。经调查后发现，河岸的锌、铅冶炼厂等排放的含镉废水污染了水体，使稻米含镉，而当地居民长期饮用受污染的河水和稻米，中毒致病。痛痛病在当地流行20多年，造成200多人死亡。

B 水俣病

1956年，水俣湾附近发现了一种奇怪的病。患者由于脑中枢神经和末梢神经被侵害，轻者口齿不清、步履蹒跚，重者神经失常，身体弯弓高叫，直至死亡，这就是水俣病。经调查发现这是因为日本氮肥厂把没有经过任何处理的废水排放到水俣湾中引起脑精神损坏造成的。仅水俣湾就有四分之一的居民患此病。

C 四日市废气

1955年以来，四日市石油冶炼和工业燃油产生的废气，严重污染城市空气，图片就是四日市石油冶炼排出的废气。工业废气造成空气污染，对居民呼吸道和肺部造成伤害，1961年哮喘病在当地居民中发作，之后呈蔓延趋势。截止1972年，仅该市就因哮喘死亡10多人。

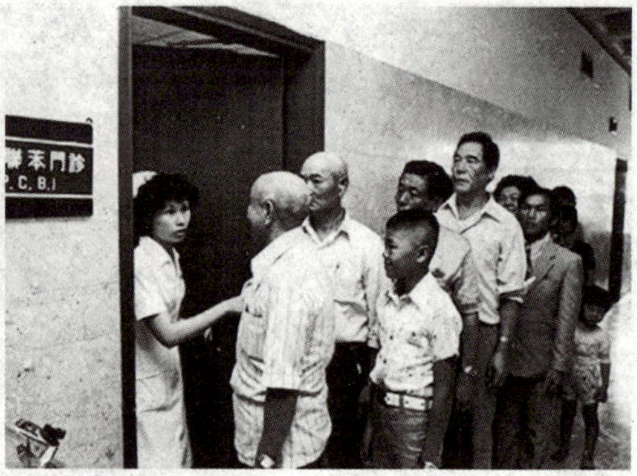

D 排队就诊

九州大牟田市一家粮食加工公司食用油工厂，在生产米糠油时，在脱臭过程中使用多氯联苯液体作载热体。因生产管理不善，使多氯联苯混进米糠油中。有毒米糠油出售后造成食用者中毒。事件初被察觉是1968年3月，图片就是患病的人群去医院救治时排队的画面。截止1977年，这一事件已造成30余人死亡。

E 东京汽车

日本汽车业在20世纪60年代开始迅猛发展，随之而来的是城市的堵车现象，图片就是70年代东京堵车的场景。汽车尾气是城市空气污染的一个重要原因，不只是汽车尾气，各种工业废气、工业污水、生活垃圾等随着现代化的进程加快而越来越多。

F 太阳能利用

为了净化环境，减少污染，日本政府采取的一个措施就是利用和开发洁净能源。太阳能就是其中一个，利用太阳能的计划被称为“阳光计划”，这个计划始于1973年，政府不仅给予太阳能开发的研发和利用给予大量的财政补贴，甚至连一般家庭如果利用太阳能发电，政府也提供资金援助。

G 洁净能源

所谓洁净能源，是指其开发、运输、转换、利用和排放其利用完后的废弃物等的全过程中基本不会或很少对环境和生态造成破坏或威胁。它主要分为再生能源（太阳能、风能、水能等）、回收能源（工业废热回收、废油回收等）和智慧能源（燃料电池、电动车等）。

H 关于环境的主要法律

基本法律	公害对策基本法	
	自然环境保全法	
	环境基本法	
	自然再生推进法	
	生物多样性基本法	
分类法律	大气环境	大气污染防治法
		噪音规制法
		振动规则法
		恶臭防治法
	水环境	水质污染防治法
		温泉法
		水产资源保护法
	土壤环境	农药取缔法
		土壤污染对策法
		工业用水法
	生态系统	自然环境保全法
		森林法
		河川法
		海洋基本法
		都市公园法

I 能源危机

所谓能源危机，指因为能源供应短缺或是价格上涨而影响经济。从本质上说这是人为造成的能源短缺。能源危机通常会使得经济休克，很多突如其来的经济衰退通常就是由能源危机引起的。人类现在主要利用的能源是化石能源（石油、天然气、煤炭等）、电力和其他自然能源，石油为例，现在已探明的储存量仅够维持40年。所以世界各国都在争取更多的能源，不论是美军攻打伊拉克还是北约轰炸利比亚，这背后都有能源危机的影子。

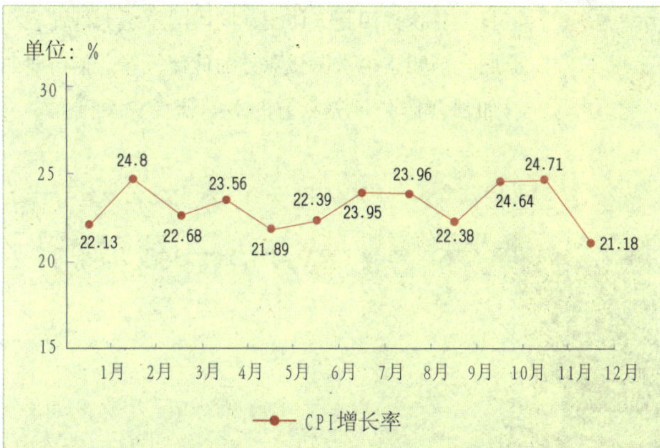

J 1974年日本CPI涨幅表

对几乎所有主要能源都依靠进口的日本而言，能源危机益发严重，1973年，石油输出国组织决定提高油价，这给正在高速发展的日本造成了巨大的打击，通货膨胀加剧，图表就是1974年日本每月CPI涨幅表，因为日本GDP增长是按实际增长率计算的，所以这造成了1974年的GDP增长为负值。

K 福岛核电站

为了应对能源危机，世界各国都在积极寻找和研发新能源，其中水能和核能的成效最为明显，但是两者都存在隐患，前者会造成生态环境恶化，后者如果一旦泄露，后果不堪设想。日本主要是采用了核能，截止2011年7月，日本共有18个核电站，55个核反应堆。其中福岛核电站是世界上最大的核电站，它由福岛一站和福岛二站组成，共10个发电机组。2011年3月11日，日本东北部近海发生里氏9.0级地震，福岛核电站受损，14日，三号机组发生氢气爆炸，次日，二、四号机组也发生爆炸，核泄漏散发的放射性物质扩散远至欧洲和美洲，造成了极为严重的后果。日本原子能安全保安院根据国际核事件分级表将福岛核事故定为最高级7级。

03 军国主义思潮复燃和政治大国理想

关键词：膨胀

在物质生活得到满足后，某些日本人开始怀念起大日本帝国的美梦，修改和平宪法的呼声此起彼伏，不过这一提议还是没有得到大多数人的支持。与此同时，1976年，《防卫计划大纲》出台，日本提出了防卫总体设想和扩军方针。在国际关系方面，日本外交同前一阶段相比，更加注意全球化的均衡，加大了和拉美、非洲和大洋洲的联系频率；同美国的战略关系在摩擦中升温；加强了和正在迈向一体化的欧洲的合作沟通；更是积极跻身于亚洲的事务，期望发挥更大的作用。总之，如中曾根康弘在1983年所说的那样“在世界政治中提高日本的发言权”，日本正在朝着这个方向努力。

军国主义思潮	出现修改和平宪法呼声	
	《防卫计划大纲》出台 A	
政治大国理想	同美国关系	平等伙伴关系建立 B
		军事一体化关系建立 C
	同前苏联关系	领土争端无法解决，关系忽冷忽热 D
	同西欧关系	积极合作，减少贸易争端 E
	同中国的关系	在睦邻友好气氛中升温 F
	同其他国家的关系	积极拓展外交圈 G

B 日美同等伙伴建立的经过

日美同等伙伴关系建立是一个漫长的过程，初见端倪是1973年，尼克松发表外交咨文时称，日本将是美国“最高价值的伙伴”，这标志着两国的关系开始向平等伙伴与相互协调、相互依赖的方向过渡。1974年11月，美国新总统福特访日，这是福特就任总统后的首次出访，显示了重视日本的姿态，当然也反映了日美两国相对实力地位的变化。1977年，日本首相福田赳夫访美，同美国总统卡特发表联合声明，再次深化双方的伙伴关系，重申要加强合作。日美双方的对等伙伴关系确立。

A F15—J战斗机

日本自卫队发展到1976年，陆上自卫队已有18万人、海上自卫队拥有舰艇16.7万吨、飞机约300架；航空自卫队飞机约530架。10月，日本政府颁布了《防卫计划大纲》，提出日本应拥有适当规模的军事力量，以制止低水平的或有限的进攻，并且将自卫队每5年进行一次调整改为每年进行，这是日本军事强化的重要文件，图片就是日本1978年开始向美国采购的F—15J战斗机。

C 日美军事一体化关系确立步骤

时间	事件	意义
1978年11月	联合战斗机训练	美国开始培养日本最高端的军事战斗技术
1979年6月	联合救难演习	双方开始有针对性地做具体战斗协作
1979年10月	合成部队训练	进行整体的军队指挥和调动训练
1979年11月	《日美防御合作指导方针》被议会通过	确定日本自卫队更紧密地依附于美国的军事战略
1980年起	联合环太平洋演习	美国确立了日本在区域战略中的协助作用

D 北方四岛地图

与苏联建交之后，日本同苏联的关系一直是忽冷忽热的，两国最大的纠纷是领土纠纷，关于北方四岛（择捉岛、国后岛、色丹岛、齿舞岛）的归属问题，双方一直立场强硬。如图所示，北方四岛地理位置特殊，处于两国交界处，1945年被前苏联派兵占领，但是双方一直都声称对其拥有主权。

E 七国首脑

日本战后同欧洲的矛盾主要是战争遗留和经济竞争的矛盾，但是随着双方的合作增多，两者矛盾逐渐淡化。1975年，日本成为西方七国首脑会议的一员，确立和西欧的合作伙伴关系，此后，日本在七国峰会上的重要性逐渐凸显。

F 邓小平访日

这个阶段的中日关系处于升温阶段，双方互访增多，经济和文化交往也增多。1978年8月12日，双方缔结《中日和平友好条约》，声明双方不在任何地区谋求霸权，互不干涉，在平等互利的基础上发展睦邻友好关系。随后的22日，邓小平副总理应日本政府的邀请访日，这是中华人民共和国成立以来中国主要领导人首次访日。邓小平副总理会见了时任日本首相的福田赳夫，裕仁天皇等人。

G 日本同其他国家和地区的外交

同东南亚的外交关系	一再向南亚、东南亚国家重申日本不做军事大国 提出对这个地区向日本的出口产品给予优惠政策 提供经济和技术援助等政策以密切双方的关系
同中东的外交关系	由于波斯湾地区的石油对日本至关重要，所以日本对中东的外交采用石油外交政策 日本对阿拉伯国家的某些主张持温和支持的态度，比如说支持巴勒斯坦人民的自决权，要求以色列撤军等
同非洲的外交关系	非洲是日本重要的出口和投资地区，日本与非洲贸易品种则体现了经济外交的本质：以工业品换取原料 70年代中后期以来，非洲各国注重发展经济，纷纷采取吸引外资的各种优惠政策，日本也乘机通过独资或合资方式，渗入非洲经济领域
同拉美的外交关系	日本和拉美在经贸方面有很强的互补性，拉美拥有丰富的自然资源和廉价高质的劳动力，日本则拥有大量的剩余资金和先进的技术 日本在拉美的投资增长迅速，双方的主要是在经贸上的联系较多
同大洋洲的外交关系	石油危机后，日本将眼光投向拥有丰富资源的大洋洲，和澳大利亚、新西兰的加强联系。1976年6月，澳日两国签订《友好合作基本条约》

第十七章 失去的十年：

泡沫经济后苦苦挣扎的日本

1992年 ▶ 至今

这一时期日本泡沫经济崩溃，经济呈现极低的增长率或负增长，而且萧条状态长时间持续，银行和证券公司相继倒闭。在国际大环境中，韩国、中国、印度、巴西崛起，美国经济复苏，这对日本工业造成很大的压力，企业竞争力减弱。IT技术和生物技术这些前沿技术领域中，日本处于相对落后的地位，前景不乐观。在政治上，日本内阁更替频繁，又经常采用强硬右翼方针，和周边国家关系紧张。总之，进入新世纪的日本整个处于悲观的灰色基调中。

图片上是日本航空公司的飞机，它的每一架飞机机身上都有代表性的绘图。 这家曾是全亚洲最大的航空公司于2010年1月宣布破产，这是日本历史上第六大破产案，也是金融业外最大的破产案。

01 泡沫经济破灭

关键词：崩溃

日本股市自1989年末达到最高值之后开始暴跌，1990 年 3 月大藏省开始实行关于土地买卖的总量限制(1991 年 12月取消)，从此地价开始明显下跌， 泡沫经济崩溃。1992 年股价和地价下跌带来的资本损失相当于当年GNP 的 87 %，达 403 万亿日元。泡沫经济破灭了，原来作为担保的土地和有价证券大幅缩水，金融机构问题表面化，引发了金融恐慌。政府希望通过财政赤字的方式挽回局面，但是失败了。与此同时，社会老龄化、对世界经济依赖性强等种种问题困扰着日本经济。

日本经济现状	经济低增长和负增长 A	
	金融机构和实业破产频繁 B C D E	
	产业空洞化 造成本国经济不景气 F	
	公司屡次裁员和失业率增加 G H	
拖延经济复苏的问题	对世界经济依赖性过强 I	
	少子化和老龄化社会出现 J K	
	政府刺激复苏政策的反作用	央行降低贴现率的刺激 L
		财政赤字的刺激 M

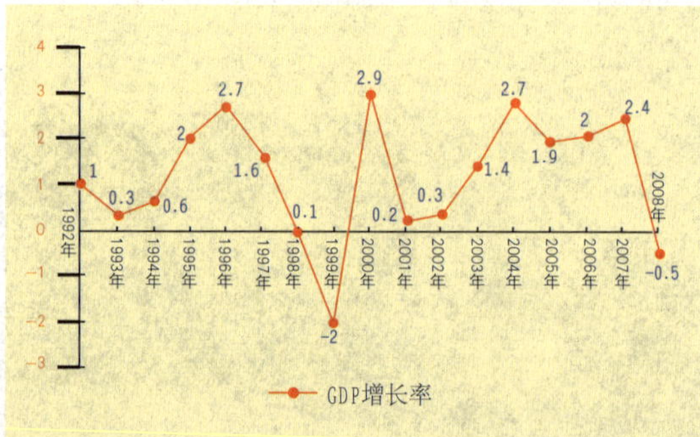

A 日本GDP增长图

从1992年经济泡沫破破灭之后，日本GDP的增长率一直在3%以下，有时侯还呈负增长，图片就是1992—2008年日本历年GDP的增长数据图，从图上很明显的可以看出日本经济一直处于低迷的态势。2011年初，日本被中国取代，失去了世界上第二大经济国的位置。

B 拓殖银行破产

从20世纪90年代至今，日本金融业经历了一次危机。通常情况下，银行贷款是以土地等不动产作为担保的，泡沫经济破灭后，贷款无法回收，土地价格暴跌造成了担保品贬值，这就造成了坏账，坏账数目巨大，终于拖垮了银行。图片中就是当时媒体对1997年北海道拓殖银行破产的报道，这是日本战后第一家破产的城市银行。

C 大金融机构破产一览表

名称	破产时间	名称	破产时间
东京协和信用组合	1994年12月	德阳城市银行	1997年11月
安全信用组合	1994年12月	日本长期信用银行	1998年10月
宇宙信用组合	1995年8月	日本债券信用银行	1998年12月
兵库银行	1995年8月	国民银行	1999年4月
木津信用组合	1995年8月	幸福银行	1999年5月
太平洋银行	1996年3月	东京相和银行	1999年6月
阪和银行	1996年10月	纳米哈亚银行	1999年8月
京都共荣银行	1997年10月	新泻中央银行	1999年10月
三洋证券	1997年11月	石川银行	2001年12月
北海道拓殖银行	1997年11月	中部银行	2002年3月
山一证券	1997年11月	足利银行	2003年9月

D 崇光百货

金融风暴席卷日本金融业后终于向日本实业企业袭击，日本实业企业也开始连续破产。图片就是日本百货业的大鳄崇光百货，它于2000年7月宣布破产，其中最大的原因是它在经济泡沫时期购买了太多的不动产，崇光百货破产后，两名泡沫经济时期的前副总裁因为被追究责任而自杀。

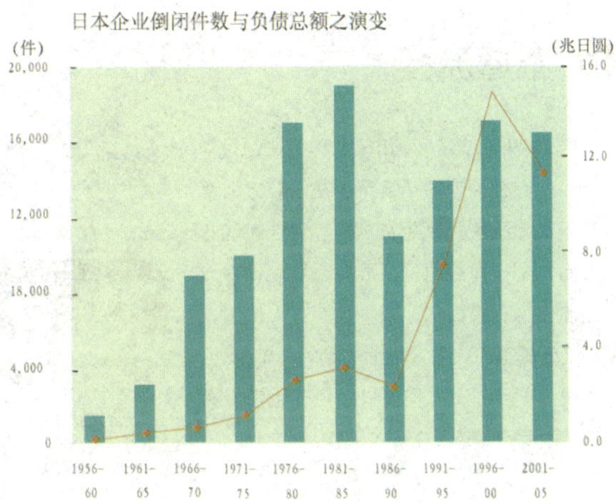

E 企业破产图

图片就是1956年到2001年间日本企业的破产数目和负债总额，从图片很明显地看出，在经济泡沫破灭前，日本多是小企业破产，这是市场竞争的自然后果，但是在1991年后，破产企业的负债额陡然增加，说明日本的大企业开始破产，这是国内的整体经济形势造成的。

F 破产工厂

所谓的"产业空洞化"是指企业在境外扩大投资造成了本国生产厂家和零件、原料供应厂家的减少，这是一个连锁反应，能造成生产总值减少、从业人数减少等一系列的反应。日本彩电在70、80年代大量出口甚至造成了日美贸易摩擦，但是随着产业空洞化，企业纷纷在海外设厂，1993年日本彩电转为入超，图片就是一家新泻的工厂，它曾是东芝的供应商，因为订单减少，现已破产。

G 松下裁员

2011年4月28日，松下总裁大坪文雄宣布从2010年起到2013年3月，三年内计划裁员3.5万。这个规模堪称日本制造史上的裁员之最，也是进入21世纪之后松下第三次裁员，前两次是裁员1.5万人和1.7万人。松下只是日本裁员企业大军中的一员，因为不景气，大多数公司都在裁员，造成了日本失业率屡创新高，就在松下宣布裁员的当月，日本失业率已经达到4.7%。

H 派遣流程

1999年，男女雇用机会均等法进行了修正，女性的劳动环境至少在法制方面得到了很大改善。但是在日本，女性在就业上仍然处于弱势地位，很多公司不肯将女性雇佣为正式员工，只将她们签为派遣，派遣为临时工，签一次约的时间一般为3个月或者6个月，工资很低，地位也没有保障。图片是派遣员工劳务流程。

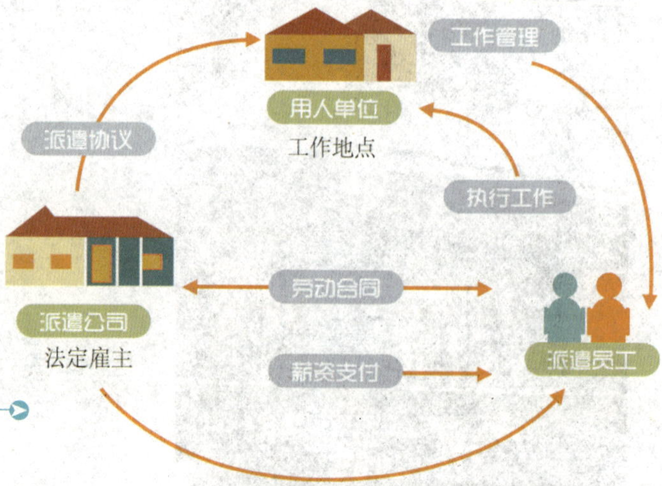

I 日本经济的依赖性

本书之前已经阐述过，日本经济已经开放化和国际化，所以世界性的金融风暴一定会影响日本经济。其次，就日本经济的整体结构而言，它的经济增长过于依赖外需和美国市场。日本国土面积小，人口密度高，又缺乏发展大工业所需要的自然资源，其经济发展对海外市场有着天然的依赖性。特别是上世纪80年代，日本经济对外需的依赖程度不仅进一步上升，而且严重依赖美国市场。1983—1984年，对美国的出口分别占日本出口总额的29.2%和35.3%。每逢日元对美元升值，出口便受到严重打击，进而影响整个经济。过于依赖外需的经济增长，严重削弱了日本应对本币升值的能力。

J 日本人口比例

年份	0—14岁		15—64岁		65岁及以上	
	人口数	比重	人口数	比重	人口数	比重
1980	27.507	23.50	78.835	67.35	10.547	9.10
1990	22.486	18.18	85.904	49.47	14.895	12.05
2000	18.472	14.55	86.220	67.95	22.005	17.34
2005	17.521	13.71	84.092	65.82	25.672	20.09
2006	17.435	13.65	83.732	65.53	26.604	20.82
2007	17.293	13.53	83.015	64.97	27.464	21.49
2008年	17.176	13.45	82.300	64.45	28.216	22.10

K 公园一角

这是日本公园一角，从这里可以明显看出日本人口比例。目前日本是世界上老龄化最严重的国家。老龄化社会对一个国家的进程影响是严重的，被抚养人口的增加必将加重现有劳动人口的负担；青壮年人数减少必将对经济发展和劳动生产率的提高产生一定的消极影响；人口老龄化使用于老年社会保障的费用大幅增加，给政府带来比较沉重的财政负担。

L 日经指数

为了拯救经济颓局，日本刚开始采用了低贴现率来刺激复苏。央行贴现率自 1991年7月为5.5，到2010年已经降为0.1，可以说是零利率。这种超低利率对于经济复苏所起的作用却微乎其微。图片就是2009年8月日本央行再次宣布降息，刺激日本股市指数，但是当时的日本股市已经从曾经的4万高点跌回一万以内。下调利率牺牲了国民的利益，其结果是对个人消费起了反作用。

M 日本财政赤字

仅1992 年 8 月至 1999 年 1 月，政府拿出 120 万亿日元以上的资金，实施以公共事业、减税为中心的经济复苏政策,但并没有达到预期效果，更没有起到经济复苏的“起爆剂”的作用。相反,导致财政赤字扩大、拖延了结构改革的步伐。2010年12月，日本的国债总额已经占到日本经济总量的200%以上，这是一个非常危险的信号，日本的财政赤字不会造成经济复苏，反而会导致国家破产。

02 国民精神面貌悄然转变

关键词：迷失

如今日本国民再不像我们印象中的那种吃苦、勤奋、坚韧的样子，他们多了迷茫、空虚。他们依然有很重的从众心理，他们依然在彬彬有礼带着冷漠的疏离，而年青一代则显得越来越浮躁。这个时期也不乏出众的艺术家们，但是却无法阻挡整个社会越来越商业化的潮流。

总之，他们不再只是穿着和服或者西装拘谨的鞠躬、拿着手帕紧张擦汗的中年男人，他们也会是穿着牛仔裤，嘴里嚼着口香糖听着hip—pop音乐的滑板青年。

国民特点	从众心理严重 A B
	对他人极为冷漠 C
	年轻一代浮躁不堪 D
体育	传统民族项目情况 E
	现代体育运动情况 F
绘画	平山郁夫 G
建筑	安藤忠雄 H
雕塑	宫岛达男 I
文学	大江健三郎 J K
	吉本芭娜娜 L
	村上春树 M N
动漫	哆啦A梦 O
	著名漫画作品一览表 P
	宫崎骏 Q
电视剧	三种题材 R
电影	北野武 S
音乐	久石让 T

B 香田证生新闻

2004年10月，24岁的日本平民香田证生去伊拉克旅行时被伊斯兰极端组织绑架，极端组织要求日本政府从伊拉克撤兵。当时日本人都抱着"为什么大家都不去那里，你去那里给政府添麻烦"的心态去指责他，这是从众心理的典型表现。时任日本首相的小泉纯一郎坚决拒绝了这个要求，之后，香田证生被斩首的视频被极端组织放出。

C 大阪街头

日本民众的冷漠几乎是他们的本性，这是2011年日本大地震后第三天的大阪街头，这里井然有序和平时没有任何不同。不单单是大阪，凡是不是地震重灾区，人们的日常生活和社会秩序都和平时一样，很少讨论地震，只要和自己没有很大切身关系，大家都不予理会，如果街头出现募捐人群，那么他们一定是来自地震重灾区。

A 从众心理

从众心理即指个人受到外界人群行为的影响，而在自己的知觉、判断、认识上表现出符合于公众舆论或多数人的行为方式，从众心理是大部分个体普遍所有的心理现象，这种现象在日本人中间表现的更明显，包括日军在战争中的暴行等很多行为都是日本人从众心理的表现。

D 暴走族

日本年轻一代越来越浮躁，和长辈无法沟通，企图寻找发泄点的他们经常会找一些特别的发泄途径，暴走族就是其中的代表。暴走族骑着改良机车（后来出现卡车），身着怪异的服装成群结队的出现在街头，他们只是看起来凶神恶煞，其实一般不去招惹他们，他们是没有攻击性的。

E 横纲

日本的传统体育项目有相扑、柔道、空手道、合气道等，其中相扑是最受欢迎的。相扑是唐代由中国传入日本的一种摔跤运动，在日本可以称之为国粹，相扑力士最高级别称号是横纲，同时期在役的横纲通常不会超过四个。成为横纲的力士，在日本人心目中的地位就如同神一般崇高。

F 达比修有

日本从很早就开始推行全民健身活动，所以现代体育项目在日本也很流行，目前最受欢迎的就是棒球，它被称为继相扑之后为日本体育第二大国技，电视台每次转播的棒球比赛的收视率都非常高。棒球明星也深受追捧，如现役名将达比修有，他是伊朗日本混血儿，效力于北海道日本火腿队，2007年泽村奖得主（日本棒球投手最高荣誉奖）。

G 平山郁夫

日本绘画大师平山郁夫（1930—2009）是广岛原子弹爆炸的幸存者。平山郁夫以描绘丝绸之路和佛教题材的画作而著名，代表作有《佛教传来》、《入涅槃幻想》、《受胎灵梦》、《大唐西域壁画》等，曾先后获得日本美术院奖和日本艺术大奖等。1992年，他出任中日友好协会会长，为中日友好交流做出了贡献。

H 沃夫兹堡现代美术馆

图片是日本建筑大师安藤政雄（1941—）设计的位于美国德州的沃夫兹堡现代美术馆，美术馆和每一个细节设计和周围景色相衬映，融为一体，既有现代气息，又有自然韵味。安藤政雄的其他代表作品有水之教堂、风之教堂、地下寺庙、直岛博物馆等，每一件作品都匠心独具。

I 幻灭

每一个LED灯代表一个受害者，2400个LED显示器计数归零，代表着在20世纪集体遇难的受害者，这就是作品《幻灭》。这是日本雕塑家宫岛达男（1957—）的作品，他想通过作品带出的巨大冲击力和精确的数字表达，展示出庄严雄浑的生命交响曲，从最初，到死亡，再到超越。宫岛达男的作品既有现代气息又有美学魅力，能让观众清晰的了解作者要传达的信息。

J 大江健三郎

大江健三郎（1935—）在日本是一位很有争议的作家，他在1994年获得诺贝尔文学奖的时候舆论一片哗然，早在1970年，他就发表反战作品《广岛日记》还因此和日本右翼对簿公堂。照片是2006年大江健三郎来华时在北京大学附属中学说演讲时所拍。他的代表作有《空翻》、《万延年的足球队》、《燃烧的绿树》、《个人的体验》等。

L 吉本芭娜娜

吉本芭娜娜（1964—），日本战后最知名的畅销书女作家。1988年她的第一部小说《厨房》一炮走红，之后她的作品不断，每一部都相当受市场的欢迎。吉本芭娜娜是战后文学市场化、商业化的代表，她的作品细腻婉转、清新易读，用平易的语言描写现代人的生活方式。

K 《万延年的足球队》

诺贝尔文学奖评委会认为这部小说“集知识、热情、野心、态度于一炉，深刻地发掘了乱世之中人与人的关系”。这部小说充满了对人性的探讨，对人类欲望的追问。本书一开始，主人公鹰四反对《日美安全条约》受挫，先去美国，后来找到自己的哥哥鹰三一起回家乡。鹰四企图效仿一百年前曾祖父领导农民暴动的办法，组织了一支足球队，鼓动“现代的暴动”的故事。整篇小说巧妙地将现实与虚构，现在与过去，城市与山村，东方文化与西方文化交织在一起，与畸形儿、暴动、通奸、乱伦和自杀交织在一起，描画出一幅幅离奇多彩的画面，以探索人类如何走出那片象征恐怖和不安的“森林”。

N 《挪威的森林》

《挪威的森林》是日本战后最畅销的小说，它几乎囊括了日本所有的文学大奖，这本书名源于甲壳虫乐队的同名歌曲。小说讲述主人公渡边年轻时代和几位女性的感情纠葛，通过故事讲述年轻人成长中经历的迷茫、探索、恐惧和彷徨。2010年，这本小说被搬上大银幕。

M 村上春树

村上春树（1949—）的第一部小说《且听风吟》就获得了新人奖，之后他就成了各种文学奖项的常客，1985年的《世界尽头与冷酷仙境》获得了谷崎润一郎赏，1987年出版的《挪威的森林》令他确立了在文坛的位置，他创作的纪实文学《地下铁事件》是东京沙林毒气案的珍贵资料，2010年，他出版了《IQ84》。

O 哆啦A梦列车

哆啦A梦动画片于1979年开播，至今仍在在日本播出。1980年它登上大银幕，到目前为止，每一年它都会出一部电影。他的原作者是藤子·F·不二雄（1933—1996），在原作者去世后，新作者继续创作漫画。整部作品充满了童真、善良和奇妙的幻想，是日本动漫界的杰出作品，图片是日本JR北海道公司推出的哆啦A梦列车。

P 宫崎骏

曾获得柏林电影节金熊奖和奥斯卡最佳长篇动画片的作品《千与千寻》是宫崎骏的代表作之一。宫崎骏以奇妙的想象力、充满人文主义的情怀使他成为全球动画界的杰出代表。他的代表作有《鲁邦三世》、《风之谷》、《天空之城》、《红猪》、《龙猫》、《千与千寻》、《哈尔的移动城堡》、《悬崖上的金鱼公主》等。

Q 日本出色漫画一览

作品名称	作者	连载时间
圣斗士星矢	车田正美	1986—1990年
七龙珠	鸟山明	1984—1994年
幽游白书	富坚义博	1990—1994年
乱马1/2	高桥留美子	1987—1996年
美少女战士	武内直子	1991—1996年
灌篮高手	井上雄彦	1991—1996年
浪客剑心	和月伸宏	1994—1999年
花样男子	神尾叶子	1992—2004年
犬夜叉	高桥留美子	1996—2008年
机动战士高达	富野由悠季	1979年至今
樱桃小丸子	樱桃子	1986年至今
名侦探柯南	青山刚昌	1994年至今

R 日本电视剧

日本电视剧主要分三种，大河剧、现实主义题材电视剧和轻松情节的电视剧。所谓大河剧是NHK从1963年开始播出的以历史人物或是一个时代为主题、考证严谨的历史剧。日本电视剧中现实主义题材的电视剧往往是反映了社会现状，人物的身份和行为都是现实生活中存在的，故事会引起观众的共鸣。根据动漫改编的电视剧一般比较轻松，表现手法夸张，这些电视剧不少是适合全家人一起观看的，特别是有小孩子的家庭一起观看的。

S 北野武

北野武（1947—）有多重身份，相声演员、主持人、电影演员、导演。作为导演他拍摄了《花火》、《菊次郎的夏天》、《座头市》这样优秀的作品并两次夺威尼斯大奖，作为演员他出演了《御法度》、《大逃杀》这样发人深省的作品，而早在他接触电影之前他就是家喻户晓的相声明星。北野武有浓重的个人色彩，是战后日本电影界的一面旗帜。

T 久石让

久石让（1950—）是日本的配乐大师，我们耳熟能详的许多旋律都是他创作的，宫崎骏和北野武的许多作品都是他配的乐，例如《天空之城》、《哈尔的移动城堡》、《龙猫》、《花火》、《座头市》等，国内导演姜文的《太阳照常升起》和《让子弹飞》也是他的配乐。

03 政治动荡和军事大国的野心

关键词：改变

进入20世纪90年代以来，随着日本经济陷入沼泽，它的政治开始动荡不安。1993年，日本自民党短暂下野，1992年刚成立的新党党魁细川护熙担任日本首相，这标志着55体制终结。2009年自民党再次下野至今未能重新执政。1995年，日本当时的外相河野洋平在联大会议上第一次正式提出了日本进入安理会常任理事国行列的要求。此后，日本开始了坚持不懈地“入常”努力。日本政府又出台了一系列的法律企图改变防卫战略，甚至修改和平宪法。总之，日本这一时期的行为彰显了它企图做军事大国的野心。

政治动荡不安	细川护照上台，55年体制完结 A
	民主党执政，自民党下野 B
军事大国野心	企图成为理会常任理事国的努力 C
	修改和制定法律，扩充军队和赋予军队更多的权限 D
	购买和研制先进武器 E F G
	出兵海外，建立海外军事基地 H I

A 细川护熙

细川护熙（1938—）原本是一位记者，1971年进入政坛，1992年5月组建新党，在1993年8月6日当选为首相，因为陷入经济丑闻，1994年4月辞职。他因对日本侵略历史向受害国的道歉，显示了他正视历史的一面。

B 鸠山由纪夫和麻生太郎

鸠山由纪夫（1947—）带领的民主党于2009年8月31日在日本15届参议院大选中获胜，其祖父为鸠山一郎。鸠山由纪夫主张给予慰安妇赔偿，清算日本二战时的罪行，认为首相不应该参拜靖国神社。2010年6月，鸠山因为未能兑现将美军迁出冲绳县的承诺而辞职。

麻生太郎（1940—）是自民党执政时期最后一任总裁，他出身政治世家，高祖父是大久保利通，祖父是吉田茂，岳父是日本前首相铃木善幸。他是日本右翼，多次美化日本在二战中的侵略行为，否定南京大屠杀。自民党选举失利后，他引咎辞职。

C “入常”努力

从1995年以后，日本就自己加入联合国常任理事国一事开始了长期的努力和游说，2005年，这种努力达到了顶峰。2005年5月16日，日本、德国、巴西和印度4国联合发表提案，要求联合国常任理事国扩充并将这四国加入。后来这个提案因为受不少国家反对而被放弃。

D 日本国防动态

法案	通过时间	主要内容
《周边事态法》	1999年5月24日	在日本周边地区发生危及日本安全的紧急事态即所谓的周边事态时，日本政府将采取措施对美军进行后勤支援，在后方地区展开救援活动，对试图突破封锁线的船舶实施检查等；日本政府可要求地方自治体和民间人士予以合作；自卫队在执行救援任务和登船检查时得以自卫为由使用武器等等
《自卫队法修订案》	1999年5月24日	明确自卫队在执行接运本国侨民任务时除可使用船舶外还可使用直升机，其次是增加了自卫队在接运过程中为保护侨民和自卫可使用武器的条款
《日美物资劳务相互提供协定修正案》	1999年5月24日	在发生周边事态时，自卫队也可向美军提供除武器弹药以外的军需物资和劳务等
《武力攻击事态法案》	2003年5月14日	“有事”时设立的安全保障会议予以职能强化，扩大首相的权限等
《安全保障会议设置法修正案》	2003年5月14日	遭到外国武力攻击时政府对策的基本理念和程序进行了规定
《自卫队法修正案》	2003年5月14日	“有事”时自卫队能更加顺利的执行战斗任务，比如将使用民用土地的手续简单化、提高物资调拨的效率等
新《宪法》草案	2005年11月22日	改防卫厅为防卫省（2007年正式更名）

E 宙斯盾驱逐舰

宙斯盾驱逐舰是指安装了美制宙斯盾相控阵雷达系统的防空型驱逐舰的统称，它反应速度快，防御系数高，活力迅猛，造价昂贵，图片就是日本爱拓级宙斯盾驱逐舰。

F 日本军事实力

截止2007年3月，日本自卫队编制总人数约为26万人，还编有4.8万人的预备役及8300人的应急。分摊到每平方公里的军队人数达1.4人，中国为0.23人。日本航空自卫队装备有370架战斗机，近76%为第三代战斗机。日本海上自卫队现装备各类舰艇共约160艘，总吨位在45万吨以上，其中包括5艘“宙斯盾”驱逐舰，至少16艘潜艇和1艘1.35万吨的准航母。日本陆上自卫队现有坦克约1000辆。

I 建立海外基地

2007年，索马里附近海域，海盗人数激增，日本以保护本国船只为借口，于2009年向此海域派2艘护卫舰和2架P3C巡逻机。2011年7月，日本首个海外军事基地在东非吉布建成。首个海外军事基地的落成表明日本在军事扩张的路上越走越远。

G AH—64D“长弓阿帕奇”武装直升机

日本军工产品是在普通企业里面生产的，目前其国内至少有1500家企业参与军工生产，例如三井重工、三菱重工等。它们可以建造飞机、舰艇、坦克、大炮等先进武器，如“爱国者”导弹、AH—64D“长弓阿帕奇”武装直升机都已实现了在日本生产。图片就是日本产的AH—64D“长弓阿帕奇”武装直升机。

H 自卫队在伊拉克

日本自卫队早就超越了早前的和平宪法规定权限，1991年4月，日本政府决定向海湾派遣扫雷艇，这是日本军事力量战后首次走出国门。2003年12月，日本航空自卫队出兵伊拉克，实现了战后首次向处于战争状态地区派遣军队的突破。次年2月，日本陆上自卫队也开赴伊拉克。

（鄂）新登字08号
图书在版编目（CIP）数据
图说日本史 / 任德山编著. ——武汉：武汉出版社,2012.5
ISBN 978-7-5430-6644-1
Ⅰ.①图… Ⅱ.①任… Ⅲ.①日本－历史－图说Ⅳ.①K313.08
中国版本图书馆CIP数据核字（2012）第028602号

书　　名　图说日本史

编　　著：任德山
责任编辑：张葆珺
特约编辑：高　远　张　超
装帧设计：含章行文｜装帧｜
出　　版：武汉出版社
社　　址：武汉市江汉区新华下路103号　　邮　　编：430015
电　　话：（027）85606403　85600625
http：//www.whcbs.com　　E-mail：zbs@whcbs.com
印　　刷：北京蓝图印刷有限公司　　经　　销：新华书店
开　　本：889mm×1194mm　1/16
印　　张：23　　字　　数：473千字
版　　次：2012年7月第1版　　2012年7月第1次印刷
定　　价：68.00元